사물인터넷 전쟁

1판 1쇄 인쇄 2015년 4월 20일
1판 1쇄 발행 2015년 5월 1일

글 쓴 이   박경수, 이경현
펴 낸 이   이경민

편　　집   박희정
디 자 인   나무와 책
관　　리   성형신

펴 낸 곳   ㈜동아엠앤비
출판등록   2014년 3월 28일(제25100-2014-000025호)
주　　소   (120-837) 서울특별시 서대문구 충정로 35-17 인촌빌딩 1층
전　　화   (편집) 02-392-6901 (마케팅) 02-392-6900
팩　　스   02-392-6902
전자우편   damnb0401@nate.com

ISBN 979-11-86008-12-6 (03320)

※ 이 책에 실린 사진은 위키피디아, 셔터스톡스에서 제공받았습니다.
※ 이 도서의 국립중앙도서관 출판예정도서목록(CIP)은 서지정보유통지원시스템 홈페이지
http://seoji.nl.go.kr와 국가자료공동목록시스템 http://www.nl.go.kr/kolisnet에서 이용하실 수 있습니다.
(CIP제어번호: CIP2015010791)

사물인터넷 전쟁

누가 전쟁의 승자가 될 것인가?

박경수 이경현 지음

동아엠앤비

유행_{Fashion}은 단기간 동안 동시에 사람들에게 영향을 미치는 현상을 말하며 트렌드_{Trend}는 어떤 '경향'이나 '추세', '동향' 등을 뜻하는데, 단어의 뜻만 가지고는 패션과 트렌드의 차이를 알기 어렵다. 속성이나 단어의 쓰임세의 차이를 본다면 유행은 일단 시작되면 시간이라는 측면보다는 범위의 측면이 강조되어 사용된다. 올 여름 유행이란 여름이 지나면 유행이 끝난다는 것을 전제로 한다. 가을에는 가을에 맞는 정해진 유행이 새로 시작한다는 의미이다.

얼마나 많은 사람들이 동 시간대에 같은 패션을 즐기는가가 유행이라면 트렌드는 시간 축이 더 중요하다. 추세란 그러한 경향이 끝나기 전까지 시간의 제약이 없고 그게 언제 시작하고 끝날지는 아무도 알 수 없다. 패션산업은 사용자들이 어떤 스타일의 옷이나 신발을 요구해서 그것에 따라 유행이 정해지는 것이 아니다. 하지만 IT트렌드는 사용자들의 요구가 기반이 된다. 예를 들어 TV의 화면이 커지는 트렌드는 사용자의 요구에 부합되기에 수요가 늘어나고 있다. 반면 3D TV와 스마트TV는 패션업계에서처럼 패널 제조사, TV제조사, 그래픽 칩 등 관련 제조사들이 모여 규격을 정하고 내놓았지만 시장에서 실패했다. 패션은 공급자에 의해 정해지고 소비자는 제공된 제품에 대해 강제로 선택하는 구조지만, IT트렌드는 사용자들의 요구에 의해 성패가 좌우된다.

그래서 IT에서는 'IT패션'이라는 단어를 사용하지 않고 'IT트렌드'라는 단어를 사용한다.

IoT, 사물인터넷은 최근 가장 뜨겁게 IT업계를 달구고 있는 트렌드이다. 많은 사람들이 사물인터넷을 말하고 있으며, 모바일 세상 이후의 산업 원동력으로서 사물인터넷을 지목하는데 주저함이 없다.

사물인터넷은 유행이 아니며, 트렌드를 지나 메가트렌드_{Mega Trend}의 영역에 도달했지만 수많은 사물인터넷 관련 책이나 컨퍼런스에서 추상적인 개념을 다루는 경우가 많다. 그래서 혹자는 사물인터넷이 실체가 없는 '마케팅 용어'라고 말하는 사람도 있다.

이 책은 학술적이거나 개념적인 측면에서의 사물인터넷이 아니라 전략과 실질적인 국·내외 사례들을 통해 사물인터넷이 우리 실생활에 어떻게 구현되고 있으며, 앞으로 산업과 사회를 변화시킬지에 초점을 맞추고 있다. 또한 기술적인 측면에서 사물인터넷 산업관련 사업자들인 제조사, 이동통신사. 플랫폼사업자, 솔루션 사업자들의 역할과 관계, 산업구조를 알기 쉽게 설명함으로써 이미 도래하고 있는 사물인터넷 시대를 기업과 개인이 대비할 수 있도록 인사이트를 제시하고 있다. IT 관련 산업뿐 아니라 제조업이나 유통, 서비스업 등 기존 산업군 역시 앞으로의 변화에 대처하고, 사물인터넷 기반의 새로운 사업으로 확장하기 위해 이 책 '사물인터넷 전쟁'을 추천한다.

– ㈜모폰웨어러블스 대표이사 김석기

차례

언제부터인가 우리에게 '연결'이라는 단어는 너무 익숙해져 버렸다. 인터넷만으로도 세상의 모든 것이 연결된 것처럼 느껴졌는데, 최근 화두로 떠오른 '사물인터넷'은 연결 그 이상의 세상을 만들고 있다.

사물인터넷이란 말을 쓰지 않았을 뿐 사물인터넷은 이전부터 있었다. 그리고 이 말은 이제 많은 사람들의 입에 오르내리고 있다. 스마트폰을 중심으로 모든 것이 연결되기 시작했고, 주변의 모든 것들이 나를 감지하면서 의도치 않게 나를 다른 것들과 연결시키고 있다. 분명, 사물인터넷은 모든 것을 감지하는 '센싱사회'를 만들고 있다.

'센싱'이라는 것은 어떤 것을 감지한다는 의미로, 그 감지 대상은 사물을 넘어 빛, 압력, 온도, 위치 등 다양한 것들을 포함한다. 그래서 누군가는 센싱이 '감시'라는 부정적인 의미를 담고 있다고 말하기도 한다. 어찌되었든 우리는 현재 모든 것들이 센서에 의해 감지되는 세상에 살고 있고, 감지 대상은 점점 증가하고 있다.

올해 열린 CES2015, MWC2015 등은 사물인터넷, 5G 등이 이슈가 되면서 우리가 현재 어떤 세상에 살고 있고 향후에는 어떤 세상이 펼쳐질 수 있을지를 단적으로 보여주었다. 삼성은 올해 초 이스라엘 사물인터넷 업체 '얼리센스Early Sense'에 1000만 달러를 투자하기로 하였다. 이 업체는 병원의 침대 매트리스의 센서를 통해 환자의 호흡, 맥박, 체온, 혈압 등을 모니터링 할 수 있는 기술을 보유하고 있다. 사물인터넷에 대한 강한 의지는 삼성 같은 국내 업체뿐만 아니라 구글, 애플, 아마존 등 글로벌 업체에서도 볼 수 있다. 아마존의 경우, 최근 사물인터넷 플랫폼 업체인 투레메트리2lemetry를 인수하면서 사물인터넷 역량을 강화하고 있다. 이러한 업체들뿐만 아니라 국내외 많은 기업들이 사물인터넷을 테마로 다양한 제품과 서비스를 개발하고 있다.

정부에서도 최근 ICT 산업육성을 위해 5년간 9조 원의 예산을 투입하겠다는 K-ICT 전략을 수립하고 발표했다. 특히, 사물인터넷, 클라우드, 소프트웨어, 정보보안, 5G, 초고화질(UHD) 방송, 스마트미디어, 디지털콘텐츠, 빅데이터를 9대 전략산업으로 선정하였다. 이처럼 사물인터넷은 기업이나 정부 모두에게 이슈가 되고 있는 상황이다.

이 책은 이런 상황을 반영하여 사물인터넷이 현재 어떤 의미를 담고 있으며, 기업들이 사물인터넷 사업을 어떤 식으로 추진하고 있는지 밝히고 있다. 특히, 기업들이 사물인터넷을 어떻게 활용하고 있는지에 중점을 두고 있다. 그래서 기업들을 크게 4개의 그룹, 제조, 통신, 플랫폼, 솔루션으로 구분해 각 그룹들에게 사물인터넷이 어떤 의미를 가지고 있고 사물인터넷 사업 영역 중 어디에 중점을 두고 있는지 살펴본다.

1장에서는 골콘트롤, 오라클팀USA 등의 사례를 통해 사물인터넷이 어떻게 활용되는지 살펴보고 사물인터넷의 핵심인 센서, 빅데이터, 클라우드 등이 사물인터넷에 어떤 역할을 하는지 본다. 그리고 사물인터넷이 적용되는 다양한 산업간 영역의 붕괴를 보면서 사물인터넷이 비즈니스 세상을 어떻게 바꿔 기업 간 전쟁을 초래하는지 알아본다.

2장부터는 4개의 그룹들이 추진하고 있는 사물인터넷 사업을 알아보는데, 2장에서는 가전, 자동차, 칩셋 및 부품 업체 등 제조사 중심으로 사물인터넷을 살펴본다. 가전의 경우, 스마트홈을 둘러싼 경쟁, 자동차의 경우, 스마트카, 자율주행자동차, 무인자동차 관련 업체 간의 경쟁이

9

나 협업 등을 살펴본다. 마지막으로 칩셋 및 부품의 경우, 퀄컴, 인텔 등이 조용히 사물인터넷 영역을 확장하고 있는 모습을 본다. 이렇게 전통적인 제조업 영역에 사물인터넷으로 인한 제조업의 스마트화, 제조업의 비즈니스 모델의 진화 등 제조업 혁명이 앞으로 어떻게 전개될지 전망해본다.

3장에서는 사물인터넷의 신경망이라 할 수 있는 통신사가 단순히 네트워크 공급자로서 역할을 탈피해 사물인터넷 시대에 어떻게 주도권을 잡을 수 있을지 알아본다. 이를 위해 'ICT 노믹스와 라이프웨어'에 중점을 둔 SK텔레콤, '기가토피아'의 KT, '스마트홈'의 LG유플러스가 각각의 사물인터넷 비전에 따라 어떻게 사업을 추진하고 있는지를 본다. 특히, 경쟁이 점점 치열해지고 있는 사물인터넷 시장에서 통신사가 취할 수 있는 3가지 사물인터넷 역할 대안에 대해 살펴본다. 분명, 사물인터넷 세상에서 통신사가 중요한 역할을 차지하고 있지만 그 역할을 통해 어떻게 비즈니스 모델을 만들고 수익을 창출할 수 있는지는 아직 명확하지 않기 때문이다.

4장에서는 스마트폰 시대의 강자로 군림했던 플랫폼 사업자들이 사물인터넷 세상에서도 그 위상을 유지할 수 있을지 알아본다. 구글, 애플, 아마존 등의 현재 위상으로 봤을 때, 분명 플래폼 사업자들은 사물인터넷 시대에서도 강자로 군림할 수 있을 것으로 보인다. 이러한 강자들의 상이한 사물인터넷 활용 전략을 살펴본다. 구글은 세상의 모든 정보를 수집하기 위해, 애플은 자신만의 독자적인 생태계를 지속적으로 확대하기 위해, 아마존은 커머스 시장의 지배력 강화와 효율화를 추진하기 위해 사물인터넷 전략을 추진하고 있다. 각 업체들의 사물인터넷 추진 영역이 때로는 중복되지만 자신들만의 비전과 미션에 따라 사물인터넷의 활용은 달라지고 있다.

5장에서는 사물인터넷 세상을 좀 더 효과적으로 작동하게 만들어주는 솔루션 사업자에 대해 살펴본다. 시스코, IBM, 오라클 등을 중심으로 각 업체들이 사물인터넷에서 무엇을 얻어가고 싶은지를 살펴본다. 시스코는 만물인터넷, IBM은 스마터 플래닛, 오라클은 빅데이터를 중심으로 사물인터넷 전략을 펼치고 있다. 이러한 업체들의 전략으로 사물인터넷의 모든 길이 사물인터넷 솔루션으로 통하게 될지 알아보자.

이러한 그룹간의 사물인터넷 추진 현황을 바탕으로 6장에서는 향후 사물인터넷의 미래에 대해 살펴본다. 특히, 아직 표준이 정립되지 않은 사물인터넷을 둘러싼 올신얼라이언스, OIC , 스레드 그룹 등 다양한 표준단체와 다양한 산업 분야 업체들의 표준단체 가입을 보면서 향후 어떻게 사물인터넷의 표준화가 이루어질지를 알아본다. 물론, 아직 어느 표준단체가 사물인터넷 주도권을 잡을 수 있을지를 예측하기는 어렵다. 마지막으로 데이터 중심 세상, 비즈니스 모델의 진화, 스타트업 및 M&A 활성화, 개인정보 이슈 등 사물인터넷이 만드는 새로운 변화와 함께 정부의 사물인터넷 추진 현황을 살펴보며 이 책을 마친다.

사물인터넷은 점점 진화하고, 이러한 진화는 우리의 일상을 바꾸고 있다. 단순한 전자기기의 연결을 넘어 비전자기기의 연결로 확대되고 있다. 한편으로는 센서를 통한 단순 감지에서 스스로 학습하고 제어하는 세상을 만들고 있다. 그리고 기업들은 이렇게 바뀌고 있는 일상 속에서 어떤 비즈니스 기회가 있을지 찾고 있는 중이다.

분명, 사물인터넷이 비즈니스 측면에서는 기업들에게 새로운 기회의

장을 마련해줄 것이다. 하지만 그 새로운 비즈니스 기회는 또 다른 위협의 장이 될 수도 있다. 이 책이 사물인터넷에 관심이 있는 사람들에게 사물인터넷을 다양한 시각에서 볼 수 있는 기회의 장을 마련해 줄 수 있기를 기대해 본다.

1

사물인터넷 전쟁의 서막

1. 사물인터넷, 센싱사회의 물꼬를 트다

스포츠 경기를 볼 때, 사람들을 화나게 만드는 일 중 하나는 무엇일까? 바로 '오심'이다. 재미있게 잘 보다가도 오심으로 인해 응원하는 팀이나 나라가 패하는 것만큼 화나는 일도 없다. 국가 대 국가 경기에서는 더욱 그렇다. 그게 월드컵이라면 더욱 그렇지 않을까? 하지만 앞으로는 오심으로 인해 경기에서 패하는 일은 없어질지 모른다.

2014 브라질 월드컵에서는 오심을 막기 위해 IT 기술이 도입되었다. 바로 '골콘트롤'이다. 골콘트롤이라는 단어에서도 알 수 있듯이, 정말 골이 들어갔는지 분석하는 기술이다. 골콘트롤 기술은 공이 골라인을 통과했는지를 경기장에 있는 14개의 고속카메라를 통해 파악한다. 공의 움직임을 추적하면서 공이 골라인을 넘어서 '골'로 인정되는 순간 심판이 차고 있는 시계가 진동하고 액정화면에는 '골'이란 단어가 뜬다.

다른 스포츠에도 이런 IT 기술이 도입되어 성과를 냈다. 2013년에 개최된 아메리카컵 요트대회에 참가한 '오라클팀USA'는 최첨단 요트에 부착된 300여 개의 센서를 활용해 풍속, 풍향 등 주변 환경에 대한 정보를 PDA와 태블릿 등으로 받아 최적의 코스를 설계해 극적인 우승을 차

카메라와 시계
자료 출처 : 골콘트롤 사이트(http://goalcontrol.de)

오라클팀USA의 최첨단 요트
자료 출처 : 오라클팀USA 미디어 사이트(http://www.oracleteamusamedia.com)

지했다.

센싱사회를 만드는 원동력, 사물인터넷

이런 기술을 보면 무슨 생각이 드는가? 정말 기술이 많이 발달했다? 아니면 어떻게 저런 것까지 감지할 수 있지? 우리는 이미 모든 것을 감지할 수 있는 '센싱사회'에 살고 있다. 센싱사회는 센서를 통해 모든 것이 감지되는 사회다. 혹자는 이런 세상을 감시사회[1], 단속사회[2]라고 밀하기도 한다.

카메라로 공을 감지하지 못하면 골콘트롤이라는 기술이 빛을 발할 수 있을까? 또 골 판독 결과를 즉시 심판 시계로 전송하지 못하면 골콘트롤이 사람들에게 매력적으로 보일까? 센서를 통해 주변 환경에 대한 상황파악을 하지 못했다면 오라클팀USA는 우승할 수 있었을까?

센싱사회를 만드는 이런 IT기술이 바로 '사물인터넷'이다. '사물인터넷'은 모든 사물들이 인터넷을 통해 연결되는 기술 및 서비스를 말한다. 사물과 사물, 사람과 사람, 사물과 사람 간의 모든 커뮤니케이션을 의미하는 사물인터넷은 '센싱'을 기반으로 일어난다. 사물인터넷은 영화「마이너리티 리포트」나「아이로봇」,「아일랜드」등 SF 영화에서만 볼 수 있는 것이 아니다. 우리 주변에서도 흔히 볼 수 있는 현실이 되고 있다. 우리가 과거에 미래의 모습이라고 상상했던 것들을 사물인터넷이 현재에 어떻게 구현하고 있는지 하나씩 살펴보자.

가능성의 릴레이, 센싱사회의 현실화

문제 1

다음 광고를 보고 앞으로 일어날 사회의 모습을 상상해 보자.

#광고 I

당신의 창이 당신의 아침을 깨우고

당신의 거울이 건강을 살피며

당신의 교실이 당신을 찾아갑니다.

#광고 II

당신 대신 집을 돌보고

당신에게 필요한 것을 알려줍니다.

당신이 그리울 땐 가족이 되고

당신이 궁금할 땐 답을 줍니다.

"아, 이런 게 사물인터넷이구나." 하며 센싱사회의 기반인 사물인터넷이 떠오르는가? 이 광고는 2012년 제작된 SK텔레콤의 '가능성의 릴레이' 중 하나이다. 광고 마지막에는 "사람은 꿈꾸고 기술은 이룹니다. 사람에서 기술로 다시 사람으로"라는 말이 나온다. 사물인터넷은 광고의 마지막 말처럼 우리가 꿈꾸는 세상을 현실화시키고 있다. 그리고 그 중심에는 사람이 있다.

아침에 일어나 거울을 보면, 거울에 나의 건강 상태가 자세히 나와서 오늘 나의 컨디션이나 건강 상태를 알려준다. 외출을 하려고 하면 오늘의 날씨를 파악해 나가기 전에 필요한 것을 미리 알려준다. 이러한 스마트 가구는 이미 2014년 하반기에 현대리바트가 SK텔레콤과 협업을 통해 선보였다. LG유플러스는 2015 모바일 월드 콩그레스(MWC2015)에서 '매직미러'를 공개했고 한샘은 LG유플러스 기술을 활용해 제품을 개발 중이다.

광고에서만 볼 수 있는 것이 아니라 이런 세상이 이제 현실이 되어가고 있다. 앞서 말했듯이, 센싱사회는 더 이상 SF영화에서나 볼 수 있는 멋있는 가상현실이 아니다. 우리가 실제 체험하고 때론 느낄 수도 있는

코닝사와 마이크로소프트의 미래사회 모습 영상
자료 출처 :유튜브 사이트(http://www.youtube.com)

현실이 되었다. 미래에 대한 우리의 상상은 2011년 제작된 코닝의 「유리와 함께한 하루」, 마이크로소프트의 「2019년 미래 모습에 대한 컨셉」영상에서도 볼 수 있다. 유튜브에서 이런 미래 사회에 대한 영상은 수십 가지에 달한다. 삼성전자도 2015년 1월 사물인터넷이 만드는 미래의 모습을 '삶을 풍요롭게 할 22개 미래 기술'이라는 주제로 영상을 공개했다.

초연결사회, 먹고 입는 것보다 중요하다?

문제 2

다음 그래프는 1990년대부터 2003년까지의 서비스 분야별 상대적 규모에 대한 변화 추이이다. 이 그래프에 따르면 우리 삶에서 가장 중요한

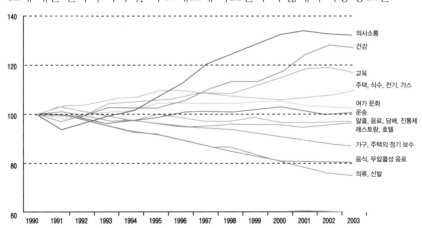

서비스 분야별 상대적 규모의 변화 추이(1990~2003)
자료 출처 : ITU, The Internet of Things, 2005

것은 무엇일까?

우리는 일반적으로 먹는 것이 가장 중요하다고 생각한다. 많은 사람들이 쉬는 날이면 맛집을 찾아다니며 한 주의 스트레스를 푼다. 그런데 이 그래프를 보는 순간, '정말 나의 스트레스를 풀어 주는 것은 맛집이었나? 오히려 커뮤니케이션이 아니었을까?'라는 생각이 들것이다. 즉, 우리에게 가장 중요한 것은 연결과 소통이다.

그래프에서 볼 수 있듯이 커뮤니케이션 서비스 규모는 지속적으로 확대되는 반면, 식음료와 의류 등 서비스 분야는 상대적으로 감소하고 있다. 지금 우리에게 중요한 것은 단언컨대 커뮤니케이션이다. 스마트폰이 없으면 하루가 종일 불안하고 스마트폰을 통해 모든 것을 해결하는 현대인들에게 가장 중요한 핵심은 연결성Connectivity이다.

센싱사회는 사물인터넷을 통한 강력한 연결을 기반으로 한다. 연결이 되지 못하면 센싱사회는 이루어질 수 없다. 꼭 연결되어 있어야 한다고 말하지 않아도 우리는 이미 우리 주변과 연결되어 있다. 사람이건 사물이건 말이다.

사람 간의 연결, 즉 관계를 말할 때 '케빈 베이컨의 6단계Six Degrees of Kevin Bacon' 법칙이 자주 언급된다. 할리우드 스타인 케빈 베이컨은 6단계만 거치면 세상의 모든 사람들과 연결된다는 이야기다. 실제로 이 법칙에 따라 케빈 베이컨은 로널드 레이건 전 미국 대통령, 엘비스 프레슬리 등과도 6단계 내에서 연결되었다. 이 법칙은 결국 사람간의 관계는 6단계만 거치면 모두 다 알 수 있다는 것이 핵심이다. 이 법칙에 따르면, 나 또한 연예인이든, 대통령이든 내가 만나고 싶어 하는 사람과 만날 수 있게 될지도 모른다. 페이스북의 친구의 친구를 따라가다 보면, 내가 접하기 어려운 사람과 만났던 적이 있지 않은가?

케빈 베이컨의 법칙이 1990년대에 나온 것이니 SNS가 활성화된 지금 시점에서는 6단계가 아니라 3~4단계로 더 단축되지 않았을까? 꼭 사람간의 관계만이 아니라 우리가 어떤 기기나 서비스를 이용하는 데 있어서도 인터넷의 발달로 그 기간은 급격히 단축되었다. 과거 전화나 라디오, TV가 이용자 5000만 명을 확보하는 데 걸린 시간은 75년, 38년, 13년이었다. 하지만 인터넷은 4년, 페이스북은 3.6년, 트위터는 3년, 라인은 약 1.1년 정도가 걸렸다. SNS의 이런 급격한 성장은 결국 사람간의 관계를 단축시켰다.

사람간의 관계도 긴밀하게 연결되고 사물까지 연결되는 세상을 우리는 초연결사회Hyper Connected Society라고 부른다. 사물인터넷으로 우린 이미 초연결사회에 진입해 있다.

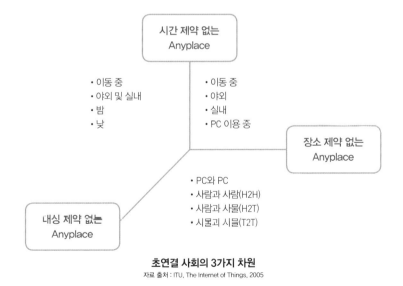

초연결 사회의 3가지 차원
자료 출처 : ITU, The Internet of Things, 2005

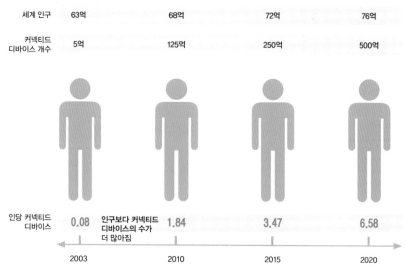

세계 인구	63억	68억	72억	76억
커넥티드 디바이스 개수	5억	125억	250억	500억

인당 커넥티드 디바이스	0.08	인구보다 커넥티드 디바이스의 수가 더 많아짐 1.84	3.47	6.58
	2003	2010	2015	2020

인당 커넥티드 디바이스 전망

자료 출처 : Dave Evans, The Internet of Things How the Next Evolution of the Internet
Is Changing Everything, 2011, 04, Cisco Internet Business Solutions Group (IBSG)

시스코 인터넷비즈니스솔루션그룹Cisco IBSG에 따르면, 인터넷에 연결된 기기인 커넥티드 디바이스는 2003년 5억 개, 2010년 125억 개, 2015년 250억 개, 2020년 500억 개로 증가한다고 한다. 세계 인구의 증가율보다 빠른 커넥티드 디바이스의 증가 속도로 인해 인당 커넥티드 디바이스 숫자는 2003년 0.08개, 2010년 1.84개, 2015년 3.47개, 2020년 6.58개로 급격히 늘어날 것으로 보인다. 지금도 커넥티드 디바이스가 많은 것처럼 보이지만, 앞으로는 더욱 눈에 띄게 늘어날 것이다. 어쩌면 모든 사물이 커넥티드 디바이스가 될지도 모른다.

이런 초연결사회를 이루는 통신 기술은 이번 MWC2015에서 통신사들이 선보인 5G 기술에서 볼 수 있듯이 계속 진화하고 있다. 앞으로 통신 인프라 확대와 기술의 진화는 우리가 정말 연결이 되지 않고는 살 수 없는 사회를 만들 것이다.

　한 번 상상해 보자. 나하고 연결된 기기가 6개 이상 있다면 아마도 나의 위치와 모든 움직임이 실시간 데이터로 남겨지지 않을까? 상시 접속 상태Always-on로 모든 기기와 사람간의 상호작용이 이루어지고, 요즘 흔히 말하는 빅데이터가 생성되어 어딘가에 나의 데이터가 저장될 것이다. 이런 상시 접속 상태는 심지어 가축에게도 적용되고 있다. 2010년 11월《이코노미스트》는 스마트 시스템을 특별기획 기사로 다루면서 네덜란드의 스타트업인 스파크드Sparked를 소개했다. 스파크드는 가축의 귀에 무선센서를 심어 가축의 건강을 체크하고 움직임을 추적할 수 있게 하였다. 당연히 가축으로부터 받은 정보는 목장주가 스마트폰으로 볼 수 있다. 이 센서를 부착한 가축이 1년 동안 만들어내는 데이터 양은 200MB라고 한다.

　스코틀랜드 스타트업 사일런스 허드즈먼Silent Herdsman 또한 가축에 센서가 달린 목걸이를 부착하여 가축의 건강 상태나 분만, 발정 등 비정상

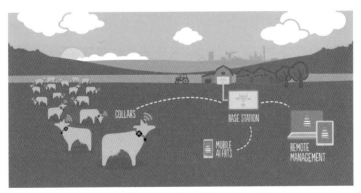

사일런스 허드즈먼의 가축 건강 모니터링 시스템
자료 출처 : 사일런스 허드즈먼 사이트(http://silentherdsman.com)

적인 행동 등을 모니터링하는 시스템을 개발하였다. 모니터링된 정보는 스파크드와 마찬가지로 농장주가 보유한 스마트폰, 태블릿PC, PC 등에 전송되어 원격으로 농장주가 가축의 건강 상태를 확인할 수 있다. 특히, 특이사항이 발생했을 때에는 알림을 통해 정보를 공유하는 등 중복데이터가 아닌 가치 있는 데이터만 전송한다. 이 시스템을 통해 농장주는 가축의 건강 상태를 개선시킬 수 있을 뿐만 아니라 우유 양을 증가시켜 농가 소득을 높일 수 있다. 사일런스 허드즈먼의 이 시스템은 2014년 3월 영국 BBC 뉴스에 "Cows connected to web to boost milk"라는 제목으로 소개되기도 하였다.

사물인터넷은 앞서 보았듯이 우리 주변의 것들을 연결하여 연결 그 이상의 관계를 만들고 있다. 무선센서를 기반으로 다양한 디바이스가 연결되고, 이것은 현재 우리가 알고 있는 사물인터넷 세상을 만든다. 어쩌면 이제는 '아이언맨'처럼 사람 그 자체가 하나의 센서가 되는 세상이 올지도 모른다.

사물인터넷은 앞서 보았듯이 사물과 사물, 사물과 사람이 인터넷망을 통해 연결되어 상호 간에 소통할 수 있는 기술을 의미한다. 옥스퍼드 영어 사전은 2013년 8월 '사물인터넷'이란 단어를 공식 등재하였다. 사물인터넷에 대해 "일상의 사물들이 네트워크에 연결되어 데이터를 주고받을 수 있는 인터넷의 발달"이라고 정의하였다. 우리가 최근 이렇게 자주 언급하는 '사물인터넷'이라는 용어는 누가 가장 먼저 언급했을까?

'사물인터넷'은 P&G의 브랜드 매니저로 근무하던 케빈 애쉬튼**Kevin Ashton**이 1999년에 처음 언급하였다. 케빈 애쉬튼은 "RFID 및 센서를 사물에 탑재함으로써 사물인터넷이 구축될 것"이라고 말했다. 그는 현재 미국의 벨킨이라는 IT 업체의 청정기술부문 제너럴 매니저(총책임자)로 있으며, 스마트폰 앱을 이용해 가전제품을 제어할 수 있는 플랫폼, 'WeMO'라는 홈오토메이션 솔루션을 개발하였다. 2013년 'IT엑스포 부산 2013'에 참가하여 기조연설을 하기도 했다.

사물인터넷은 M2M(Machine to Machine), IoT(Internet of Things), IoE(Internet of Everything) 등으로 불렸다. 최근에는 IoT라는 용어로 자리 잡았지만, M2M, IoT, IoE가 갖는 의미가 조금씩 다르다.

M2M은 영어에서 볼 수 있듯이, 기계와 기계간의 연결로 원격검침, 바코드 등이 대표적이다. IoT는 M2M에서 확장되어 사물과 사람간의 통신까지 이야기하는 것으로 사람의 건강 정보를 모니터링해 주는 스마트 헬스케어 기기가 대표적이다. IoE는 사람, 사물, 공간 등 모든 것이 다 연결된 것으로 우리가 소통할 수 없다고 생각했던 것들까지도 소통하게 된다. 사람의 의식, 우리 주변의 디스플레이나 벽, 심지어 식물과 동물, 빌딩 등이 우리와 소통할 수 있는 세상이 오지 않을까?

2. 사물인터넷의 핵심 – 센서, 빅데이터, 클라우드

사물인터넷은 분명 우리에게 흥미로운 세상을 보여줄 것이다. 그것이 긍정적이든 부정적이든 말이다. 그 흥미로운 세상으로 들어가기 전에 사물인터넷에서 중요한 것이 무엇이고, 그것들은 사물인터넷이 작동하는 데 어떤 영향을 미치는지 한 번쯤은 살펴볼 필요가 있다. 이제부터는 사물인터넷 세상으로 좀 더 깊숙이 들어가 보자.

사물인터넷 세상은 연결을 바탕으로 한 센싱과 이러한 센싱으로 만들어지는 수많은 데이터들로 이루어져 있다. 센싱은 우리에게 하나의 서비스로 다가온다. 그래서 사물인터넷의 구성 요소를 센서, 네트워크, 서비스 인프라 등으로 말하기도 한다[3]. 여기서는 센서를 통해 만들어지는 빅데이터와 이를 저장하는 클라우드를 중심으로 살펴보자.

미래창조과학부는 2014년 5월 사물인터넷 기본 계획을 발표하면서 'ICBM 新융합서비스 발굴 및 확산'이라는 과제를 제시하였다. ICBM은 4대 유망 소프트웨어 분야로 사물인터넷(IoT), 클라우드(Cloud), 빅데이터(Big Data), 모바일(Mobile)의 첫 글자를 모은 말이다. ICBM만 봐도 현재 사회의 핵심 관심사가 무엇인지 잘 알 수 있다.

정부의 2015년 주요 정보화 사업을 봐도 마찬가지다. 해당 사업에 따르면, 빅데이터의 사업 수는 69개, 예산은 1757억 원, 클라우드는 36개, 2076억 원, 사물인터넷은 19개, 764억 원에 달한다.[4]

IT 시장 조사기관인 IDC 또한 2015년에도 여전히 모바일, 클라우드, 빅데이터 등 차세대 IT 환경인 3세대 플랫폼이 이슈가 될 것으로 보고 있다. 그만큼 사물인터넷 세상에서 빅데이터, 클라우드는 센싱을 통한 다양한 정보의 수집, 저장, 분석에 있어 중요하다. 그럼, 사물인터넷이 만드는 센싱사회의 핵심 요소인 센서, 빅데이터, 클라우드가 현재 어떻게 작동하는지 알아보자.

센싱되지 않는 것은 없다, 센서

아침에 집을 나선 후 저녁에 다시 집에 돌아오기까지 우리는 수많은 사람들과 마주치고 수많은 센서에 의해 감지된다. 출퇴근 시 태그하는 사원증, 길거리의 수많은 CCTV, 집에 들어가기 위해 계단을 오르면 켜지는 조명, 집 안에서 나의 움직임을 감지하는 동작센서 등 우리는 너무 많은 센서에 의해 센싱되고 있다. 웹 2.0개념을 제시한 오라일리 또한 2009년에 기술 분야에서 차세대 대박 상품이 무엇일지 묻는 질문에 '센서'라고 대답했을 정도이다. 사물인터넷은 센서을 기반으로 움직이기 때문에 센서 없는 사물인터넷은 존재하기 어렵다. 사람, 사물, 공간이 연결되기 위해서는 상호 감지가 필수적이기 때문이다.

센서는 측정 대상물로부터 압력, 가속도, 온도, 주파수, 생체신호 등의 정보를 감지하여 전기적 신호로 변환하여 주는 장치이다. 사람들이 항상 지니고 다니는 스마트폰이나 자동차에는 수많은 센서가 존재한다. 삼성의 갤럭시 S5에는 기압, 온도/습도, 근접, 자이로, 제스처, 생체신호 등을 감지할 수 있는 센서가 존재한다. 이미 삼성 갤럭시 S5를 사용하는 사람이라면, S헬스를 통해 심박수를 한 번쯤은 측정해 봤을 것이다. 최근 삼성전자가 선보인 갤럭시 S6에는 터치 기반 지문인식 센서를 탑재했다.

　자동차는 어떠한가? 텔레매틱스Telematics를 위한 GPS, 예방 및 안전을 위한 충돌방지센서, 에어백 센서, 실내 환경을 위한 온도/습도 센서 등 수많은 센서가 존재한다. 특히, 최근에는 자동차에 다양한 IT 기술이 접목되면서 무인자동차까지 나오고 있지 않은가? 자동차 내외부에 있는 수많은 센서를 통해 사람 없이도 스스로 주행가능한 자동차가 나오고 있다. 이렇게 우리가 주변에서 볼 수 있는 스마트 기기들은 다양한 센서를 기본적으로 장착하고 우리 생활의 편의성을 높여주고 있다.

　사물인터넷이 대중들에게 많이 알려지기 전부터 과거 지경부에서는 2012년에 센서 산업 발전 전략을 발표했다. 이 전략에는 2025년 세계 4

삼성 갤럭시 스마트폰에 탑재된 센서(S4)
자료 출처 : 삼성투모로우 사이트(http://samsungtomorrow.com/4231)

대 센서 산업 강국으로 도약하기 위해 핵심 센서 10개의 국산화, 7대 산업 분야와 연계한 60개 유망 센서 기술의 상용화 추진 등이 담겨져 있다. 7대 산업 분야는 자동차, 모바일, 로봇, 보안, 바이오/의료, 환경, USN(유비쿼터스 센서 네트워크) 등이다.

이러한 센서 산업에 대한 정부의 관심은 2014년까지 이어져 산업통상자원부는 2014년 3월 '첨단스마트센서' 육성을 본격적으로 추진한다고 발표했다. 사물인터넷 시대의 견인차로 스마트센서를 차세대 성장동력으로 육성하겠다는 것이다. 웨어러블 스마트 디바이스, 자율 주행 자동차, 국민 안전 건강 로봇, 고속-수직 이착륙 무인항공기, 개인맞춤형 건강관리 시스템, 생체모사 디바이스, 가상훈련 시스템 등 13개의 산업 엔진 프로젝트와 연계해 추진 중이다.[5]

이런 센서 시장은 전세계적으로 보면 2012년 796억 달러에서 2020년 1,417억 달러로 연평균 9.4%의 성장률, 국내 시장은 2012년 54억 달러에서 2020년 99억 달러로 연평균 10.4%의 성장률을 보일 것으로 전망된다. 2013년 열린 'Trillion Sensors Summit'에서는 향후 10년 이내에 센서 개수가 1조 개를 넘어설 것으로 전망했다. 센서의 폭발적 증가는 우리 주변의 모든 것들에 센서가 부착되는 것을 의미한다. 그리고 이 센서는 모든 것들을 센싱한다. 윤부근 삼성전자 대표이사가 국제전자제품박람회(CES2015)에서 "센서 사업을 하면 대박이 터질 것이다"라고 한 말이 현실이 될 날도 얼마 남지 않았는지도 모른다.[6]

이런 대박 사업 아이템인 센서는 어떻게 활용되고 있을까? 그리고 실제로 어떤 성과를 내고 있을까? 바르셀로나의 본Born 시장은 센서를 활용해 도시를 스마트하게 만들고 있다.[7] 예를 들어, 주차 공간 바닥에 센

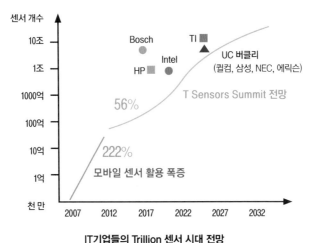

IT기업들의 Trillion 센서 시대 전망

자료 출처 : Trillion Sensors Summit, 2010(LG경제연구원 재인용)

서를 심어 빈 주차 공간을 파악할 수 있게 했다. 차량을 주차할 때면 주차장의 빈자리가 있는지 확인하기 위해 주차장을 한 바퀴 도는 게 기본인데, 이제는 그런 일이 없어질 것 같다. 또 스마트 가로등을 설치하여 소음, 인구밀집도, 공기오염도를 측정할 수 있고, 이를 통해 사람의 많고 적음에 따라 가로등의 조명을 밝거나 어둡게 조절할 수 있어 에너지를 절약할 수 있다. 쓰레기통은 또 어떤가? 쓰레기통 뚜껑에 센서가 부착되어 쓰레기의 양을 측정하여 알려주면, 쓰레기 수거원이 일일이 쓰레기통이 얼마나 찼는지 확인하지 않고도 가득 찬 쓰레기통을 바로 파악해 비울 수 있다. 이 모든 것들이 기존의 것들에 센서 하나만 부착했을 뿐인데, 도시가 스마트해진 것이다. 센서의 미래가 곧 스마트 도시의 미래가 될 것이다.

센서의 활용은 스포츠 게임이나 한 도시의 일만은 아니다. 글로벌 물류기업인 페덱스_{FedEx}는 또 어떤가? 페덱스는 2009년 개발한 센스어웨어_{SenseAware}라는 디바이스를 활용해 배송에 취약한 물품을 안전하게 배송하고 있다.

우리가 택배를 받다 보면, 음식이 상하거나 물건에 흠이 가는 일이 종종 발생한다. 이뿐이겠는가? 미술품, 골동품, 의료용품, 보석류 등은 안전한 배송이 생명이다. 이때 센스에웨어를 활용하면 배송물의 위치와 함께 온도, 습도, 기압, 빛 노출 여부 등의 주변 환경 정보를 파악할 수 있다. 또 배송물의 추적이 가능해 이상 징후가 발견되면 즉각 조치를 취할 수 있다. 현재 이 서비스는 미국 및 아시아·태평양 지역의 20여 개 국가를 대상으로 제공되고 있다.[8]

최근 우리가 자주 듣는 스마트홈도 결국 센서를 통해 만들어진다. 현재 센서의 가격은 하락해 평균 판매 가격이 1달러를 밑돌고 있다. 게다가 초소형화, 다기능화, 지능화 되면서 센서의 수요는 급격히 증가하고 있다. 사물인터넷에서 빼놓을 수 없는 센서는 '스마트'라는 키워드 속에 점점 중요해지고 있다.

페덱스의 센스어웨어 2000과 1000
자료 출처 : 센스어웨어 사이트(http://www.senseaware.com), 페덱스사이트 (http://www.fedex.com/us)

센싱, 빅데이터를 생성하다

센서가 부착된 모든 기기나 장치는 데이터를 생산한다. 스마트 기기의 등장과 웨어러블 디바이스의 부상으로 센서를 통한 데이터양은 기하급수적으로 늘어나고 있다. 이 뿐만이 아니다. 개인정보의 문제가 있지만 우리가 기존에 쉽게 수집할 수 없는 사적인 데이터들까지도 실시간으로 생성되고 있다. 즉, 실시간 행동 데이터인 '액티브 데이터'가 만들어지고 있다.[9] 기존의 데이터들이 상황 정보를 포함하지 않았다면, 현재 데이터들은 이런 상황 정보가 고려되어 있다. 단순히 식당에서 밥을 먹었다는 것이 중요한 것이 아니다. 어떤 상황에서 밥을 먹었는지가 중요하다. 날씨는 어떠했고, 밥을 먹기 전에는 무엇을 했고, 누구와 밥을 먹었는지 등 사람이 움직이는 동선에 따른 실시간 데이터가 중요하다.

분명, 빅데이터는 이미 우리 생활 속에 많이 침투해 있고 이슈가 된 지도 오래됐다. 또 빅데이터가 규모Volume, 다양성Variety, 속도Velocity 측면에서 기존 데이터와 다르다는 것은 이미 알려진 사실이다. 하지만 현 시점에서 3가지 측면 외에 우리가 주목해야 할 것이 하나 있다. 바로 데이터의 질적인 측면, 즉 정확성Veracity이다. 최근의 데이터들은 센서와 사람의 거리가 가까워져 질적 수준도 높아지고 있다. 사물인터넷 혁명이 일어나고 있는 현재 이 4가지 측면에서 빅데이터를 다시 한 번 살펴보면서 빅데이터가 사물인터넷에서 어떤 의미를 갖고 있는지 알아보자.[10]

먼저, 데이터의 규모를 보면, 매일 생성되는 데이터의 규모는 2.5엑사바이트에 달한다고 한다. 개인이 가지고 있는 스마트 디바이스뿐만 아니라 정보의 급격한 확산을 유발하는 소셜네트워크 서비스는 데이터의 폭증에 기여하고 있다. EMC와 IDC의 보고에 따르면, 사물인터넷으로 인한 데이터의 양은 2020년 44조 기가바이트에 달할 것으로 전망된다. 에릭슨Ericsson에 따르면, 전체 모바일 데이터 트래픽은 2014년 월 3.2EB(엑사바이트, 1엑사바이트는 1,048,576테라바이트(TB)), 2020년 25EB로 연평균 40% 증가할 전망이다. 이는 유선 데이터 트래픽의 2배에 달하는 증가율이다.[11]

다양성 측면에서는 기존의 단순한 텍스트 데이터를 넘어 소셜네트워크 메시지, 센서 데이터, 특히, 영상 데이터가 급속히 증가하고 있다. 이런 다양한 데이터들은 실시간으로 생성되고 있어 그 속도를 가늠하기 어려울 정도다. 업무시간에 수시로 날아오는 카톡 메시지 속도 그 이상이다. 수백만 분의 일 초 단위로 다양한 센서 데이터들이 정형 및 비정형 데이터를 전송하고 있다.

마지막으로 정확성이다. 과거의 데이터는 소위 말하는 '가비지Garbage'가 많거나 쉽게 활용하기 어려운 데이터가 많았다. 하지만 현재의 데이터는 스마트폰 혹은 웨어러블 디바이스의 등장으로 개인화되어 있을 뿐

글로벌 트래픽 변화 전망

구분	2013	2014	2020	CAGR (2014-2020)	단위
총 모바일 데이터 트래픽	2	3.2	25	40%	EB/월
스마트폰 1대당 데이터 트래픽	700	900	3,500	25%	MB/월
모바일 PC 1대당 데이터 트래픽	3,300	4,300	15,000	25%	MB/월
태블릿 1대당 데이터 트래픽	1,400	1,900	7,600	25%	MB/월
총 유선 데이터 트래픽	40	50	140	20%	EB/월

자료 출처 : Ericsson , Ericsson Mobility Report, 2014. 11

모바일 애플리케이션 유형별 트래픽 비중 전망

구분	2014년	2020년
비디오	45%	55%
소셜 네트워킹	15%	15%
웹 브라우징	10%	5%
오디오	2%	2%

자료 출처 : Ericsson , Ericsson Mobility Report, 2014, 11

만 아니라 다양한 상황 정보에 기반한 데이터의 추가로 스마트화된 데이터가 증가하고 있다. 이를 통해 O2O**Online to Offline** 같은 스마트 커머스 서비스가 가능해질 뿐만 아니라 개인의 취향과 관심사에 적합한 서비스 분석이 가능해졌다. 물론 현재의 빅데이터 분석을 통해 우리가 이상적으로 생각하는 개개인에게 최적화된 서비스를 찾아내는 데에는 아직까지 어려움이 존재한다. 하지만 이 또한 곧 해결되리라 본다.

기존 데이터가 수동적 공유 및 단순 분석의 대상이었다면, 현재의 빅데이터는 소비자들의 능동적인 공유, 상황 인식, 앞서 말한 상황 정보에 기반한 실시간 분석과 예측의 대상이다. 단순히 데이터를 관리하는 것이 아니라 데이터를 통해 개인화된 서비스 개발에 더 중점을 두고 있다.

사물인터넷 아이템을 살펴보면 이해하기 쉽다. 현재 홍콩에 기반을

기존 데이터와 미래 데이터(빅데이터) 비교

구분	기존 데이터(수동적 공유/분석)	미래 데이터(자동적 연계/추론)
개념	정보를 이루는 기본단위로 구문적 대상	분석과 추론의 단위로 의미적 처리 대상
형성	데이터베이스 기반의 검색과 조회	실시간 분석과 상황, 시계열적 추론
동인	관리 중심의 정보공유 및 유통서비스	상황인식, 개인화 등 지능형 서비스

자료 출처 : 전승수, 「초연결 사회의 빅데이터 생태계 분석과 시사점」, KISTEP, 2012

둔 해피랩스_{HAPILABS}에서 개발한 해피포크_{HAPIfork}는 음식 투입속도, 포크 이용 횟수 등을 측정한다. 측정된 데이터는 개개인의 체중 증가, 소화불량, 역류성 식도염 등의 문제를 해결할 수 있게 해준다. 즉, 개인에게 맞춤화된 식습관을 제시한다. 해피포크뿐만 아니라 개인의 자세를 교정해주는 업라이트_{UpRight}, 포스처텍_{PostureTek}의 자세 감지 셔츠 등 헬스케어 분야의 아이템들은 센서를 통해 개인화된 데이터를 파악하고 서비스를 제공한다. 사람과 가까워진 데이터는 더 이상 우리가 알고 있는 단순 데이터와는 질적으로 다르다.

　개인화된 데이터뿐 아니라 공공데이터 또한 그 중요성을 무시할 수 없다. 정부는 공공데이터 포털을 운영하여 자유롭게 공공데이터를 활용할 수 있도록 하였다. 이 데이터는 개인이나 정부의 다양한 서비스 개

해피포크
자료 출처 : 해피랩 사이트(https://www.hapi.com)

공공데이터 포털과 오픈센서스
자료 출처 : 공공데이터 포털(https://www.data.go.kr), 오픈센서스 사이트 (https://opensensors.io)

선을 위해 활용되고 있다. 해외의 경우, 사물인터넷 기기를 통해 나오는 데이터를 공유하고 이를 활용할 수 있도록 해주는 곳이 있다. 바로 영국에 기반을 두고 2013년에 설립된 오픈센서스_{OpenSensors.io}이다.

　오픈센서스는 사적인 데이터가 아닌 무료로 사용할 수 있는 오픈데이터를 활용한다. 다양한 사물인터넷 디바이스에서 전송된 데이터는 서비스 데이터 구독자들에게 전송되어 각기 다른 서비스에서 창출되는 정보를 통합해 새로운 애플리케이션이나 서비스를 창출할 수 있게 해준다.

　한 도시에 각기 다른 사업자가 주차장과 가로등의 센서를 운영한다면, 두 데이터를 통합해서 볼 수 없다. 하지만 이 두 데이터가 클라우드에 저장되어 한 곳에서 관리된다면, 어떤 문제를 쉽게 해결할 수 있는 기반을 만들어준다. 예를 들어, 주차장의 만차 여부를 주변 가로등을 통해 알려준다면, 주차장과 가로등에서 생성되는 데이터를 통합해야 한다. 이게 바로 오픈센서스의 설립 이유이다.

사물인터넷 세상에서는 개인, 기업, 정부에서 생성되는 데이터 하나하나가 모두 소중하다. 그 데이터들이 통합되었을 때, 그 영향력은 폭발적일 수 있다. TV에서 개인이나 상점의 블랙박스나 CCTV 영상을 통해 범인을 잡는 경우를 종종 보지 않는가? 이 또한 통합된 데이터의 위력이 얼마나 큰지를 알려주는 예이다.

사물인터넷이 활성화되고 있는 지금 빅데이터 분석 및 서비스 시장의 사업 기회가 다시 한 번 높아지고 있다는 것은 부인할 수 없다. 특히 개인에게 밀착된 다양한 데이터의 생성은 사물인터넷 시대에 빅데이터의 가치가 얼마나 큰지를 알려준다. '센싱-연결-분석-서비스'라는 이 순환 고리는 떼려야 뗄 수 없는 관계인 것이다.

클라우드, 데이터 기억을 넘어 연결하다

사물인터넷이 만드는 초연결사회인 센싱사회는 센서, 빅데이터, 클라우드라는 구조를 지닌다. 센서에 의해 어떤 것을 감지(센싱)하고, 이로 인해 만들어지는 다양한 실시간 데이터(빅데이터)는 저장되고, 수시로 꺼내볼 수 있는 클라우드로 연결된다. 스마트폰, 태블릿, PC 등 다양한 디바이스에서 동일한 내용을 볼 수 있는 N스크린 서비스나 구글 드라이브는 클라우드가 만들어내는 서비스다.

모든 것이 상시적으로 연결된 세상에서 필요한 데이터를 언제 어디서나 볼 수 있다는 것은 중요하다. 실시간으로 만들어지는 데이터가 한정된 장소에서만 볼 수 있다면 해당 데이터의 실시간성의 의미는 약해진다. 그래서일까? 사물인터넷 세상을 이끌어가는 쌍두마차로 빅데이터와 클라우드는 항상 같이 언급된다. 빅데이터 시장에 대한 관심만큼 클라우드에 대한 관심도 점점 높아지고 있는 게 현실이다.

정부에서는 2009년 12월 클라우드 산업 발전을 위한 '범정부 클라우드 활성화 추진 계획', 2012년 6월 공공 클라우드 월드 베스트 프랙티스 World Best Practice 구현을 위한 '범정부 클라우드 추진 현황 및 향후 계획' 등을 발표했다. 2013년 10월 미래창조과학부는 '클라우드 컴퓨팅 발전 및 이용자 보호에 관한 법률안-클라우드 컴퓨팅 산업진흥법안' 제정을 추진했다. 뿐만 아니라 2014년 9월 발표된 '정부 3.0 발전 계획'에는 클라우드 기반의 지능정부 구현이 추진 과제로 되어 있다.[12]

아마존은 2014년 12월 미래창조과학부가 주최한 'NEX-D 인사이트 2014 컨퍼런스'에서 "사물인터넷 시대에 얼마나 많은 센서들이 흩어져 어느 정도의 데이터를 모을지 알 수 없기 때문에 저장 용량에 제한이 없고 무제한의 로직과 프로세스를 지닌 클라우드를 이용한 컴퓨팅이 중요하다."고 말했다. 현재 아마존웹서비스 AWS는 아마존 조칼로, 아마존 웍스페이스, 시스코는 인터클라우드, 오라클은 오라클 클라우드를 통해 시장 공략에 나서고 있다.[13]

센싱되는 정보가 클라우드를 통해서 어떻게 활용될 수 있는지 한 번 보자. 달리웍스는 '2014 사물인터넷 국제전시회'에서 사물인터넷 클라우드 서비스인 'Thing+'를 선보였다. 'Thing+'는 다양한 사물인터넷 디

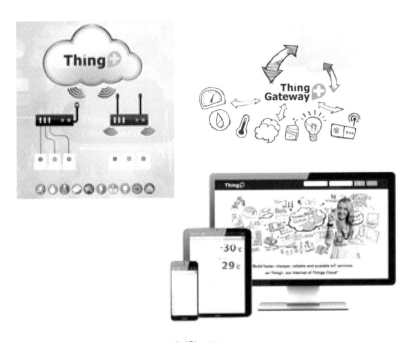

달리웍스 Thing+
자료 출처 : 달리웍스 사이트(http://www.daliworks.net)

바이스를 통해 전송되는 데이터를 저장하고 'Thing+' 포털을 통해 센서 데이터 분석이나 디바이스 제어 등이 가능해 자신만의 사물인터넷 서비스 구축이 가능하다. Thing+는 현재 브라질에서 냉동 및 냉장 식품에 대한 모니터링 서비스를 제공하고 있으며, 국내에서는 다양한 농작물 재배 환경 관리 및 모니터링에 활용하고 있다.

귀뚜라미 보일러는 핸디소프트 보일러와 손잡고 스마트 보일러를 개발할 계획이나. 스마트 보일러는 스마트폰으로 보일러에 대한 관리가 가능한 시스템으로 여기에는 핸디소프트의 클라우드 기반 개방형 사물인터넷 플랫폼 '핸디피아'가 적용될 예정이다. 클라우드에 저장되는 난

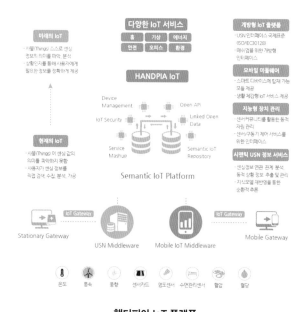

핸디피아 IoT 플랫폼
자료 출처 : 핸디소프트 사이트(http://www.handysoft.co.kr)

방 센서 데이터를 기술 및 고객 서비스 등의 스마트 보일러 서비스에 활용하는 것이다. 이미 경동나비엔은 '국내 최초 콘덴싱 원격제어 보일러'를 판매 중이다.[14]

사물인터넷 혁명에 따른 클라우드 서비스에 대한 사람들의 관심이 점점 높아지면서 시장 규모 또한 증가하고 있다. 정보통신산업진흥원의 '2014년 국내 클라우드 산업 실태 조사'에 따르면, 국내 클라우드 시장 규모는 2013년 3932억에서 2014년 5238억 원으로 33%나 성장했을 정도이다.[15]

사물인터넷 기반 클라우드 플랫폼 서비스를 통해 우리는 필요한 정보를 수시로 볼 수 있다. 더 나아가 해당 정보를 새롭게 가공해 개인에게 필요한 다양한 서비스를 제시할 수도 있다. 스마트폰 시대가 기기 중심의 시대였다면, 사물인터넷 세상은 서비스 중심의 시대가 될 것이다. 서비스 중심 시대에 클라우드 기반의 빅데이터 플랫폼은 서비스의 핵심 경쟁 요소이다. 클라우드는 더 이상 단순 저장 장치가 아닌 그 이상의 역할을 할 것으로 보인다.[16]

3. 영역의 붕괴로 시작된 사물인터넷 전쟁

　사물인터넷이 기업의 경쟁력을 어떻게 바꿀 수 있기에 우리는 사물인터넷을 간과할 수 없을까? 국가경쟁력은 둘째 치고 개별 기업들의 경쟁력에 어떤 영향을 미치고 있을까? 우리는 이미 그 답을 알고 있다. 바로 융합이다.

　예를 들어 자전거에 사물인터넷 아이템이 부착되는 순간, 일반 자전거는 스마트한 자전거가 되고, 정형화된 산업 영역을 넘어 IT 제품으로 포지션이 된다. 자전거의 위치 추적이나 이동 거리만 산정된다면 단순 IT 제품이 되지만, 자전거 이용자의 칼로리 소모량을 제시한다면 어떨까? 해당 제품은 헬스케어 영역으로 포지션 될 수 있다. SK텔레콤은 이런 스마트 자전거를 자전거 전문 업체 알톤스포츠와 개발할 예정이다. 이처럼 사물인터넷은 단순 융합을 넘어서 기존 영역 자체를 혁신적으로 바꾸는 기반이 된다.

　우리 사회는 이미 이종 영역 간의 융합이 이루어지고 있고, 융합은 산업 간 경계를 붕괴시키고 있다. 산업 간 융합은 자연스레 모든 기업들의 핵심 이슈가 되었다. 융합은 기업 간 협업을 촉진시킬 수 있다는 측면에서 긍정적이다. 하지만 반대로 생각하면 경쟁의 영역이 확대되어 기업 간 경쟁이 심화된다는 것을 의미한다.

　현재 사물인터넷은 협업과 경쟁의 애매모호한 관계에 있다. 사물인터넷 영역 자체가 광대하다 보니 뚜렷한 선도업체를 파악하기가 쉽지 않다. B2C, B2B, B2G 등 어느 분야에 집중하느냐에 따라 경쟁자가 달라진다. 하지만 사물인터넷 사업을 추진 중인 기업들은 현재까지 어느

한 분야에 명확하게 집중하는 것처럼 보이지는 않는다.

후반부에서 살펴보겠지만, 사물인터넷 시장을 둘러싼 표준경쟁은 이러한 현상을 가속화시키고 있다. 그렇다면 사물인터넷이 어떻게 산업 간 경계를 붕괴시키는 보자.

사물인터넷, 산업 간 영역을 붕괴시키다

사물인터넷이 산업 간 경계를 붕괴시킨 가장 대표적인 예는 아마도 구글이 아닐까 싶다. 플랫폼 업체인 구글은 무인자동차, 구글 TV, 구글글래스 등을 통해 산업 간 경계가 어떻게 붕괴되는지를 잘 보여준다. 특히, 2014년 1월 자동온도조절 기업 네스트랩스**Nest Labs**, 6월 가정용 CCTV 벤처기업 드롭캠**Dropcam**, 10월 스마트홈 시스템 개발회사 리볼브 **Revolv**의 인수는 대표적인 사례이다. 구글의 이런 움직임은 가전, 자동차 등 기존 산업의 기업들을 긴장시키고 있다. 게다가 MWC2015에서 구

네스트랩스
자료 출처 : 네스트랩스 사이트(https://nest.com)

글은 이동통신사업 진출을 공식 선언해 통신사와 직접적인 경쟁도 불가피할 전망이다.

IT 서비스 업체의 제조업 진출뿐만 아니라, 제조업체의 IT 서비스업 진출도 활발하게 이루어지고 있다. 나이키가 2006년 출시한 나이키플러스NIKE+ 서비스가 대표적이다. 나이키플러스는 나이키 운동화 내부에 센서를 부착함으로써 사용자가 달린 시간이나 거리, 소모된 칼로리 등을 실시간으로 확인할 수 있게 해준다. 2012년에는 웨어러블 디바이스인 팔찌형 IT 기기 퓨얼밴드Fuel Band를 선보이기도 하였다. 나이키의 이런 변화는 나이키의 경쟁자가 단순히 아디다스가 아니라 웨어러블 디바이스를 만들고 있는 삼성전자가 될 수도 있다는 것을 보여준다. 산업 영역의 붕괴가 경쟁 영역과 함께 경쟁자를 재정의하고 있는 것이다.

금융권의 핵심 이슈가 되고 있는 핀테크는 또 어떠한가? 핀테크 또한 산업 간 경계를 허물고 있는 대표적인 사례이다. 핀테크는 금융Financial과 기술Technology의 합성어로 IT 기술을 활용한 금융서비스로 모바일 결제, 송금, 크라우드 펀딩 등을 말한다. 최근 TV에서 접할 수 있는 다음카카

다음카카오의 카카오페이 광고 영상
자료 출처 : 유튜브 사이트(https://www.youtube.com)

오의 모바일 결제 서비스 '카카오페이'의 광고가 아마 우리가 가장 쉽게 접할 수 있는 핀테크의 사례이다.

국내의 경우, 다음카카오의 모바일 결제서비스 '카카오페이' 외에도 송금 및 온라인 결제가 가능한 '뱅크월렛카카오', KG이니시스의 'K페이', SK플래닛의 '페이핀', LG유플러스의 '페이나우' 등이 있다. 또한, 삼성전자가 최근 미국의 모바일 솔루션 결제업체 루프페이LoopPay를 인수하여 2015년 하반기 '삼성페이'를 출시할 예정이다. 해외는 애플의 '애플페이', 이베이의 '페이팔', 구글의 '구글월렛', 중국 알리바바의 '알리페이', 텐센트의 '텐페이' 등이 있다.

이런 산업 간 경계의 붕괴뿐 아니라, 온라인과 오프라인 간의 경계도 허물어지고 있다. 스마트 커머스 분야에서는 O2O가 나오면서 온라인과 오프라인이 융합된 '옴니채널'이라는 말이 나왔을 정도이다. 신세계 그룹은 온라인 복합쇼핑몰인 'SSG닷컴'을 통해 옴니채널을 구축하고 있으며, 현대아울렛, AK플라자 등은 O2O 커머스 플랫폼인 '얍YAP'과 제휴하여 '팝콘 서비스'를 운영 중이다. 팝콘 서비스는 고객이 매장에 들어설 때 고객에게 다양한 상품 정보나 이벤트, 쿠폰 등을 스마트폰에 팝업 형태로 보여주는 서비스다. 나중에 살펴보겠지만, SK텔레콤의 '시럽'이 대표적인 사례이다.

이런 영역 간 붕괴는 앞서 보았듯이 경쟁의 영역이 산업 내에서 산업 밖으로 확대되면서 사물인터넷을 둘러싼 기업 간 경쟁이 앞으로 얼마나 치열해질지를 보여준다. 과거와 다른 경쟁 영역, 경쟁자, 경쟁 강도가 사물인터넷 시장에 활동하고 있는 기업들 앞에 펼쳐질 것이다.

사물인터넷 주도권 전쟁의 시작

사물인터넷 주도권 전쟁은 이미 시작됐다. 사물인터넷이 적용되는 분야가 워낙 넓다 보니 다양한 업체들이 사물인터넷 시장에 합류하면서 그 전쟁이 격화되고 있는 양상이다. 다음 표에서도 볼 수 있듯이, 사물인터넷이 적용되는 분야는 헬스케어, 홈케어, 자동차, 교통, 건설, 농업, 에너지 등 이루 말할 수 없이 많다. 누구나 마음만 먹으면 사물인터넷 시장에 진출할 수 있다. 물론, 사물인터넷 전쟁에서 승리한다는 보장은 없지만 말이다.

이렇다 보니 삼성이나 구글 같은 국내외 주요 대기업들은 사물인터넷 시장에서 플랫폼 역할을 할 수 있는 기업들을 인수하면서 자신만의 사물인터넷 영역을 구축하고 있다. 빠르게 변하는 IT 기술을 따라잡기 위해서는 내부 개발보다는 외부 소싱이 더 쉽기 때문인지 모른다.

본격적인 사물인터넷 전쟁에 뛰어들기 전에, 사물인터넷의 기본 생태계는 어떻게 구성되어 있는지 살펴보자. 이를 통해 사물인터넷 주도권 전쟁에 참여한 업체들이 어떤 그룹에 속하고, 향후 어떤 방향으로 갈지를 짐작해 보자. 사물인터넷 생태계는 가치사슬이라는 측면에서 보면, 크게 4개 분야로 구성되어 있다. 반도체칩, 모듈 및 단말, 플랫폼 및 솔루션, 네트워크 및 서비스 등이다. 반도체칩은 퀄컴Qualcomm, TI, 인피니언Infineon, ARM 등이 주도하고 있다. 모듈 또한 신테리온Cinterion, 텔릿Telit, 시에라Sierra, 심컴SIMCOM 등의 해외 업체가 주도하고 있는 상황이다. 단말은 사물인터넷 서비스를 하는 업체가 기존 단말에 모듈을 탑재하거나 개발하는 형태로 주로 중소·중견 업체들에 의해 개발되고 있다.

사물인터넷 적용 분야 및 주요 제품

분야	내용	주요 제품
헬스케어	건강 보조 도구, 혈당 측정, 건강정보송신, 원격진료, 헬스케어 애플리케이션	핏빗 플렉스(핏빗), 픽스(코벤티스), S헬스서비스(삼성전자), 2net(퀄컴), 트윗피(하기스)
홈케어	도어/조명 등 제어, 지능주택 관리, LBS방범, 스마트홈서비스	스마트홈, 스마트싱스(Smartthings), 스마트라이프(SKT)
자동차	텔레매틱스, 무인자동차, 스마트카, 커넥티드카, 차량 원격관리	OnStar(GM), Sync(포드), 블루링크(현대차), 무인자동차(구글), 스마트 오토모티브(SKT)
교통	교통안전, 국도 모니터링, 배기가스 실시간 감지, 디지털 운행기록관리	지능형 교통서비스, 지능형 주차서비스, SF Park(샌프란시스코시)
건설	건물/교량 원격관리서비스, 시설물 관리, 스마트시티	가로등 밝기 자동조절, 건물에너지효율화(미 Valarm사), 송도 스마트시티(시스코)
농업	실시간 작물 상태 모니터링, 온도/습도 감지 및 조정, 농작물 수확 재고관리	스마트팜(SKT), 지능형 파종서비스(일본 신푸쿠청과), 젖소관리 서비스(사프크드사)
환경	날씨나 온도 측정센서, 야생동물 위치확인, 위험물질 위치 파악	불법 벌목 방지, 네탓모(Netatmo), 온도 · 물 관리시스템(ARM), 스마트 에셋트레킹(SKT)
엔터테인먼트 게임	재미, 오락	스마트워치(소니), 구글 글라스, 스마트기어(삼성전자), 퓨얼밴드(나이키), 조본업(조본)
에너지	중앙 전원 통제, 고압 전력 원격검침, 전력 신청 및 공급, 에너지 하베스팅	스마트미터, 위모(WeMo), 스마트그리드(누리텔레콤)
안전	재난 예측, 재해 조기감지, 실시간 화재 및 침입 경보 서비스	스마트 원격관제 서비스(KI), 안심마을zone서비스 (LG유플러스)

자료 출처 : ETRI, 사물인터넷 적용 분야 및 향후 추진 방향, Local Informatization magazine, 2014

49

가치사슬	유형	주요전문업체
칩밴더	무선 송수신칩, 센서, 마이크로컨트롤러 등을 생산하는 제조업체	(해외) Qualcomm, Texas Instruments, Infineon, ARM
모듈/ 단말업체	IoT모듈(무선송수신칩+마이크로컨트롤러), 다양한 IoT단말 등을 생산하는 제조업체	(해외)Sierra Wireless, E-device, Telular, Cinterion, Telit, SIMCOM
플랫폼/ 솔루션업체	IoT플랫폼 소프트웨어나 IoT 종합 관리 솔루션을 개발하여 제공하는 업체	(해외) Jasper Wireless, Aeris Wireless, Qualcomm, datasmart, Inilex, Omnilink
		(국내) 멜퍼, 페타리, 브레인넷, 엔티모아, 인사이드 M2M
네트워크/ 서비스업체	기본적인 유무선 네트워크를 제공하고, 보다 전문적인 M2M서비스를 제공하는 업체	(해외) AT&T, Sprint, Vodafone, T-Mobile, Verizon, BT
		(국내) SKT, KT, LGU+

자료 출처 : 한국인터넷진흥원, 사물인터넷, 인터넷&시큐리티 이슈, 2013

플랫폼 및 솔루션 또한 중소·중견 업체들이 중심이 되어 플랫폼 및 솔루션 역량이 약한 업체에 제공하고 있다. 대기업들은 구글(네스트랩스), 삼성(스마트싱스SmartThings)처럼 관련 업체를 인수하기도 한다. 마지막으로 네트워크 및 서비스는 국내외 통신사가 주요 업체로 기존 네트워크 제공자에서 벗어나 직접 사물인터넷 시장에 뛰어들어 사물인터넷 생태계 구축을 추진 중이다. 물론 제조업체들도 자신이 보유하고 있는 하드웨어에 사물인터넷 솔루션을 결합한 서비스를 추진 중이다.[17]

이런 사물인터넷 시장은 과거와 큰 차이는 없다. 다만, 다양한 산업 간의 융합을 통한 플랫폼 선점이 좀 더 어려워졌을 뿐이다. 즉, 누가 사물인터넷 플랫폼 시장을 선점할 것인가, 플랫폼을 장악하기 위해 어떻게 사물인터넷 시장에서 표준이 되는가가 중요하다. 과거 베타맥스 Betamax 대 VHS, Wi-Fi 대 Home RF, LTE 대 WiMAX 등의 표준 전쟁에서 볼 수 있듯이, 표준이 되지 않으면 어떠한 결과를 받아들여야 하는지 우리는 잘 알고 있다. 그래서 주요 사물인터넷 업체들은 다양한 사물인터넷 제품 및 서비스를 출시하면서 표준 전쟁에 합류하고 있다.

퀄컴을 중심으로 한 올신얼라이언스 Allseen Alliance 는 자체 표준인 올조인 Alljoyn 을 밀고 있다. 이에 대항해 삼성전자와 인텔은 OIC(Open Interconnect Consortium)를 결성했다. 이 뿐만 아니라 구글은 오픈소스 개발자를 모아 스레드 그룹 Thread Group, 시스코와 AT&T는 IIC (Industrial Internet Consortium)를 만들었다. 또한 국내 통신사 및 가전업체와 세계 ICT 기업 및 기관이 참여한 원엠투엠 oneM2M 도 있다.

이미 시작된 사물인터넷 전쟁에서 누가 시장을 장악할 것인가는 아직도 미지수다. 이 책에서는 사물인터넷을 둘러싼 전쟁을 구글, 애플 등의 IT 플랫폼 업체, 가전, 자동차, 반도체, 등의 제조업체, 네트워크 인프라를 보유한 통신사, IBM, 오라클 Oracle 등의 소프트웨어 솔루션 업체 등으로 구분해서 본다. 사물인터넷의 승자는 누구일까? 하드웨어를 중심으로 소프트웨어 역량을 강화하고 있는 제조업체일까? 연결의 핵심인 망을 기반으로 서비스를 확대 중인 통신사일까? 다양한 융합 플랫폼을 추진 중인 구글, 애플 등의 IT 플랫폼 업체일까? 아니면 사물인터넷의 기반 인프라를 담당하는 솔루션 업체일까?

분명한 것은 현재 어느 누구도 사물인터넷 주도권을 가지고 있지 않다는 것이다. 이제 막 시작된 전쟁은 분명 과거의 산업혁명이나 인터넷 혁명처럼 누군가가 주도권을 쥘 것이다. 그리고 그 주도권을 쥐기 위해 업체들은 춘추전국 시대처럼 때로는 협업을, 때로는 경쟁을 할 것이다. 우리는 새로운 성장 동력으로써 사물인터넷을 둘러싼 전쟁의 승자는 누가 될지 예상해 보며, 각 업체들이 어떤 제품이나 서비스를 출시하면서 어떤 전략을 취하고 있는지 상세히 살펴보자.

사물인터넷이 만드는 센싱사회는 모든 것을 감지하는 것이 중요하다. 감지는 사물인터넷의 첫 단계이기 때문이다. 라이프로깅 앱[18]은 센싱을 통해 내가 어디서 무엇을 했는지를 기록한다. 그리고 이러한 기록은 데이터로 남아 우리에게 유익한 서비스를 제공해준다. 라이프로깅 앱들은 많이 출시됐지만 여기서는 A.R.O.의 사가Saga와 아주미오Azumio의 아거스Argus를 살펴보자. A.R.O.는 2011년 6월 시애틀에 설립된 스타트업으로 종업원 수는 35명이다. 스마트폰의 다양한 센서를 통해 사가가 수집한 데이터는 인포그래픽 형태로 나타나며 공유도 가능하다. 이를 통해 나의 활동사항을 보면서 나만의 특징을 파악할 수 있다. 특히, 핏빗Fitbit' 조본업Jawbone UP 위딩스Withings 등 다른 서비스와 연계를 통해 자신의 라이프로그를 풍부하게 만들 수 있다.

아주미오는 2013년 7월 아거스를 출시했다. 아거스 또한 사용자의 모든 활동을 추적할 수 있지만 헬스케어 쪽에 중점을 두고 있다. 아거스는 운동량, 수면시간, 식사량, 칼로리, 심박수 등의 데이터를 한 앱에서 통합적으로 보여준다. 특히, 각 데이터간의 비교를 통해 상관관계를 파악할 수 있다. 이 뿐만이 아니라 운동량이나 식이요법에 대한 목표를 등록하고 관리할 수 있다. 또한 집단 내에서 다른 사람의 데이터와 비교하여 자신만의 특이점을 파악할 수 있다. 아주미오는 이 앱 외에도 심장박동 측정 앱(Instant Heart Rate), 수면상태 측정 앱(Sleep Time), 건강관리 앱(Fitness Body), 혈당관리 앱(Glucose Buddy) 등 다양한 헬스케어 앱을 보유하고 있는데, 아거스는 이러한 다양한 앱의 집합체이다.

Saga 활용 화면
자료 출처 : Saga 사이트(http://www.getsaga.com)

2
전통적인 강호, 제조사

1. 스마트 제조만이 살길이다

제조업은 한 국가의 기반 산업으로 전통적인 이미지가 강하다. 그래서 스마트와는 거리가 멀어 보인다. 하지만 사물인터넷 세상에서는 제조업도 스마트해지고 있다. 단순히 제조 공정 자체가 스마트한 것을 넘어 제품 자체도 스마트해지고 있다는 말이다. 여기서는 스마트한 제품을 중심으로 제조업이 나아가야 할 방향을 살펴보자.

최근 텔레비전에서 '국내 최초 콘덴싱 원격제어 보일러'라는 컨셉으로 김남주가 CF모델로 나온 광고를 한 번쯤은 본 적이 있을 것이다. 경동 나비엔의 콘덴싱 보일러 광고다. 집 밖에서 스마트폰으로 보일러를 끌 수 있을 뿐만 아니라 난방/온수 온도 조절, 24시간 예약난방을 할 수 있다. 특히, LG전자의 스마트홈 서비스 '홈챗Home Chat'을 활용하여 '콘덴싱 스마트 톡'과 대화하며 보일러를 제어할 수 있다. 예를 들어, 홈챗에 "실내온도를 25도로 해줘."라고 하면, 톡은 "25도로 맞추겠습니다."라고 대답한다.

경동나비엔 광고
자료 출처 : 경동나비엔 사이트(http://www.kdnavien.co.kr)

중장비 제조업체에서도 이러한 스마트화는 진행되고 있다. 건설기계 분야의 세계적인 업체인 일본의 코마츠Komatsu는 건설 기계에 ICT를 활용해 건설 현장의 작업이 효율적이고 안전하게 이루어지도록 노력한다. 특히, 작업 현장의 시각화를 위한 다양한 시스템을 개발 중이다. 코마츠의 콤트락스Komatsu Machine Tracking System, KOMTRAX라는 장비 추적 시스템이 그 중 하나다.

코마츠의 콤트락스 시스템과 초대형 무인덤프트럭
자료 출처 : 코마츠 홈페이지(http://www.komatsu.com)

GPS

통신 위성/ 핸드폰

콤트락스 터미널

통신 안테나

머신 데이터 서버

GPS 안테나

콤트락스 콘트롤러

모뎀

앱 어플리케이션 서버

덤프 콘트롤러

엔진 콘트롤러

차량 내의 네트워크

인터넷

멀티 콘트롤러

기계

57

콤트락스는 장비에 부착된 단말과 GPS 안테나를 통해 작업장 위치, 장비 운영 시간, 조건과 관련된 정보를 수집한다. 수집된 정보는 고객의 장비 보유 기간 동안 선행적인 A/S 활동을 통해 고객의 장비 수명은 늘리고, 유지비용은 낮춰준다. 또한 이 정보는 고객 및 대리점과 공유된다. 특히, GPS가 있어 도난 방지도 가능하다.[19]

이 뿐만이 아니다. 코마츠는 GPS, 장애물 감지 센서, 무선네트워크 시스템 등이 설치된 무인덤프트럭(Autonomous Haulage System)도 개발해 판매 중이다. 무인덤프트럭은 원격으로 제어가 가능하다. 장애물이 감지될 경우 안전사고 예방을 위한 비상 정지가 가능하며, 경로, 속도 등의 운행 정보를 받아볼 수 있다. 이 무인덤프트럭은 현재 광산 개발에 활용되고 있다. 코마츠는 이러한 스마트 건설을 위해 스마트건설촉진사업부를

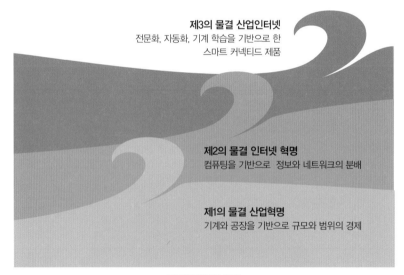

제3의 물결 산업인터넷
전문화, 자동화, 기계 학습을 기반으로 한
스마트 커넥티드 제품

제2의 물결 인터넷 혁명
컴퓨팅을 기반으로 정보와 네트워크의 분배

제1의 물결 산업혁명
기계와 공장을 기반으로 규모와 범위의 경제

산업인터넷의 부상
자료 출처 : Peter C. Evans, Macro Annunziata, Industrial Ineternet : Pushing the Boundaries of Minds and Machines, 2012

만들고 코마츠 렌탈을 통해 새로운 비즈니스 솔루션을 제공할 예정이다.[20]

제조업에서 혁신을 외치고 있는 기업이 또 있다. 바로 우리가 잘 아는 제너럴일렉트릭GE이다. GE는 비행기 제트엔진, 발전소, 터빈, 의료기기 등을 제조한다. GE는 현재의 사물인터넷 세상을 '산업인터넷'이라는 말로 설명한다. GE는 왜 산업인터넷을 내세웠을까? 제조업에 있어 생산성 혁신은 중요한 과제다. 하지만 그러한 생산성 혁신이 단순히 직원에 대한 동기 부여를 통해서만 이루어지지는 않는다. 이를 위해서는 기술 혁신이 필요하다. 그 기술 혁신은 사물인터넷을 통해서 이루어지고 있다. GE는 실제로 제품에 센서를 부착해 관련 데이터를 수집하고 분석함으로써 제품의 생산성이나 효율성을 높이고 있다.

GE가 제시한 산업인터넷은 GE의 R&D 부서에서 만든 용어이다. 이는 GE가 판매하는 장비에 센서가 추가됨으로써 제품 효율성을 높이는 데 필요한 데이터 폭발에 대한 기대를 담고 있다. 이를 위해 GE는 2011년 캘리포니아 샌라몬San Ramon에 대규모의 소프트웨어 R&D 센터를 만들고 10억 달러 투자했다.[21]

GE는 산업인터넷을 제3의 물결로 본다. 전문화, 자동화, 기계 학습 등이 기반이 되는 이 세 번째 혁명 이전에는 우리가 잘 알고 있는 제1의 물결인 산업혁명이 존재한다. 산업혁명은 규모와 범위의 경제를 만들었던 기계와 공장이 기반이 되었다. 제2의 물결은 정보와 네트워크의 분배를 만들어낸 컴퓨팅 기반의 인터넷 혁명이다.

산업인터넷은 기계 학습을 통한 제조 공정에서의 혁신이다. 이러한 혁신 기반은 GE가 2012년 발간한 「산업인터넷 : 지성과 기기의 한계를 뛰어넘다Industrial Ineternet : Pushing the Boundaries of Minds and Machines」 보고서를 보면 구체적으로 알 수 있다. 보고서에 따르면 산업인터넷의 3가지 구성 요소를 제시하는데, 그 3가지가 지능화된 기계, 고도화된 분석, 상시 연결되는 작업자이다.

GE는 산업인터넷 영역을 활성화하기 위해 2016년 산업 부분의 매출을 75%까지 확대할 계획이다. 현재 GE의 사업은 크게 캐피탈과 산업으로 구분되는데, 2014년 기준 각각의 매출 비중은 40%, 60%다. 산업부문의 매출 확대는 산업 인터넷을 통한 제조업의 혁신을 지속 추진하겠다는 것이다.

GE는 이를 위해 2013년 10월, 'IIC'를 만들었다. 이 컨소시엄에는 GE를 포함 AT&T, Cisco, GE, IBM, Intel 등의 다국적 기업이 참가했을 뿐만 아니라 산업인터넷 사업 강화를 위한 프레딕스Predix라는 산업인터넷 플랫폼을 선보이기도 했다. 프레딕스는 산업인터넷 애플리케이션 개발 및 관리 플랫폼으로 센서가 부착된 장비의 데이터를 수집하고 분석할 수 있다. GE의 이러한 움직임은 제프리 이멜트 회장이 닛케이 비즈니스와 한 인터뷰에서도 잘 알 수 있다.

"GE가 소프트웨어와 데이터를 분석하는 기업이 될 줄은 상상도 못했다. GE는 자체 생산한 기계에서 데이터가 집적되고, 제품이 갖는 힘을 최대한으로 끌어 올릴 수 있는 환경이 정비된 회사이기 때문에 앞으로 분석 능력을 높여야 한다."[22]

이처럼 제조업은 스마트해지고 있다. GE의 산업인터넷은 어떻게 보면 향후 제조업의 방향을 가장 잘 보여준다. 지능화된 기계를 통한 스마트한 제품의 개발, 소프트웨어 기업으로의 전환은 모든 제조업에 있어 핵심이 될 것이다.

다음에는 가전, 자동차, 부품 업체 등 다양한 제조업들이 현재 어떻게 사물인터넷을 활용한 스마트화를 추진하고 있는지 살펴보자. 하드웨어 중심의 제조업들이 사물인터넷을 활용해 어떻게 산업의 생태계 주도권을 잡으려고 하는지 알아보자.

2. 스마트홈 주도권을 잡아라

스마트홈은 사실 사물인터넷 사업을 영위하는 모든 업체들이 주도권을 갖고 싶은, 아니 주도권을 장악해야 할 공간이다. 사람을 중심으로 주변의 모든 사물들이 연결되기 가장 쉽고, 연결되었을 때 사람들에게 가장 큰 영향력을 행사할 수 있는 곳이기 때문이다.

이동 중에도 사람들은 스마트폰을 통해 연결되어 있지만, 상시 연결되어 있는 곳은 스마트홈이다. 실제로 많은 스마트 기기들이 사람이 살고 있는 집 안에서 오랜 시간 자유롭게 활용된다. 사물인터넷도 결국 사람이 필요로 하는 서비스를 만들어야 하기 때문이다.

한국스마트홈산업협회는 스마트홈을 "주거환경에 IT를 융합하여 국민의 편익과 복지 증진, 안전한 생활이 가능하도록 하는 인간 중심적인

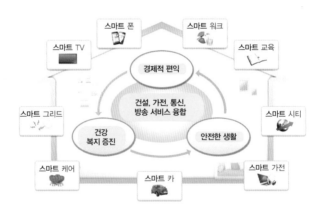

스마트홈 산업의 범위
자료 출처 : 한국스마트홈산업협회(http://www.kashi.or.kr)

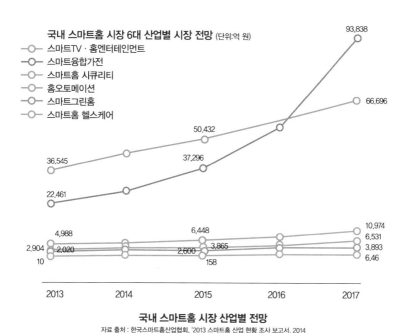

국내 스마트홈 시장 6대 산업별 시장 전망 (단위:억 원)
- —○— 스마트TV · 홈엔터테인먼트
- —○— 스마트융합가전
- —○— 스마트홈 시큐리티
- —○— 홈오토메이션
- —○— 스마트그린홈
- —○— 스마트홈 헬스케어

93,838

66,696

50,432

36,545

37,296

22,461

10,974
6,531
3,893
6.46

2,904
4,988
2,020
6,448
2,600
3,865
158

| 2013 | 2014 | 2015 | 2016 | 2017 |

국내 스마트홈 시장 산업별 전망
자료 출처 : 한국스마트홈산업협회, '2013 스마트홈 산업 현황 조사 보고서, 2014

스마트 라이프 환경"이라고 말한다. 이러한 스마트홈은 건설, 가전, 통신, 방송 등 다양한 영역을 포괄한다.

스마트홈 시장은 산업별로 보면 2016년까지 스마트TV · 홈엔터테인먼트의 비중이 가장 높을 것으로 전망된다. 하지만 2017년 이후 스마트융합가전의 폭발적 증가가 예상된다. 이에 따라 2013년 33%였던 스마트융합가전의 비중은 2017년 51%까지 증가할 것으로 보인다. 그렇기 때문에 스마트홈은 가전업체에 있어 가장 치열한 경쟁의 장이 될 것이다. 그 전쟁은 이미 시작됐다. 격전의 장인 스마트홈 세상으로 한 번 떠나보자.

삼성과 LG, 스마트홈에 주력하다

2014년 11월 '2014 스마트TV 글로벌 서밋'에서 삼성전자는 IoT 통합 플랫폼을 공개했다. 여기에는 삼성전자가 2014년 8월 약 2억 달러에 인수한 스마트싱스의 허브 기술이 적용됐다. 이 플랫폼은 삼성전자의 기기뿐만 아니라 타사 기기들과도 연동이 되는 개방형이다.

이 통합 플랫폼은 스마트홈을 기반으로 한다. 삼성의 이러한 스마트홈 서비스 비전은 'Smart Living & Beyond'로 핵심은 '통합'과 '개방'이다. 가전, TV, 스마트폰, 세탁기, 에어컨, 냉장고 등 집 안의 가전기기들을 하나의 앱(삼성 스마트홈 앱)을 통해 서로 연결시킨다. 이를 통해 집 안에 있는 스마트 기기들을 한 번에 제어할 수 있다. 이 뿐만 아니라

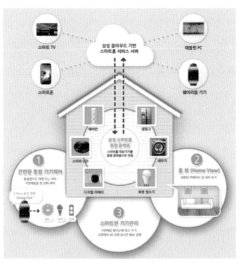

삼성 스마트홈 서비스 개념도
자료 출처 : 삼성 투모로우(http://samsungtomorrow.com)

다양한 기업들이 참여할 수 있는 개방형 생태계를 구축해 스마트홈을 활성화 시킬 계획이다. 다양한 가전제품을 만드는 삼성에게 스마트홈은 새로운 성장의 발판이 되기 때문이다.

삼성전자는 이미 IFA2013, CES2014등에서 스마트홈을 선보였고 2014년 4월 한국, 미국, 영국 등 11개국에 삼성 스마트홈을 공식 출시했다. 2014년 9월에는 독일에서 열린 IFA2014에서 새 기능을 추가한 스마트홈을 선보였다. 스마트홈에 대한 삼성전자의 이런 생각은 CES2015에서 더욱 구체화되었다.

특히, 특허 분석 전문 미디어 톰슨로이터 IP앤사이언스에 따르면 (2014년 6월 기준), 삼성이 지난 14년 동안 홈오토메이션 관련 미국에 신청한 특허 수는 150건에 달한다. 2위인 소니보다도 2배나 많아 스마트홈에서의 지배력을 확대해갈 것으로 보인다.[23]

윤부근 삼성전자 사장은 특히 CES2015 기조연설에서 2015년에 사물인터넷 개발자 지원에 1억 달러를 투자하고, 2017년에는 삼성전자 TV를, 2020년에는 모든 제품이 100%로 사물인터넷에 연결될 수 있게 하겠다고 했다. 이를 위해 삼성전자는 사물인터넷 전담 조직을 신설했

LG전자 홈챗
자료 출처 : 홈챗(http://www.lghomechat.com) 사이트

다. 삼성전자 기획팀 내 신사업 그룹을 만들고 사물인터넷 전략 수립, DMC 연구소 산하에 IoT 솔루션팀을 만들어 스마트홈, IoT 플랫폼 등을 연구한다.[24]

스마트홈은 삼성전자만이 아니라 국내 경쟁업체인 LG전자도 주력하고 있는 분야다. LG전자 또한 CES2014에서 스마트홈 서비스를 선보였다. 홈챗이라는 스마트홈 서비스를 미국에 선보이고 2014년 4월 상용화했다. 홈챗은 모바일 메신저로 가전제품과 일상 언어로 채팅하는 서비스다. 예를 들어, 모바일 메신저 창에 외출, 귀가, 파티, 취침 등을 입력하면 해당 상황에 맞게 LG 스마트 가전제품을 제어한다. 특히, 구글의 가정용 온도 조절기와도 연동이 가능하다는 것이 특징이다.

삼성전자가 플랫폼을 통한 스마트홈 내 다양한 기기의 통합에 초점을 둔다면, LG전자는 홈챗을 활용한 기기 제어에 중점을 두고 있다. 삼성이나 LG 모두 그 핵심은 연결이지만, 그 연결의 범위를 얼마나 넓게 가져갈 것인가에 대한 이슈가 있다. 중요한 것은 연결의 범위를 어떻게 가져가든, 스마트홈 서비스는 하나의 기기로만 서비스가 되지 않는다는 것이다. 스마트홈 내 다수의 기기들이 통합되어 하나의 서비스를 만들어가는 원서비스 멀티 디바이스One Service-Multi Device 형태가 되어야 한다.[25] 기존 스마트폰 시장은 하나의 디바이스에서 다수의 서비스가 만들어지는 사업 모델One Device-Multi Service, ODMS이었다. 이런 상황에서 가전업체는 하드웨어 경쟁만 해야 하는 것이 아니라 소프트웨어 경쟁 또한 피할 수 없게 되었다.

하드웨어에서 소프트웨어 경쟁으로 확대

스마트홈에 대한 가전업체의 주도권 싸움은 하드웨어에 국한되지 않는다. 삼성이나 LG 모두 OS 경쟁이 불가피해졌다. CES2015에서 삼성전자는 독자 OS인 '타이젠', LG전자는 '웹OS 2.0'을 내세우며 운영체제 싸움에 본격적으로 돌입했다. 윤부근 삼성전자 사장은 CES2015에서 "타이젠OS가 향후 삼성전자가 이끌어갈 사물인터넷 시대의 첫걸음이 될 것"이라고 말했다. 스마트홈의 통합 플랫폼을 구축하는 삼성에게 있어 OS는 핵심이기 때문이다. 스마트폰 시대의 구글과 애플의 OS처럼 말이다.

삼성전자는 그 동안 타이젠OS를 자사의 기기에 넣으려고 노력해왔다. 이를 위해 2012년 1월 인텔 등 12개사와 타이젠 연합을 결성했다. 2014년 2월 타이젠OS 기반의 '기어2', '기어2 네오' 등 2종의 스마트시계를 선보였다. 6월에는 타이젠 개발자 컨퍼런스에서 중상위 사양을 갖춘 타이젠폰 삼성전자 'Z'를 선보인 후, 2015년 1월 첫 번째 타이젠OS 기반의 초저가 스마트폰 '삼성 Z1'을 인도에 출시했다.

9월에는 '삼성오픈소스컨퍼런스'에서 타이젠OS 기반 스마트TV를 시연해 보였고, 65인치 곡면형 TV에는 타이젠 플랫폼이 시판됐다. 뿐만 아니라 타이젠 운영체제에 HTML5로 UI를 개발한 자동차 인포테인먼트 시스템In-Vihicle Infotainment, IVI도 선보였다. 이것은 자동차 대시보드 위치에 들어가 차의 싱대니 주행 정보 등을 볼 수 있고 음아이나 내비게이션도 구동할 수 있다.

이에 따라 스마트폰 시장에서 삼성전자와 동맹업체였던 구글의 '안드로이드OS' 또한 이런 전쟁에서 벗어나기 어려울 전망이다. 하지만 삼성전자는 타이젠OS를 탑재한 스마트TV를 기반으로 사물인터넷 영역을 확장할 계획이다. 또한 스마트카 분야에서는 인텔, 후지쓰, 히타치, NEC 등의 전자업체, 현대차, 재규어 등의 자동차 업체와 함께 스마트카 개발을 위한 AGL**Automotive Grade Linux**라는 단체에 참가하고 있다. 이에 따라 스마트폰(2014년 1월 10년간 삼성과 구글은 크로스 라이선스 계약 체결)을 벗어난 사물인터넷 시대에서는 구글과 경쟁이 불가피하다.

실제로 구글은 소니, 샤프, TP비전 등과 함께 안드로이드OS 기반 스마트TV를 선보였다. 뿐만 아니라 OAA**Open Automotive Alliance**를 만들어 GM, 도요타, 혼다, 닛산 등의 자동차 업체, LG전자, 파나소닉 등 전자업체와 함께 스마트카 공동개발을 목표로 하고 있다. OS 경쟁의 가속화는 프레너미 관계를 자연스럽게 만들었다. 프레너미는 '프렌드**friend**'와 '에너미**enemy**'를 결합한 단어로, 상호 협력하면서도 경쟁하고 있는 관계를 말한다. 각 영역별로 차이는 있지만 결국 하나의 서비스 개발을 위해 한 편에서는 협력을, 다른 한편에서는 경쟁을 벌일 수밖에 없는 구조가 되었다. 삼성전자가 스마트홈 통신 표준을 개발하는 구글 중심의 스레드 그룹에 가입되어 있어 구글과 협력하는 것처럼 말이다.[26]

해외 가전, IT업체, 통신사들,
스마트홈에 뛰어들다

　이러한 스마트홈 시장은 하이얼, 파나소식, 샤오미 등 해외 업체들 또한 뛰어들고 있다. 하이얼은 스마트홈 시스템 'U-홈'을 선보였으며, 애플의 스마트홈 플랫폼 홈킷**HomeKit** 공급업체로 선정되었다. 파나소식 또한 IFA2014, CES2015 등에서 스마트홈 기술을 선보였다. 특히, 최근 두각을 나타내고 있는 중국 기업들은 눈여겨 볼만하다.[27]

　최근 국내에서 이슈가 되고 있는 샤오미는 스마트폰 사업을 넘어 사업다각화의 핵심으로 스마트홈을 보고 있다. 2015년 1월 스마트폰으로 가전제품을 제어하는 센서와 솔루션 등으로 구성된 스마트홈 세트를 공개했다. 이전에는 스마트 콘센트, 웹캠, 전구, TV, 공기청정기 등 다양한 제품을 선보이기도 했다. 특히, 2014년 12월에는 중국 가전시장의 선도업체인 메이디**Midea**에 2억 달러를 투자하며 스마트홈 플랫폼 공동구축을 추진하고 있다. 또한 미스핏**Misfit**이라는 웨어러블, 스마트홈 기기 개발 업체의 펀딩에 참여하기도 했다.[28]

　IT 플랫폼 업체인 구글, 애플은 또 어떤가? 구글은 2011년 안드로이

메이디와 미스핏
자료 출처 : 메이디 사이트(http://www.midea.com), 미스핏 사이트(http://misfit.com)

드엣홈Android@HOME을 발표했으며, 2014년에는 네트스랩스, 리볼브 등을 인수하며 스마트홈 지배력을 강화하고 있다. 애플은 2014년 6월 아이폰 및 아이패드를 통해 가정 내 전자기기 제어가 가능한 홈킷 플랫폼을 공개했다. 국내외 통신사들도 당연히 스마트홈 사업을 추진하고 있다. AT&T는 2014년 4월 '디지털 라이프Digital Life'라는 개방형 스마트홈 서비스를 런칭했다. 이 서비스는 스마트폰 및 태블릿 PC를 활용, 보안용 카메라, 현관문 잠금장치, 전등, 온도, 가전제품 등을 외부에서 제어할 수 있다. 다음 장에서 다룰 LG유플러스, SK텔레콤 등도 다양한 스마트홈 솔루션을 출시하고 있다.

이처럼 스마트홈은 업종에 관계없이 누구나 관심을 가질 만한 영역이다. 아이들의 일상만 봐도 쉽게 알 수 있다. 과거에는 집 밖에서 노는 아이들이 많았지만 지금은 집 안에서 모든 것이 이루어진다. 아이들뿐만 아니라 성인들도 그렇다. 스마트폰 혹은 패드를 가지고 영화를 보고 대화를 나누며 IT 기기로 모든 것을 해결한다. 그렇기 때문에 '사람'과 '홈'과 관련된 제품이나 서비스를 출시하는 가전, 통신, IT 등의 기업은 관심을 가질 수밖에 없다. 사물인터넷 영역에서 가장 파급력이 클 수밖

AT&T의 디지털 라이프

자료 출처 : AT&T의 디지털 라이프 사이트(https://my-digitallife.att.com)

에 없는 스마트홈은 가장 치열한 경쟁의 장이 될 것이다. 이는 스마트홈이라는 거대한 플랫폼을 장악하면, 사물인터넷 시대를 쉽게 선도할 수 있다는 것을 의미한다.

3. 더욱 스마트해야 하는 자동차 업체

스마트 워치로 차를 불러올 수 있다면? 차가 주변 사물을 인지하고 운행이 가능하다면? 사물인터넷 시대에는 이런 일이 멀지 않은 것 같다. CES2015에서 BMW는 갤럭시 기어 S에 'Pick me up'이라 말하면, BMW 차량이 운전자가 있는 곳으로 스스로 오는 모습을 시연했다.

1980년대에 유명했던 외화「전격 Z 작전Knight Rider」에서도 이런 모습을 본 적 있다. 바로 인공지능 자동차 '키트KITT'다. 주인공 마이클 나이트와 함께 빨간 헤드램프는 아직도 눈에 선하다. 사람과 소통이 가능하고 자율주행이 가능한 자동차를 우리는 그 동안 많이 봐왔다. 영화「맨인블랙」, 「아이로봇」 등 SF 영화에서 자율주행자동차는 미래의 핵심 아이템이었다.

가전제품 전시회인 CES2015에서도 자율주행자동차는 다른 가전제품을 제친 메인 아이템이었다. BMW뿐만 아니라 아우디도 LG의 스마트워치를 활용한 무대를 선보였다. 폭스바겐의 경우, 제스처를 통한 자동차 조정 시스템을 보여줬다.

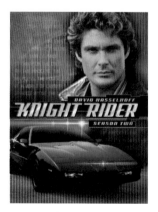

**전격 Z 작전의 주인공
마이클 나이트와 키트**

점점 더 스마트해지는 자동차 산업은 어떻게 될까? 스마트홈만큼 사람과 친밀한 공간인 자동차는 현재 IT 업체들의 격전지로 변하고 있다. 자동차 산업의 본질이 바뀌고 있는 현 시점에서 자동차 산업의 미래가 어떻게 될지 슬쩍 살펴보자.

스마트카, ICT와 업체의 협업의 장, 경쟁의 장?

스마트카를 이야기하다 보면, 국내외 유명 업체보다 먼저 떠오르는 업체가 있다. 바로 구글과 애플이다. 왜 자동차 시장에서 IT 업체들이 더 많이 언급되는 것일까? 그것은 바로 자동차에서 전자부품이 차지하는 비중이 지속적으로 증가하기 때문이다. 자동차에서 전자부품이 차지하는 비중은 IT 시장조사업체 스트래티지 어낼리틱스_{Strategy Analytics}에 따르면, 2010년 30%, 2020년 35%, 2030년에는 50%까지 증가할 것으로 보고 있다. 자동차 부품의 전자화는 자체 내장 혹은 스마트폰 연결 방식의 통신망 연결 가능 자동차 비중을 2015년 31%에서 2018년 63%까지 높일 것으로 전망된다. 이로 인해 다양한 IT 업체들과의 협업은 불가피

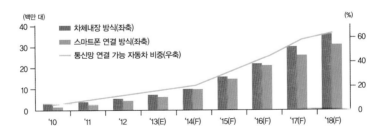

통신망 연결 가능 자동차 비중 전망

자료 출처 : KDB 산업은행, 스마트카 시장 확대와 국내 ICT 업계의 대응과제, 2014 재인용

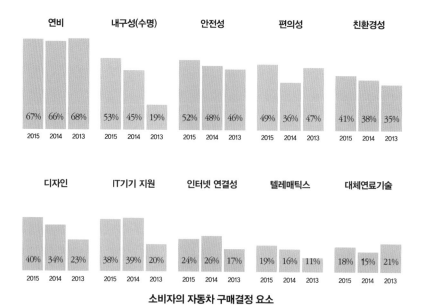

연비	내구성(수명)	안전성	편의성	친환경성
67% 66% 68%	53% 45% 19%	52% 48% 46%	49% 36% 47%	41% 38% 35%
2015 2014 2013	2015 2014 2013	2015 2014 2013	2015 2014 2013	2015 2014 2013

디자인	IT기기 지원	인터넷 연결성	텔레매틱스	대체연료기술
40% 34% 23%	38% 39% 20%	24% 26% 17%	19% 16% 11%	18% 15% 21%
2015 2014 2013	2015 2014 2013	2015 2014 2013	2015 2014 2013	2015 2014 2013

소비자의 자동차 구매결정 요소

자료 출처 : KPMG., KPMG's Global Automotive Executive Survey 2015, 2015)

해 보인다. CES2015는 국내외 자동차의 미래를 명확하게 보여주었다.

자동차 부품의 IT화는 어떻게 보면 부품 자체의 진화라고 볼 수 있다. 하지만 이는 자동차가 IT 기기로의 전환이라고도 할 수 있다. 물론, 현 시점에는 그렇게 말하기 어렵다. 하지만 자동차의 IT화는 구매에 있어서도 영향력을 발휘하고 있다. 물론, 그 영향력은 기존의 구매결정 요소에 비해 낮다. 글로벌 컨설팅사인 KPMG가 전세계 자동차 임원 200명을 대상으로 한 조사결과에 따르면, 2020년까지 소비자들의 자동차 구매결정 요소에서 가장 중요한 것으로 IT기기 지원(38%), 인터넷 연결성(24%), 텔레매틱스(19%)의 비중이 2013년 대비 증가한 것으로 나타났다. 전통적인 구매결정 요소인 연비(67%)나 내구성(53%)은 여전히 압도적이다.

이러한 시장 환경 변화에 따라 애플은 2014년 3월 아이폰과 자동차를 연결해 주는 '카플레이$_{CarPlay}$' 기능을 탑재한 운영체제 'iOS 7.1'을 공개했다. 애플의 음성 인식 인공지능 기술인 '시리'를 이용했다. 애플은 이미 2012년에 시리 아이스 프리$_{Siri\ Eyes\ Free}$를 선보인 바 있다. 시리는 음성만으로 전화를 걸거나 음악을 듣거나 문자를 보낼 수 있다. 애플의 카플레이 기능이 탑재된 차량은 페라리, 벤츠, 볼보 등에서 판매되었다.[29]

구글은 어떨까? 애플처럼 음성만을 활용해 차량과 소통해서 원하는 정보를 볼 수 있는 프로젝트를 추진 중이다. 이 프로젝트는 '키트' 또는 '안드로이드 아이즈 프리$_{Android\ Eyes\ Free}$'라고 불린다. 이 뿐만이 아니다. 구글은 이미 앞서 이야기했던 자율주행자동차 기술을 바탕으로 10여 대의 무인자동차를 운영 중이다. 차 스스로 도로의 상황을 인식하고 핸들, 가속페달, 브레이크 등을 조절한다. 구글은 2012년 8월 무인차 시험주행 거리가 48만㎞라고 말했다.

특히, 구글은 애플의 'iOS in the Car'에 대항하기 위해 2014년 1월 아우디, GM, 혼다, 현대차, 엔비디(미국 반도체 제조회사)등과 함께 앞서 이야기한 OAA를 만들었다. 이를 통해 구글은 안드로이드 운영체제 기반의 '안드로이드카'를 꿈꾸고 있다. IT 업체들의 이러한 움직임에 현대차나 혼다는 구글, 애플 모두에 발을 걸치고 있는 상황이다. 이러한 스마트카 관련 컨소시엄으로는 2011년 결성된 CCC$_{Car\ Connectivity\ Consortium}$가 있다. 자동차의 통신 및 스마트폰 기기 연결 기술에 대한 표준화 단체로 삼성전자, LG전자 등의 국내외 전자

업체, 현대기아차, BMW 등 국내외 자동차 업체가 참여하고 있다. CCC는 자동차 스마트폰 콘텐츠 호환규격인 미러링크**MirrorLink** 기술을 발표하고 이에 대한 표준화와 인증을 수행한다. CCC 이전에는 BMW 주축의 GENEVI**GENEVA In-Vehicle Infortainment Alliance(2009년)**가 있다. 오픈소스 기반 차량 멀티미디어 표준 소프트웨어 플랫폼을 만들 목적으로 결정되었으며, 차량용 인포테인먼트 분야에서 활발한 활동을 펼치고 있다.[30]

스마트카 선도 주자는 일본 자동차 업체?

자동차 산업의 스마트카 동향에 대해 살펴봤다. 그렇다면 IT 업체가 아닌 자동차 업체들 중 스마트카를 선도하고 있는 업체는 어디일까? CES2015에서는 삼성전자와 협업한 BMW, LG전자와 협업한 아우디 등이 언론에 가장 많이 언급되었다.

하지만 전자신문 미래기술연구센터ETRC와 광개토연구소의 스마트카 특허 경쟁력 분석결과(2014년 4월)에 따르면, 혼다, 도요타, 닛산 등 일본 자동차 업체들이 가장 많은 특허를 보유한 것으로 나타났다. 해당 조사는 차량콘트롤, 차량 알림 장치 및 표시 장치, 내비게이션, 애플리케이션, 외장표시 및 알림 장치, 상대 위치 정보, 차량 위치 지시, 방향 지시, 특수 애플리케이션 등 스마트카 핵심 기술 Top 9에 기반한다.

양적 수준과 질적 수준에 대한 분석 결과를 보면, 도요타가 양적 수준과 질적 수준 모두 높은 것으로 나타났다. BMW, 폴크스바겐 등의 독

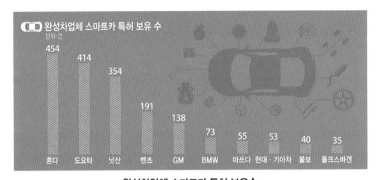

완성차업체 스마트카 특허 보유수

자료 출처 : 전자신문, [이슈분석]스마트카 핵심 기술 Top 9, 어떻게 뽑았나, 2014.04.16

일 업체와 마쓰다, 현대기아차, 볼보 등은 양적 수준은 낮지만 질적 수준은 높은 것으로 나타났다.

특허 분석 결과와 달리, 자동차 업체 임원들은 BMW, 다임러_{Daimler}, GM, 폭스바겐 그룹 등을 선도그룹이라고 생각하고 있다. 앞서 본 KPMG 조사 결과에 따르면, 도요타는 5위, 혼다는 9위에 랭크되었다. 현대기아차는 10위에 랭크되어 커넥티드 및 자율주행 자동차 분야에서 낮은 인지도를 보였다. 특허 분석 결과든 인지도 조사 결과든, 스마트카는 자동차 산업에 있어 중요한 이슈인 것만은 분명하다.

스마트카 서비스의 진화와
자율주행 자동차의 미래

자동차의 스마트화를 위한 서비스는 텔레매틱스, 인포테인먼트 서비스 등이 있었다. 이러한 서비스는 IT 기술의 발달에 따라 기기 간, 기기와 사람 간 커뮤니케이션의 진화를 통해 고도화되고, 결국은 우리가 꿈꾸는 자율주행 자동차로 갈 것으로 보인다. 자동차 업체들은 기술 진화에 따라 다양한 서비스를 선보여 왔다.

미국의 GM은 '온스타~~OnStar~~'라는 서비스를 운영 중이다. 온스타는 도난 차량 소재 파악이나 긴급 서비스 요청 등의 기능을 제공한다. 특히, 스마트폰을 활용한 차량 원격 조정이 가능하다. 포드는 '싱크 앱링크~~Sync AppLink~~' 서비스를 통해 차량 내에서 스마트폰 앱을 이용할 수 있으며, 음성을 통한 통화, 이메일 확인 등이 가능하다. 벤츠(커맨드시스템), BMW(iDrive), 아우디(MMI), 토요타(entune) 등도 유사한 서비스를 제공하고 있다.

국내의 경우, 현대차는 KT와 함께 블루링크~~Bluelink~~ 서비스를 선보였다. 이 서비스는 스마트폰 앱을 통해 문을 열거나 잠그고, 시동을 거는 등의 차량 원격 제어가 가능하다. 현대차는 CES2015에서 원격 전자동 주차시스템과 보행자 경보시스템 등 첨단 주행 보조 시스템(ADAS)과 함께 웨어러블 디바이스인 스마트워치를 활용해 차량의 시동을 걸거나 끌 수 있고 운전자의 건강 상태 모니터링을 통한 차량 제어 기능이 포함된 진화된 '블루링크' 서비스를 공개했다.

기아 또한 SKT와 함께 'your voice'의 약자인 유보UVO를 선보였는데, 말 그대로 음성으로 오디오나 미디어 기기를 작동할 수 있다. 특히, MS의 음성인식 제어 엔진이 적용되었다. 르노삼성 또한 SK텔레콤과 모바일 텔레매틱스를 공동개발하여 MIV(Mobile in Vehicle)라는 스마트폰 차량 제어 서비스를 제공한다.

이러한 스마트카 서비스는 과거의 수동적이고 단순히 피해를 줄이는 서비스에서 자동차가 스스로 상황을 인식해 사고 자체를 방지할 수 있는 서비스로 진화될 것으로 보인다. 즉, 운전자의 상해를 줄이는 수동 안전 서비스, 사고 자체를 예방하는 개별적인 능동 안전 서비스, 사고 자체를 회피하는 통합적 능동 안전 서비스, 그리고 최종적으로 자율주행 형태로 발전할 것이다.

특히, 자율주행 기술이 활성화될 경우, 자동차는 서비스의 장으로 바뀔 것으로 보인다. CES2015에서 벤츠가 선보인 콘셉트카 'F015 럭셔리 인 모션**Luxury in Motion**'처럼 말이다. 이 콘셉트카는 거실 모양의 좌석과 함께 터치식 스크린을 통해 차량 내외부의 상황을 알 수 있다.

이러한 자율주행 자동차는 내비건트 리서치**Navigant Research**에 따르면, 2020년에나 정식 시판 될 것으로 전망된다. 특히, 내비건트 리서치는 북미, 서유럽, 아시아 태평양 등 세계 3대 시장에서 전체 차량 중 자율주행 자동차의 비중이 2025년 4%, 2030년 41%, 2035년 75%가 될 것으로 보고 있다.

일본의 닛산 또한 2013년에 자율주행 자동차를 2020년에 선보이겠

벤츠의 콘셉트카, F015 럭셔리 인 모션 내부
자료 출처 : 벤츠 사이트(http://www.mercedes-benz.com)

국내외 주요 자동차 업체의 스마트카 서비스

구분	서비스명	특징	주요 협력업체
현대	블루 링크	운전자에게 실시간 날씨 정보, 음성으로 문자메시지 전송, 애플의 음성 인식 기술인 시리 적용 실시간 차량 진단, 스마트폰 및 스마트워치 등으로 차량 문개폐, 및 시동 등의 원격제어	MS, 삼성, KT
기아	유보	MS의 음성 인식 기반의 오디오, 미디어 기기 작동 가능 차량/인프라 간 통신서비스, 개인 일정과 온라인 정보 연동 등	MS, SK텔레콤
벤츠	커맨드 시스템	라디오, 전화, DVD, CD, MP3, 내비게이션 시스템 등이 모두 통합돼 있는 멀티미디어 기능 제공	도이치텔레콤
BMW	iDrive	주행 상태와 주변 환경을 파악하여 1500개 이상의 정보와 메시지를 음성으로 안내, 자동운전 및 자동 주차, 충돌 방지, 네비게이션 및 오디오 통합 시스템	구글, 인텔
아우디	MMI	구글 어스와 연동된 인포테인먼트시스템, 휴대전화와 차량 시스템을 블루투스로 연결하여 차량 모니터로 휴대전화와 차량 정보, 내비게이션과 각종 미디어, 오디오 제어	구글, RIM
GM	OnStar	음성통화, 네비게이션, 도난 차량 소재 파악 및 긴급서비스 요청 가능. 특히, 차량 도난 시 GPS를 활용해 시동이 걸리지 않게 할 수 있음. 스마트폰을 활용해 24시간 365일 차량 원격 조종 및 길 안내 서비스 제공	모토로라, 구글
포드	Sync AppLink	차량 내에서 와이파이 연결을 통해 다양한 앱 이용, 음성 인식 기능을 활용해 운전 중 자유롭게 통화, 이메일 확인, 웹 콘텐츠 이용, 스마트폰 애플리케이션을 자동차에서 연계해 운영 가능	MS
도요타	entune	MS와 차세대 텔레매틱스 구축, 무선 네트워크 기반으로 이메일, 정보 검색 가능, 원격 차량 진단, 차량 기기로 교통, 생활, 긴급 구난 등 정보 이용, 음성으로 티켓 구매, 식당 예약, 음악 감상 등 가능	MS, RIM

자료 출처 : 김선영, 커넥티드카(Connected Car) 서비스 동향분석, 주간기술동향, 정보통신산업진흥원, 2013. 11

배진우, 스마트카, IP활용 및 리스크 대응 이슈 리포트, 2014

다는 로드맵을 발표했다. 하지만 글로벌 자동차 업체 임원들에 대한 조사 결과는 이보다 조금 더 늦을 것으로 보고 있다. 자율주행 자동차는 현재 시점에서 21년 후에나 가능할 것이라고 응답한 사람이 가장 많았다. 재미있는 것은 결코 가능하지 않을 것이라고 응답한 사람이 11~20년이라고 응답한 사람보다 많다는 사실이다. 아마도 자율주행 자동차가 고려해야 할 변수가 너무 많아 사람의 손이 안가는 진정한 자율주행 자동차는 현실적으로 어렵다고 생각하기 때문인 것으로 판단된다.

물론, 현재의 정부 규제나 법적인 이슈도 존재하고 말이다. 구글이 무인자동차 시험 운행 허용을 위한 로비를 적극적으로 추진하고 있는 데서도 볼 수 있다. 구글은 적극적인 로비를 통해 2011년 네바다를 시작으로 2012년 플로리다, 캘리포니아 등에서 무인자동차 시험 운행 관련 법안을 통과시켰다. 지금까지 구글은 70만 마일(약 112만 킬로미터) 이상을 무인 운행에 성공했다.

4. 칩셋 및 센서 업체, 사물인터넷 영역을 확장하다

사물인터넷의 핵심이라 할 수 있는 칩셋 및 센서업체들은 사물인터넷 시장에서 존재감을 드러내고 있다. 퀄컴, 인텔, 텍사스인스트루먼트, ARM, ST마이크로일렉트로닉스 등은 사물인터넷 시장을 타깃으로 한 제품을 선보이고 있다. 뿐만 아니라 이러한 제품을 바탕으로 스마트홈, 스마트카, 웨어러블 디바이스 등으로 영역을 확대하고 있다.

ST마이크로일렉트로닉스는 CES2015에서 스마트홈, 웨어러블 디바이스 관련 MEMS 센서를 선보였다. 2월에는 새로운 블루투스 스마트 네트워크 프로세서 'BlueNRG-MS'를 출시하기도 했다. 특히, 'Life. augmented'를 슬로건으로 스마트 파워, MEMS 및 센서, 오토모티브 제품, 마이크로콘트롤러, 디지털컨슈머 및 ASICs 등 5가지를 성장의 핵심 분야로 보고 있다.

ST마이크로일렉트로닉스의 핵심 분야
자료 출처 : ST, Company Presentation, 2015. 01

Cortex-A, Cortex-R, Cortex-M 등의 제품 포트폴리오를 보유하고 있는 영국 반도체 설계업체 ARM 또한 사물인터넷 역량 제고를 위해 노력하고 있다. 그 일환으로 2014년 8월 센시노드_Sensi node라는 저전력 기기 및 서비스용 소프트웨어 기업을 인수했다. 특히, 사물인터넷 시장을 겨냥해 IoT 플랫폼 엠베드_mbed, 'Cortex-M7' 프로세서를 선보이기도 했다.[31]

이처럼 칩셋 및 센서업체들은 사물인터넷 시장이 차세대 성장동력이라 판단하고 이를 겨냥한 제품을 출시하고 있다. 그리고 그 적용 영역 또한 점점 확대되고 있는 추세이다.

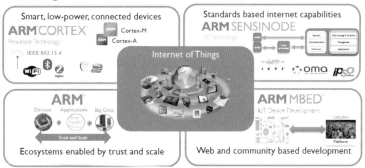

ARM과 IoT
자료 출처 : ARM, ARM IoT Overview, 2014. 05

퀄컴, 올신얼라이언스 기반
스마트홈과 스마트카 진출

　스마트폰의 핵심칩을 제공하며 스마트폰 시대를 지배했던 미국 최대 모바일칩 제조업체인 퀄컴은 사물인터넷 세상에서도 그 영향력은 여전한 것 같다. 퀄컴은 단순한 사물 연결이 아닌 모바일 혁신의 전문성을 바탕으로 한 스마트폰 시대의 확장으로서 사물인터넷 세상을 바라본다. 현재 퀄컴은 스마트카, 스마트홈과 에너지 관리, 헬스케어, 산업자동화 및 기업 솔루션 등의 분야에서 사물인터넷 솔루션 사업을 추진 중이다. 이번 CES2015에서 퀄컴의 전시부스 주제는 인터넷 오브 에브리싱Internet of Everything이다.

　퀄컴의 이러한 사물인터넷 영역 확장에 있어 가장 중요한 것은 사물인터넷 컨소시엄인 올신얼라이언스다. 퀄컴은 CES2015에서 스마트폰을 통한 에어컨, TV 등을 제어할 수 있는 '올조인' 서비스를 선보였다. 올조인은 퀄컴 자회사인 퀄컴 이노베이션센터가 개발한 연결 플랫폼으로 올신얼라이언스의 오픈 소스이다. 특히, 다양한 운영체제에서 활용할 수 있어 올신얼라이언스 업체들과의 협업을 통해 스마트홈 플랫폼으

퀄컴의 컨셉트카 : 마세라티
자료 출처 : 퀄컴 홈페이지(https://www.qualcomm.com)

로서의 역할을 더욱 확대할 것으로 보인다. 이미 퀄컴은 CES2014에서 커넥티드 스마트홈 서비스를 시연해 보였다.

퀄컴은 스마트홈 분야도 집중하고 있지만 자동차 영역으로도 확대를 꾀하고 있다. 앞서 보았듯이 자동차 영역은 부품의 전자화로 인해 더 많은 반도체를 필요로 한다. 데릭 에벌리 퀄컴 사장은 "지난해(2014년) 혼다에 이어 올해(2015년) 마세라티, 캐딜락 등과 협력해 관련 차량을 내놓을 것"이라고 말했다.[32] 뿐만 아니라 퀄컴의 스티브 몰렌코프 CEO는 2014년 11월 투자설명회에서 "지금 우리가 가지고 있는 스마트폰용 모바일 기술을 넣기에 자동차는 놀라운 플랫폼"이라고 말해 퀄컴의 자동차 영역에 대한 관심이 어느 정도인지 알 수 있다.[33]

CES2015에서 선보인 퀄컴의 컨셉트카(마세라티, 캐딜락 XTS)는 이를 반증한다. 퀄컴은 현재 텔레매틱스, 인포테인먼트, 무선전기차 충전 등에 주력하고 있다. 마세라티는 자동차용 애플리케이션 프로세서인 '스냅드래곤Snapdragon 602', Wi-Fi, 블루투스, LTE 모뎀 등 퀄컴 기술이 적용되었다. 또한 LiDAR 센서가 탑재되어 사람이나 자동차를 감지해 안전주행을 할 수 있게 해주며, 듣던 음악을 차량 탑승 후에도 연결해서 바로 들을 수 있게 해준다.

인텔, IT에 패션을 입힌 웨어러블에 집중

퀄컴이 스마트홈이나 스마트카에 집중하고 있다면, 글로벌 반도체 업체인 인텔은 웨어러블 디바이스에 집중하고 있다. 이는 인텔이 다양

베이시스 피크Peak

자료 출처 : 베이시스 사이트(http://www.mybasis.com)

한 패션 업체와 협력하거나 초소형 칩셋을 개발하는 것에서도 알 수 있다. 특히, 인텔은 2013년 IoT 솔루션 그룹과 뉴디바이스 그룹을 신설했으며, 인텔코리아의 이희성 대표는 "웨어러블 기기가 스마트폰보다 훨씬 더 큰 시장을 형성할 것"이라고 말했다.[34]

그리고 인텔의 이러한 의지는 결과물로 나타났다. 2014년 9월 인텔은 파슬 그룹과 함께 스마트 액세서리와 기기를 만들 것이라고 했다. 파슬 그룹은 패션시계와 장신구를 만드는 회사다. 인텔은 이미 베이시스와 샐믹 랩스에 대한 투자를 통해 웨어러블 디바이스에 대한 관심을 보여왔다. 베이시스는 피트니스 밴드, 샐믹 랩스는 암밴드를 만드는 회사로 인텔은 2014년 3월 베이시스를 1억 달러가량에 인수했다. 그리고 그해 11월 스마트워치 베이시스 피크를 발표했다.

또한 스마트 팔찌 '미카My Intellient Communication Accessory, MICA'를 2014년 9월에 선보였다. 이 제품은 뉴욕의 오프닝 세리모니라는 패션업체와 공동개발했으며, 인텔의 초저전력 프로세스 '쿼크Quark'가 탑재되었다. 뿐만 아니라 2014년 8월에는 스마트 헤드폰을 개발 중이라고 밝혔다. 이

스마트워치 퀄컴의 톡과 타이맥스의 아이언맨 원 GPS++
자료 출처 : 퀄컴 사이트(https://www.qualcomm.com)

제품은 헤드폰 제조업체 'SMS 오디오'와 협업을 하여, 사용자의 심장 박동 속도를 추적한다.

칩셋은 또 어떨까? 인텔은 CES2015에서 초소형 칩셋인 '큐리_{Curie}'를 공개했다. 이 칩셋은 웨어러블 기기에 적용할 수 있는 것으로 2014년 선보인 에디슨보다 더 소형화되어 다양한 웨어러블 디바이스에 적용 가능할 것으로 보인다. 웨어러블 디바이스가 사용자의 편의성을 위해 소형화가 필요하다는 측면에서 인텔의 칩셋 활용가능성은 높아진다.

87

앞서 본 퀄컴 또한 웨어러블 디바이스를 선보이기도 했다. 2013년 선보인 안드로이드 기반 스마트워치 '톡_{Toq}'이다. 이후 타이맥스와 함께 자사의 칩셋과 미라솔 터치스크린이 적용된 스마트워치 아이언맨 원**Ironman One GPS++**를 선보였다.

인텔은 웨어러블에 집중하기도 하지만 궁극적으로는 사물인터넷 전반에 영향을 미치긴 원하고 있다. 2014년 12월, 인텔은 사물인터넷의 엔드투엔드_{end-to-end} 인프라 제공을 목표로 했다. 엔드투엔드 인프라란 사물인터넷 생태계의 처음(송신)부터 끝(수신)까지 모든 접속 정보를 아우르는

인텔의 엔드투엔드 인프라 개발 참여 그룹과 역할

구분	역할
IoT 솔루션 그룹	스마트카, 엠베디드 기기 등의 단말기기와 센서에서 수집된 정보를 클라우드로 전송
데이터센터 그룹	수백억 개 단말기에서 생성된 방대한 데이터의 수집, 분석, 활용 지원을 위한 기반 기술 제공
소프트웨어 서비스 그룹	디바이스 간 또는 디바이스와 오피스 간 연결, 데이터센터, 클라우드 관련 소프트웨어 개발 및 지원
뉴디바이스 그룹	패션 부문 협업으로 스마트팔찌, 안경 같은 웨어러블 기기 가치 창출
인텔랩	저전력 솔루션, 차세대 보안 및 네트워크 기능 가상화(NFV), 소프트웨어정의네트워크(SDN) 관련 기반기술 제공

자료 출처 : 퀄컴 사이트(https://www.qualcomm.com)

것이다. 이를 위해 인텔의 IoT솔루션 그룹, 데이터센터 그룹, 소프트웨어 서비스 그룹, 뉴디바이스 그룹, 인텔랩 등의 사업본부가 참여한다.

5. 인더스트리 4.0과 서비스 비즈니스 모델로의 진화

제조업은 사물인터넷 시대에 들어오면서 좀 더 스마트화 되어야 하는 상황이 되었다. 단순히 스마트한 제품을 만드는 것뿐만 아니라 제조 공정 자체에서도 스마트화가 되어야 한다. 4차 산업혁명(인더스트리 4.0)이 필요한 시점이다. 인더스트리 4.0은 독일이 제조업의 경쟁력을 강화하기 위해 제시한 정책으로 제조업과 ICT의 융합을 일컫는다. 독일은 2006년에 '하이테크 전략'을 수립하고, 2010년에 '하이테크 전략 2020', 2012년에는 '하이테크 전략 2020 액션플랜' 등으로 구체화해왔다. 인더스트리 4.0은 2012년에 발표한 10개의 액션플랜 중 하나이다. 2014년에는 '신하이테크 전략'을 발표했다.[35]

인더스트리 4.0의 핵심은 생산시설의 네트워크화를 통한 스마트 팩토리나 지능형 공장을 만드는 것이다. 이는 사이버물리시스템Cyber **Physical System, CPS**과 사물인터넷을 기반으로 한다. 사이버물리시스템은 현실세계와 가상세계를 연결시켜주는 매개체로 스마트 팩토리가 돌아갈 수 있는 플랫폼 역할을 한다. 결국 인더스트리 4.0은 GE가 제시한 산업 인터넷과 같은 맥락 속에 있다.[36]

제조업의 스마트화는 제조공정의 스마트화뿐만 아니라 ICT 기술의 결합을 통해 제품 자체도 스마트해지고 있다. 코마츠, 경동나비엔, 삼성 및 LG 전자, 더 나아가 자동차 업체 등에서 볼 수 있듯 '스마트화'라는 키워드는 사물인터넷 세상에서 빼놓을 수 없다.

이를 위해 제조업체들은 IT 업체와 파트너십, M&A 등을 통해 하드웨어에 치중되어 있던 역량을 보완하고 있다. 제품에서 IT 비중의 증가는 사물인터넷 전쟁에서 제조업체의 주도권을 빼앗을 수 있기 때문에, 소프트웨어 역량의 보완은 필수적으로 보인다. 인더스트리 4.0에 제시된 사이버물리시스템 또한 결국 소프트웨어 역량의 확보를 필요로 한다. 삼성, 샤오미, 인텔, 그리고 자동차 업체들 모두 소프트웨어 역량을 확보하기 위해 기업체를 인수하거나 관련 업체에 대한 투자를 진행하였다. 이는 결국 제조업이 제조업만으로는 살아남을 수 없는 상황을 만들고 있다.

사물인터넷으로 인한 제조업의 변화는 제조공정이나 제품 자체의 변화를 넘어 비즈니스 모델까지도 변화시키고 있다. 이는 제조업체 입장

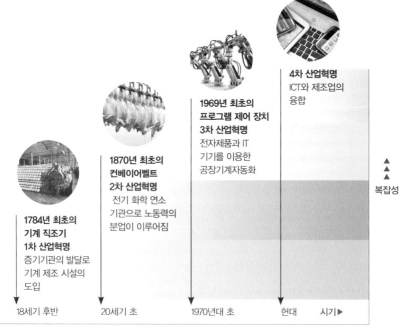

4차 산업혁명
ICT와 제조업의 융합

1969년 최초의 프로그램 제어 장치 3차 산업혁명
전자제품과 IT 기기를 이용한 공장기계자동화

1870년 최초의 컨베이어벨트 2차 산업혁명
전기 화학 연소 기관으로 노동력의 분업이 이루어짐

1784년 최초의 기계 직조기 1차 산업혁명
증기기관의 발달로 기계 제조 시설의 도입

복잡성

18세기 후반   20세기 초   1970년대 초   현대   시기▶

산업혁명의 4단계 (37)
자료 출처 : DFKI, 2011

에서 보면, 비즈니스 모델의 진화나 혁신에 가깝다. 프랑스 제조회사 미쉐린_{Michelin}이 대표적인 사례이다. 미쉐린은 타이어 제조가 핵심 사업이지만 사물인터넷을 사업에 접목시키면서 제조에서 서비스로 비즈니스 모델을 전환시켰다.

미쉐린은 2013년 미쉐린 솔루션_{Michelin Solutions}이라는 브랜드로 이피퓨얼_{Effifuel}이라는 서비스를 출시했다. 이 서비스는 트럭 운전자들의 운전 습관을 개선시켜 연료를 절약해준다. 이를 위해 TDU_{Telematics Display Unit}라는 디바이스가 차량 내 장착되어 운전자의 위치, 속도, 타이어 압력, 엔진의 온도 등에 대한 정보를 수집한다.

이렇게 수집된 정보는 클라우드를 통해 전송되어 운수회사와 운전자의 연료 절약이나 타이어 교체와 관련된 서비스에 활용된다. 이 디바이스는 엔진, 타이어 공기압 시스템 등과 연계되어 있다. 이를 정리해 보면, 미쉐린의 기본 사업은 타이어 제조이지만, 사물인터넷을 접목시켜 차량관리 솔루션을 출시했다. 그리고 이 솔루션을 바탕으로 고객서비스 및 교육을 추진한 것이다. 즉, 제품과 서비스를 결합한 하이브리드 비즈니스 모델을 창출한 것이다.[38]

영국의 항공기 엔진 제조업체인 롤스로이_{Rolls-Royce} 또한 하이브리드 비즈니스 모델을 추진하고 있다. 롤스로이스는 항공엔진에 대한 실시간 모니터링을 통해 이상 징후가 발견되면, 엔지니어가 즉시 조치를 취한다. 롤스로이스는 민간항공기에서는 토탈케어_{TotalCare}, 군용기에서는 미션케어_{MissionCare}라는 서비스를 운영하고 있다. 이를 통해 고객과의 장기 서비스계약_{Long Term Service Agreements, LTSAs}을 체결해 현재 민간항공기는 서비스 수익의 약 74%, 군용기는 31%를 차지하고 있다. 2014년 기준 롤

미쉐린 솔루션의 이피퓨얼

자료 출처 : 미쉐린 사이트(http://www.michelin.com)

스로이스의 서비스 수익 비중은 48%에 달하며, 민간항공기 및 군용기 사업부문은 50% 이상이다.

이처럼 제조업체들은 전통적인 제조에서 고객 및 서비스 중심으로 변하고 있다. 그리고 이러한 변화에는 '연결'이라는 키워드가 있다. 연결이 되지 않았다면 제조업의 비즈니스 혁신은 없었을 것이다. 이러한 서비스 비즈니스 모델로의 진화는 제조업체에게 고객 접점을 만들었을 뿐만 아니라 하나의 제품을 판매하고 끝나는 관계가 아닌 장기관계를 형성하게 했다.

이 모든 것들은 결국 제조업이 서비스 마인드를 통해 앞으로 고객 관계를 어떻게 가져갈지에 대한 고민을 던져준다. 즉, "우리는 제품만 만들면 된다"거나 "서비스는 제품에 대한 사후관리의 일환일 뿐이다"라는 사고에서 벗어날 필요가 있다. 앞으로는 제품을 고객이 어떻게 사용하고, 어떻게 장기고객으로 만들어 서비스로 수익을 창출할 수 있을지 생각해 봐야 하는 시점에 와있다.

주말이면 소파에 누워서 TV를 보며 뒹구는 사람들이 많다. 이러한 사람을 '카우치포테이토'라고도 한다. 문제는 소파에 누워 있는 것이 아니다. 소파에 누워 있다 보니 운동을 안 하는 것이다. 한 주 한 주가 흘러갈수록 나도 모르는 새 예전의 멋진 모습은 찾아볼 수 없게 된다.

이런 사람들에게 타오웰니스_{TAO-Wellnes}의 타오체어_{TAO Chair}는 더할 나위 없이 좋은 의자이다. 의자에 앉아 있는 것만으로도 운동이 가능하다. 의자의 팔걸이를 누르거나 당김으로써 칼로리를 소모할 수 있다. 의자에 내장된 센서는 소모된 칼로리 양을 측정하고 팔걸이에 있는 디스플레이를 통해 보여준다. 물론, 앱을 통해서도 확인 가능하다.

타오웰니스는 타오체어에서 볼 수 있듯이 아이소메트릭스_{Isomerics}(몸을 움직이지는 않고 신체 각 부위에 힘을 주거나 빼면서 하는 훈련 방법)를 기반으로 한다. 이에 기반해 손으로도

94

타오체어
자료 출처 : 타오웰니스 사이트(http://tao-wellness.com)

할 수 있는 핸드폰 크기의 디바이스 타오웰쉘_{TAO Wellshell}도 개발했다. 타오체어가 거실 속의 보이지 않는 체육관이라면, 타오웰쉘은 주머니 속의 작은 체육관이라는 컨셉이다.

타오웰쉘은 손으로 디바이스에 압력을 가하기만 하면 되기 때문에 언제 어디서나 운동이 가능하다. 타오웰니스는 앱을 통해 50가지 운동 방법을 제공한다. 뿐만 아니라 타오웰쉘을 가지고 게임도 가능하다. 예를 들어, 씨름 게임의 경우, 타오웰쉘에 압력을 가해서 할 수 있다. 타오웰니스의 이 제품들은 CES2015에서도 선을 보였다.

타오웰쉘
자료 출처 : 타오웰니스 사이트(http://tao-wellness.com)

95

3

재도약을 꿈꾸는 통신사

1. 사물인터넷의 신경망, 새로운 미래를 꿈꾸다

통신사들이 속도 경쟁을 할 때마다 보여주는 커버리지 맵을 본 적이 있는가? TV 광고나 대리점 포스터를 통해 통신사들의 경쟁을 보면 어떤 생각이 드는가? 정말 전국 어디서나 구석구석에서도 스마트폰만 있으면 인터넷을 할 수 있을까? 한 통신사는 '커버리지가 품질이다'라는 광고를 보여주며 경쟁사 대비 통신 서비스 품질의 우위를 보여주기도 했다.

국내 스마트폰 가입자수는 2014년 9월에 4000만 명을 넘어섰다. 이 중 LTE 가입자수는 3460만 명에 달한다. 사람들은 스마트폰으로 과거 PC에서 하던 일을 하면서도 큰 불편을 느끼지 못한다. 그 만큼 주변의 인터넷 환경이 나아졌기 때문이다.

광대역 LTE-A 커버리지 지도
자료 출처 : http://lte-a.olleh.com

스마트폰 가입자수 추이

(단위 : 천명)

구분	2011	2012	2013	2014	2015. 01	2015. 02
SKT	11,085	15,979	18,286	19,494	19,628	19,708
KT	7,653	10,251	11,288	12,417	12,491	12,561
LGU+	3,840	6,498	7,942	8,649	8,718	8,795
합계	22,578	32,728	37,516	40,560	40,837	41,064

자료 : 방송통신위원회, 무선통계자료, 2015. 02

하지만 통신사 입장에서 이 수치는 마냥 좋은 것도 아니다. 추가로 확보할 가입자가 많지 않다는 뜻도 담고 있기 때문이다. 통신사들은 현재 성숙기에 접어든 시장 때문에 미래의 방향을 고민하고 있다. 통신사들이 보유한 네트워크 인프라와 고객 기반을 바탕으로 할 수 있는 것들이 무엇인지를 생각하고 있다.

이런 상황에서 사물인터넷은 통신사에게 새로운 성장의 발판을 마련해주는 듯하다. 사물인터넷이 말 그대로 모든 것이 연결되는 세상을 만들고 있기 때문이다. 그 결과 국내 무선데이터 트래픽(이동전화 기준)은 2012년 1월 2만 3566TB에서 2015년 2월 11만 3895TB로 급격히 증가했다. 특히, 국내 통신사들은 CES2015에 참가해 사물인터넷 동향을 살피기도 하고 관련 제품과 서비스를 선보이기도 했다. 뿐만 아니라 MWC2015에서는 5G 기술을 선보이며 사물인터넷 시대를 대비하는 모습을 보였다.

사물인터넷 이전에 통신사들은 이러한 연결성을 활용하여 사물인터넷의 전신이라 할 수 있는 M2M 사업을 꾸준히 추진해왔다. 전기, 가스, 상하수도 관리 등의 스마트 미터, 빌딩이나 거리 CCTV 등의 관제,

텔레매틱스, 음식물쓰레기 관리 등의 사업을 펼쳤다. 통신사별로 보면, SK텔레콤은 법무부의 전자발찌, 보건복지부 독거노인 U-Care, KT는 환경부나 지자체의 원격관제, 제주도 스마트그리드 실증사업, LGU+는 광명, 강릉시 통합관제, 여수박람회 차량관제 서비스 등을 추진했다.

　현재 M2M 사업은 사물인터넷이라는 이름을 달고 확장되고 있는 추세이다. M2M 회선가입자수는 2012년 말 187만 명에서 2014년 11월 280만 명으로 늘어났다. 이러한 M2M은 B2B나 B2G 쪽에 집중했다. 하지만 이제는 그 영역을 확장하여 B2C쪽으로 더욱 확대되고 있다. 특히, 스마트홈, 헬스케어 서비스 등의 다양한 B2C 서비스를 출시하면서 소비자와 거리를 줄이고 있다.[39]

　이는 사물인터넷 시장에서 사람이 점점 중시되고 있기 때문이다. 시스코에서는 사물인터넷 유형별 경제 가치규모를 산정했는데, M2M은 전체 규모의 45%를 차지했지만 M2P/P2M과 P2P는 55%에 달하는 것으로 나타났다. 아무리 사물이 스스로 통신할 수 있다 해도, '사람'은 무시할 수 없는 존재인 것이다. 통신사들은 어떻게 보면 소비자와 가장 가까운 거리에 있는 듯하면서도, 먼 거리에 있는 존재였다. 소비자들이 '연결'이라는 것을 당연시하면서 사람들의 시선은 눈에 보이는 제품이나 서비스에 맞춰져 있었기 때문이다. 이제는 통신사들도 제조사와 솔루션 업체들과 협업을 통해 다양한 B2C 서비스를 출시하고 있다. 사람 중심의 서비스가 성장할 것이기 때문이다.

　이 장에서는 성장의 한계에 부딪힌 통신사들이 어떻게 사물인터넷 세상에 대응하고, '연결'이라는 이슈가 통신사들에게 어떤 기회와 위협을 줄 수 있을지를 국내 통신사를 중심으로 살펴보자.

2. 라이프웨어의 실현, SKT

"ICT와 Economics를 결합한 'ICT노믹스'는 초연결사회,
디지털화된 산업이 ICT를 바탕으로 융합 재편돼 사회 전반에 걸쳐
혁신을 가져오는 새로운 형태의 경제를 의미한다."

SK텔레콤 하성민 前사장은 창사 30주년인 2014년 'ICT 발전 대토론회' 기조 발표에서 미래 성장키워드로 ICT노믹스를 제시했다. SK텔레콤이 말하는 ICT노믹스는 가치창출, 가치전달, 가치공유라는 3가지 측면에서 볼 수 있다. 가치창출은 기존의 다른 산업과 융합을 통해 새로운 산업 영역의 창출이다. ICT와 의료가 결합한 헬스케어, ICT와 에너지가 결합한 스마트그리드 등을 들 수 있다. 가치전달은 ICT의 발달로 인해 만들어지는 다양한 솔루션을 통해 고객의 삶에 최적화된 가치의 전달이다. 우리가 많이 듣는 빅데이터가 어떤 문제를 예방할 수 있게 해주거나 개인의 상황에 맞춘 다양한 상품들을 제시해주는 것이 하나의 예이다. 가치공유는 이러한 ICT노믹스를 통해 이루어지는 혜택을 다양한 사회 구성원이 누려 같이 성장할 수 있도록 돕는 것이다. 이러한 ICT노믹스에서 빅데이터 인프라와 인공지능 기술이 융합된 지능형 플랫폼이나 사물인터넷은 중요한 혁신 수단이 된다.

SK텔레콤이 추구하는 'ICT노믹스' 자체가 IT 기업에 특별한 것은 아니지만 통신사 관점에서는 사업의 방향을 나타내는 중요한 키워드가 된다. SK텔레콤은 ICT노믹스의 특징을 '인간을 이해하고 닮아 가는 기술의 성숙', '사람과 기기, 가상과 현실을 포함한 모든 것의 연결'이라고 말

ICT 노믹스	가치 창출	ICT와 기존 산업과의 융합을 통한 재편 새로운 산업 영역의 일자리 창출 예) ICT+기존 산업 에너지 효율화, 미래 헬스케어
	가치 전달	빅데이터 및 인공지능 기반, 고객별 최적화된 가치 전달 라이프스타일별, 상황별 맞춤형 선택 기회 제공 예) 빅데이터 인공지능+물리보안 예방형 보안시스템
	가치 공유	모두가 행복해지는 ICT 노믹스 사회 구현 ICT 활용한 사회문제 해결 파트너와 동반성장 및 에코시스템 형성

ICT노믹스 추진 방향

자료 출처 : SK텔레콤, SK Telecom Annual Report 2013, 2014

한다. SK텔레콤이 보유한 네크워크 기술을 바탕으로 우리 사회에 영향을 미치는 기업으로의 성장을 말한다. 이러한 SK텔레콤의 의지는 2012년 선포한 비전2020에서도 볼 수 있다. SK텔레콤은 '새로운 가능성의 동반자Partner for New Possibilities'라는 슬로건과 함께 100&100(기업가치 100조 돌파, 세계 100대 기업 도약)이라는 목표를 제시했다. 특히, 새로운 가능성의 동반자는 다음과 같은 의미를 담고 있다.

모든 사람과 기업들이 꿈을 실현하고 더 나은 세상을 위한
새로운 가능성을 만들어 갈 때 SK텔레콤이 항상
그들과 함께하는 동반자가 되겠다.

이를 통해 SK텔레콤은 2015년까지, '데이터 기반의 스마트 라이프 서비스 사업자'로서 역할을 추구할 계획이다. 데이터 기반의 스마트 서비스는 축적된 데이터를 활용하여 고객 중심의 새로운 서비스 가치창출

을, 라이프 서비스 사업자는 통신 이상의 비즈니스 포트폴리오를 갖춘 '멀티코어Multi-Core' 사업자를 의미한다.

SK텔레콤은 CES2015에서도 라이프 서비스 사업자로서 모습을 보여 줬다. 레이저 피코 프로젝터 스마트빔 HD, 스마트 와이파이 오디오 링 키지, 공기오염도 측정기기 에어큐브, 골프장에서의 거리·그린경사각 측정과 볼마커 기능을 결합한 골프 앱세서리 '스마트마커', 태양광·실 내등으로 충전이 가능한 휴대전화 케이스 '솔라스킨', 스마트로봇을 활 용한 '코딩스쿨' 등 IoT에 기반한 다양한 라이프웨어 제품을 공개했다. 라이프웨어는 라이프와 하드웨어, 소프트웨어의 웨어를 합친 신조어다.

3A, 헬스케어 분야에 사물인터넷 집중

SK텔레콤의 사업은 통신, 컨버전스, 신성장 사업 등이 있다. 통신사 업에서는 수익성 회복을 통한 지속성장, 컨버전스와 신성장 사업에서는 통신 이외의 혁신동력 확보가 목표이다. 컨버전스 사업은 IPTV, 솔루 션, 신성장 사업은 헬스케어로 구성되는데 이 3개가 SK텔레콤의 3대 성 장사업이다. 이 중 솔루션, 헬스케어 등이 사물인터넷과 연계되며, 통신 사업은 사물인터넷 시대 연결성 확장을 위한 기본 인프라다.

SK텔레콤은 5대 중점 솔루션 사업에 사물인터넷을 포함시켰다. 사물 인터넷 사업에는 SK텔레콤이 보유한 IoT/M2M 120만 회선, 600여 종 IoT/M2M 전용 단말기, Open M2M/IoT 플랫폼 등이 기반이 된다. 사 물인터넷 솔루션은 빌딩과 공간에 센서, 통신 및 IT 기술을 결합하여 원격지의 사물 · 사람 · 환경 등의 상태 및 위치 정보를 확인 · 제어할 수 있는 제반 서비스로 정의하고 있다. 사물인터넷 사업을 집중 육성하기 위해 자동차**Automotive**, 자산**Asset**, 농업**Agriculture** 3대 핵심 사업영역(3A)을 선정했다.[(40)]

농업 분야에서는 가시적인 성과를 보였다. 2013년 5월 제주 서귀포 시의 한 농장에서 '스마트팜' 솔루션을 선보였다. 스마트팜 솔루션은 농장에 온도, 밝기, 이산화탄소, 동작 감지 등의 센서를 설치해 농장의 온 · 습도, 온실 개폐, 관수, 농약 살포, 보안 관리 등을 스마트폰으로 원격으로 할 수 있다. 이 솔루션은 2012년 개발되어 전국 150여 개 농장에 구축되어 있다. 농업에 대한 관심은 2013년 12월 전북 완주군 로컬푸드 사업에 '스마트 로컬푸드 사업지원 시스템'으로 이어졌다. 해당 서비스는 농산물 판매자와 소비자가 직거래를 할 수 있도록 도와주는 스마트폰 앱이다.

사물인터넷 기반 솔루션은 양식장에도 적용되었다. 2014년 9월 전라북도 고창군 소재 장어 양식장에 '양식장 관리 시스템'을 구축하고 시범 서비스에 들어갔다. 이 시스템은 양식장의 수온, 산소량, 수질측정 센서를 통해 수집된 데이터를 관리자가 스마트폰으로 확인해 실시간으로 수조의 상태를 확인할 수 있다. 문제 발생 시에는 스마트폰을 통해 경보를 울려 즉각 대응도 가능하다. 특히, 투입된 먹이량, 출하량 정보 등을 분석하여 최적의 성장 정보를 제공한다.

이 시스템은 2013년 12월 SK텔레콤이 주최한 'IoT' 사업 공모전에서 ㈜비디가 제안해 1위로 선정된 것을 공동사업으로 추진한 것이다. 'IoT' 기반 양식장 관리시스템은 2015년 상반기 상용화가 목표이며, 전국 약

450여 개의 장어 양식장을 대상으로 1차적으로 시스템이 공급될 계획이다.

자동차의 경우, 정부의 차량운행기록장치(DTG) 의무 장착 제도와 연계해 운전 습관, 유류 소비 등을 파악하는 통신형 DTG를 보급하고 있다. 2014년 8월 한국철도기술연구원과 IoT 기반 교통 및 물류 관제 사업 협약을 체결하고 화물차량 관제 시스템, 컨테이너 관제 시스템 등에 대해 중점 협력하기로 하였다.

SK텔레콤은 3A를 넘어 성장동력의 한 축인 헬스케어 분야에서도 지속적인 활동을 했다. 헬스케어의 4대 영역인 진단, 치료, 예방, 관리 중 치료를 제외한 모든 분야에서 ICT 기술을 접목해 새로운 가치 창출을 시도하고 있다. 2020년까지 매출 1조 원 이상을 목표로 하고 있다. 국내 스마트 헬스케어 시장 규모는 한국보건산업진흥원에 따르면 2014년 기준 3.1조 원으로 추정된다.

진단과 관련해서 살펴보면, SK텔레콤은 2012년 1월 서울대학교병원과 헬스커넥트라는 조인트벤처를 설립해, 2013년 3월 개인 맞춤형 건강관리 프로그램 '헬스온Health-On' B2B 시범 서비스를 선보였다. 헬스온은 스마트폰 앱과 손목이나 허리에 착용하는 활동량 측정기 액티비티 트래커Activity Tracker를 통해 개인 운동량, 식사량을 파악하고 분석해준다. 이러한 분석 결과는 헬스케어 전문가들이 온라인과 모바일에서 개인별 맞춤형 상담과 건강관리 현황에 대한 피드백에 활용된다. 이 서비스는 2013년 12월 전국민 대상의 B2C 서비스를 런칭했다.[41]

예방과 관련해서는 분당서울대학교병원에 2013년 4월 스마트병원 솔루션을 적용했다. 스마트병원 솔루션은 외래환자 및 내방객을 위한

헬스온 서비스

자료 출처 : 헬스온 홈페이지(www.health-on.co.kr)

페이션트 가이드**Patient Guide**와 입원환자가 병상에서도 의료 서비스를 받을 수 있는 배드사이드 스테이션**Bedside Station**으로 구성된다. 페이션트 가이드는 환자가 병원에 들어서면 전용 스마트폰 앱이 자동으로 작동되어 병원 정보 및 환자 개인에 대한 각종 안내서비스가 제공된다.

특히. 블루투스 기반 실내측위 기술, 3D 기술을 활용하여 검사, 진료, 수납 등에 따른 위치를 안내해줄 뿐만 아니라 T맵과 연동 병원 및 병원 주변 약국 자동안내 기능이 있다. 한편, 베드사이드 스테이션은 환자가 손목에 착용한 RFID 인식표로 베드사이드에 로그인한 후, 환자 개인용 스마트기기를 통해 이루어진다. 병원 현황 및 진료 정보 조회, 병원 서비스 신청, 의료진 호출 등이 가능하다. 특히, 환자의 상태를 모니터링해 응급시 의료진을 호출한다.

마지막으로 관리와 관련된 의료용 진단기기 사업을 위해 2011년 나노엔텍(체외진단기기 전문업체), 2012년 티엔롱(중국 체외진단기기 벤처기업)에 지분 투자를 하였다. 2012년에는 헬스케어 전담 R&D 조직을 신설하였고, 티엔롱을 지원하기 위한 목적으로 2013년 분자진단기기 전문업체인 씨젠과 전략적 제휴관계를 체결했다. 특히, MWC2013에서 나노엔텍과 공동개발한 현장진단 의료기기인 'FREND'를 선보였다.

SK텔레콤은 2013년 6월 미국 소마로직_Somalogic 과 진단 및 바이오인포매틱스 영역에서 공동 기술 개발 및 사업 협력을 위한 MOU를 체결했다. 이후 2014년 7월 중국 심천시와 손잡고 'SK텔레콤 헬스케어 R&D센터'와 'SK심천메디컬센터'를 개소했다.

플랫폼 강화와 라이프웨어로 사물인터넷 시대 주도

SK텔레콤은 2014년 12월 장동현 SK플래닛 COO를 SK텔레콤 사장에 발탁하면서 플랫폼 역량을 강화하고 있다. 특히, 조직개편을 통해 플

SK텔레콤의 3가지 비즈니스 모델
자료 출처 : SK텔레콤, SK Telecom Annual Report 2013, 2014

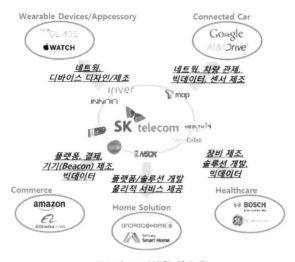

SKT의 ICT사업 확장(예시)

자료 출처 : SK텔레콤, Company Report Vol. 7, 2014.09

랫폼 총괄을 신설하고 SK플래닛과 SK텔레콤의 협업을 강화하는 눈치다. 이는 플랫폼 총괄을 장동현 사장이 겸임하고 있는 데서도 알 수 있다. SK플래닛은 2011년 10월 SK텔레콤에서 분사한 업체이다. 2013년 오프라인 마케팅 역량을 구비한 SK M&C와 합병하면서 플랫폼 사업을 강화해왔다.

SK텔레콤은 IoT 플랫폼을 2012년도에 상용화했다. 뿐만 아니라 정부의 모비우스_Mobius_ 프로젝트인 개방형 IoT 플랫폼 과제에도 참여하고 있다. 현재 SK텔레콤이 보유하고 있는 플랫폼은 이동통신(T전화), 사물인터넷, SK플래닛(11번가, T맵) 등 3가지다.[42]

SK텔레콤은 이러한 3가지 영역의 플랫폼을 활용한 파괴적 혁신을 추구하려고 하고 있다. 실제로 SK텔레콤의 3가지 비즈니스 모델에서도 통신 및 신사업, 하드웨어와 함께 한 축을 담당하고 있다.

SK텔레콤이 2014년 7월 발행한 기업 보고서를 보면, SK텔레콤의 사물인터넷 시대에서의 방향을 조금 더 구체적으로 파악할 수 있다. SK텔레콤은 웨어러블 디바이스/앱세서리, 커넥티트카, 헬스케어, 홈 솔루션, 커머스 등에서 기존 보유하고 있는 자원과 역량, 필요시에는 M&A 등을 통해 자신의 영역을 확장할 계획이다. 물론, 그런 확장은 이미 진행되고 있다. ICT 사업 확장의 예시지만, 결국은 ICT노믹스를 가지고 사물인터넷 시대를 어떻게 대응하려는지 알 수 있다.

간단히 보면, 음향기기 제조업체 아이리버 인수(2014년 6월)나 초소형 스마트빔 프로젝트 제작업체 이노아이오(웨어러블 디바이스) 20억 원 투자, 보안회사 NSOK 인수 등은 사물인터넷 플랫폼 영역 확대 및 앱세서리(애플리케이션과 액세서리 결합) 사업 강화라고 볼 수 있다.

특히, 아이리버는 SK텔레콤에 인수되고 한 달 후, 심박센서가 달린 웨어러블 헤드셋 '아이리버온'을 출시했다. 심박센서가 달려 심박수를 측정할 수 있을 뿐만 아니라 음악 감상 및 전화 통화도 가능하다.

아이리버온
자료 출처 : SK텔레콤 사이트

이러한 플랫폼 전략에 있어 SK플래닛의 역할이 더욱 커질 것으로 보인다. SK텔레콤은 2014년 5월 비콘 장비 4종과 서비스 개발 플랫폼 '위즈턴'을 선보였다. 또한 비콘을 활용한 스마트 모바일 쇼핑 서비스 시럽을 선보였다. SK플래닛의 통합 커머스 브랜드인 시럽은 비콘을 활용해, 블루투스 무선 통신 기능을 이용한 무선센서로 스마트폰을 통해 각종 정보와 서비스를 제공한다. 즉, 사용자가 상점에 들어섰을 때, 관련 상품 가격이나 쿠폰 등 각종 쇼핑 정보를 자동으로 받아볼 수 있게 해준다. 현재 SK플래닛은 현대백화점 신촌점 유플렉스 30개 브랜드, 신촌 연세로 23개 매장에 80여 개의 비콘을 설치했다. 해당 지역을 방문해 시럽앱을 구동하면 각 점포의 비콘에서 전송된 쿠폰과 구매 정보를 받아볼 수 있다.

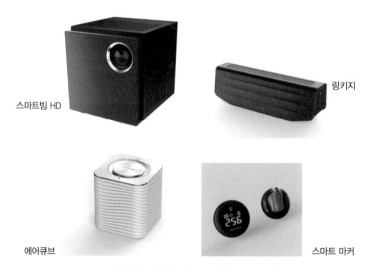

스마트빔 HD

링키지

에어큐브

스마트 마커

CES2015에서 선보인 SK텔레콤 주요 제품
자료 : SK텔레콤 사이트

SK텔레콤은 사물인터넷 플랫폼과 서비스를 바탕으로 사람들의 삶에 점점 더 가까워지고 있다. 우리가 꿈꾸는 미래의 삶 속에서 SK텔레콤은 주인공이 되길 원하는지도 모른다. 앞서 보았던 SK텔레콤 광고처럼 말이다.

3. 기가토피아를 꿈꾸는 KT

KT의 사물인터넷 현황에 대해 들어가기 전, 현재 KT의 사업영역을 3가지 측면에서 한 번 살펴보자. KT의 사업영역은 크게 개인/홈, 기업, 글로벌을 대상으로 하는 사업으로 구분할 수 있다. 개인/홈 고객 대상 대표 서비스는 유선전화, 무선, 인터넷 등으로 집전화, 국제전화, 스마트폰, U클라우드, 올레TV 등을 들 수 있다. 기업고객 대표 서비스는 고객의 효율적인 사업 환경을 위한 서비스 제공으로 데이터 전용회선, 기업 커뮤니케이션을 위한 서비스 등이 있다. 글로벌 사업은 해외 정부기관 및 글로벌 기업을 대상으로 하는 서비스 제공이다. 통신 인프라 구축, 공공 인프라 서비스, 스마트 솔루션, 매니지드 서비스**Managed Service** 등의 ICT 서비스를 제공하고 있다.

KT는 BC카드, KT스카이라이프, KT텔레캅, KT미디어허브 등 50여 개의 그룹사를 보유하고 있다. 이러한 그룹의 관점에서 사업별 매출액은 무선, 유선, 미디어콘텐츠, 금융렌털, 상품매출 등으로 구분해볼 수 있는데, 여전히 무선과 유선 매출이 가장 많은 비중을 차지한다.

KT 서비스 가입자수

2011~2013 kt 서비스 가입자 수 (단위 : 천 명)   자료 출처 : KT, KT 통합 지속 가능성 보고서, 2014

구분	무선통신*	유선전화		초고속인터넷	IPTV	합계
		PSTN**	VolP			
2011	16,563	15,929	3,230	7,823	3,076	46,622
2012	16,502	15,318	3,348	8,037	4,030	47,234
2013	16,454	14,513	3,505	8,067	4,968	47,507

*무선통신 : CDMA+WCDMA+LTE
**PSTN : 일반전화(사업용 비포함), 구내통신, ISDN, DID를 합산한 수치임

기가토피아를 통한 5대 미래융합서비스 육성

"기가팍팍 기가산다. 기가팍팍 기가기가."를 외치는 KT광고를 본 적 있는가? KT의 기가인터넷 홍보 광고로 KT는 최근 기가토피아_{GiGAtopia}를 외치고 있다.

2014년 1월, KT는 '황의 법칙'으로 반도체 신화를 일궜던 전 삼성전자 사장 황창규 내정자의 회장 선임을 확정했다. KT 황창규 회장은 '1등 KT'를 만들겠다."고 약속하고 2014년 5월 글로벌 1등 KT라는 비전 하에 '기가토피아'라는 목표를 제시한다.

특히, KT가 보유한 통신 인프라와 함께 빅데이터, 클라우드와 연계를 통해 5대 미래 융합서비스를 중점 육성할 계획을 발표했다. 5대 융합서비스는 스마트 에너지_{Smart Energy}, 통합 보안_{Integrated Safety}, 차세대 미디어_{Next Generation Media}, 헬스케어_{Life-Enhancing Care}, 지능형 교통관제_{Networked Transportation} 등으로 산업 및 관제 기반의 사물인터넷 전략을 추구하고 있

KT 기가캠페인 광고
자료 : 유튜브(http://www.youtube.com)

다.

스마트 에너지는 에너지 사용량에 대한 실시간 모니터링과 제어를
하는 분야로 KT는 제주도와 세종시 등에서 솔루션 사업을 이미 진행하
고 있다. KT가 보유한 공공 및 기업 고객 등을 활용하여 에너지의 스마
트화를 도모하고 국내 전력 위기를 예방하겠다는 것이다. 차세대 미디
어는 KT가 보유한 TV, 스마트폰, 태블릿 등의 다양한 디바이스와 콘텐
츠를 활용, 개인화된 미디어 융합서비스 제공을 목표로 한다. 통합보안
은 통합관제 플랫폼을 바탕으로 개인, 산업, 국가의 안전을 목표로 한
다. KT텔레캅, KT에스테이트 등 보안, 건물관리 계열사 등이 보유한
역량을 활용하여 안전한 사회를 만들겠다는 것이다.

헬스케어는 개인 맞춤형 건강관리를 목표로 건강진단, 설계, 검진 사
업의 추진이다. 특히, KT가 보유한 클라우드 역량을 활용 유전체 분석
서비스Genome-Cloud, 사물인터넷 기반 생체정보 플랫폼 등의 건강관리 사
업을 추진한다. 마지막으로 지능형 교통관제는 물류운송 선진화와 교통
혼잡비용 감소를 목표로 한다. 차량과 인프라V2I, 차량과 차량의 통신
기술V2V을 활용하여 효율적인 교통 인프라를 구축한다. KT는 빅데이
터 분석 역량, 올레내비 플랫폼 등을 통해 차별화된 지능형 교통관제를
추구한다. KT의 빅데이터 분석 역량은 서울시 심야버스 노선 결정 성공
사례에서도 엿볼 수 있으며, KT넥스알 같은 빅데이터 분석 업체를 보유
하고 있다.

이러한 전략에 따라 KT는 2014년 1월 신설했던 미래융합전략실을
2014년 말에 미래융합사업추진실로 확대 개편, 5대 미래융합 사업에
대한 실행력을 높이고 있다.

사물인터넷을 향한 첫 걸음을 시작하다

KT 황창규 회장은 2014년 6월 모바일 아시아 엑스포MAE에서 IoT 표준화, 글로벌 IoT 데이터 공유 허브 구축, 글로벌 IoT 포럼 구성 등을 제안했다. 그 해 10월 아시아 모바일 사업자 협의체인 '커넥서스CONEXUS'에서 일본, 싱가포르, 홍콩 등 주요 통신사와 MOU를 맺고 사물인터넷 사업에 첫 발을 뗐다. MOU에는 일본 NTT 도코모, 필리핀 스마트Smart, 싱가포르 스타허브Starhub, 홍콩 허치슨Hutchison 등이 참여했다. IOT 서비스, 기술 정보 교환, IoT 및 IoT 솔루션 사업타당성 연구 등이 주요 협력 내용이다.

물론, KT는 사물인터넷 영역의 한 분야인 M2M 관련 사업을 추진해왔다. 거슬러 올라가보면, KT는 2008년 현대자동차와 '3G 통신을 이용한 텔레메틱 서비스'인 '모젠 서비스'를 선보였다. 이후 2012년 차세대 텔레메틱 서비스 '블루링크 서비스', 2013년 10월에는 트럭, 버스에도 적용한 '블루링크 트럭&버스 위드with 올레 서비스'를 시작했다. 이 서비스는 운행 기록 저장 및 관리, 도난 감지 및 추적, 디지털 운행 기록계 기반 물류

커넥서스 참가국 및 사업자

국가	사업자	국가	사업자
일본	NTT Docomo	대만	FAR EASTONE
대한민국	KT	필리핀	SMART
싱가폴	Starhub	태국	Truemove
홍콩/마카오	Hutchison	베트남	Vinaphone
인도네시아	Indosat		

관제, 스마트폰 활용 차량 제어 및 관리 등의 서비스가 가능하다.

2014년 4월 포스코ICT와 '글로벌 물류 추적 보안 관제 사업' 추진에 대한 협약을 체결했다. 해당 사업은 화물의 위치 및 상태를 실시간으로 확인할 수 있는 서비스로 KT의 통신 인프라, 차량 종합 관제 플랫폼 기술 등을 활용한다. 특히, 불법적인 문 개폐 감지, 온도/습도/충격 감지 등의 센서 기술이 적용되었다. 2014년 5월에는 숙명여대와 함께 사물인터넷 기반 스마트 캠퍼스를 구축한다고 밝혔다. 이를 통해 학생들은 스마트폰 하나로 출결 사항 관리, 건물 출입, 열람실 좌석 예약 등 할 수 있다.

기가빌리지,
사물인터넷과 빅데이터에 몰입하다

최근 KT는 흥국생명과 사물인터넷과 빅데이터에 기반한 보험상품 개발을 위한 업무협약을 맺었다. 자동차 운전자의 운전습관을 기반으로 UBI_{Usage-Based Insurance, 운전습관 연계보험} 상품을 개발할 예정이다. 이미 해외에서는 이런 서비스가 출시되었다. 스페인 통신회사인 텔레포니카_{Telefonica}는 독일 보험사 스파르카센_{Sparkassen DirektVersicherung}, 이탈리아의 게네랄리 세구로_{Generali Seguros} 등과 협력을 통해 운전자의 습관에 기반한 보험상품을 선보였다.[43]

이런 빅데이터 기반 서비스에서 KT는 성공 경험이 있다. 서울시 심야버스 노선을 결정할 때 통신 빅데이터를 활용했다. 또한 이 성공을 바탕으로 2014년 정부의 빅데이터 활용 재난관리 시범사업자로 선정되기도 했다.

이러한 KT는 2014년 하반기부터 사물인터넷 관련 다양한 서비스를 선보이며 ICT 환경 변화에 적극 대응하고 있다. 7월 전원마을인 강원도 강릉시 샛돌지구에 ICT 기술을 접목한 농업 6차 산업화 시범사업의 일환으로 '스마트 식물공장 토탈 솔루션'을 구축했다.

스마트 식물공장은 KT의 원격환경제어솔루션을 통해 작물의 생육 환경 제어뿐만 아니라 생육 정보 분석을 통해 안정적인 농산물 생산 기반을 마련해준다. 즉, 온도 및 습도, CO_2 등의 수동/자동 원격제어, 스케줄 제어 등의 작물 생육 환경 제어, 장애 및 이상 경보 발생, SMS 전송 등의 상시 모니터링, 생육 환경 정보 이력 관리, 그리고 작물재배 빅데이터 서비스 제공 등이 이루어진다.

2014년 11월 사물인터넷 국제전시회**IoT Korea Exhibition**에서는 M2M, NFC, 비콘 등의 사물인터넷 기술을 선보였다. 특히 기가빌리지를 통해 Safe Home, Safe Street, Safe Vehicle이라는 컨셉으로 생활밀착형 사물인터넷 서비스를 선보였다.

Safe Home에서는 독거노인 응급 안전 돌보미 서비스(독거노인의 댁내에서 발생하는 응급 상황을 감지해 신속하게 대처), 요닥 서비스(휴대용 소변 분석기에 통신 모듈을 접목해 간편하게 건강을 체크) 등을 선보였다. Safe Street에서는 비콘을 적용한 버스 쉘터를 선보였다. 이를 통해 스마트폰에서 버스운행 정보 및 각종 이벤트 정보를 받아볼 수 있다. 또한 사람의 움직임 및 방향을 감지해 위험하다는 경고를 보내는 LTE CCTV를 선보였다. Safe Vehicle에서는 차량 정보 파악 및 상태를 모니터링 할 수 있는 디지털 운행 관리 솔루션을 선보였다. 이 솔루션은 사고 감소, 연료비 절감 등이 가능하다.

이외에도 KT는 RFID 기반의 음식물종량제 관제 서비스, 무선모듈을 연결해 가스사용량을 원격검침 할 수 있는 원격 가스보정검침 서비스, 화물차주, 화주 간 신속한 배차 연결을 위한 화물정보망 서비스, 마을의 수질을 관리하는 마을상수도 관제 서비스 등을 추진하고 있다.

4. 탈통신을 꿈꾸는 LGU⁺

이상철 LG유플러스 부회장은 2015년 신년사에서 "가치창출의 중심이 더 이상 공급자가 아닌 고객으로 바뀌게 되는 새로운 세상에서의 뉴 라이프 크리에이터 원년으로 삼자"고 말했다. 고객의 라이프 스타일 변화를 주도하겠다는 의지를 담고 있다. 고객맞춤형 IoT를 통해 사물인터넷 시장을 선점하겠다는 의지다. 고객 중심을 위해 안전 향상Safe improvement, 정보 공유Information share, 시간관리Time management, 감성 케어 Emotion care, 코스트 절감Cost saving 등의 5대 핵심 서비스를 제시하였다.

특히, LG유플러스는 스마트홈에 역량을 집중한다는 방침이다. 세계 최대 가전쇼인 'CES2015'에서도 이상철 회장은 세계 스마트홈 시장을 선도하고 있는 'Z-웨이브 얼라이언스' 회장 및 이사회 의장을 만났다. Z-웨이브(2003년 출시)는 세계 주거 · 보안 시장에서 폭넓게 사용되는

LG유플러스 홈페이지 내 비전
자료 출처 : LG유플러스 사이트(http://www.uplus.co.kr)

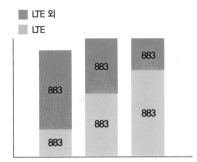

모바일 가입자 수 (단위 : 만명)

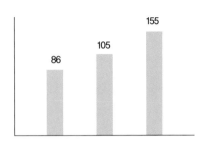

IPTV 가입자 수 (단위 : 만명)

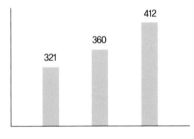

인터넷 전화 가입자 수 (단위 : 만명)

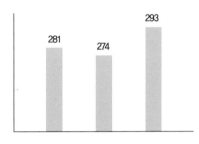

인터넷 가입자 수 (단위 : 만명)

LG유플러스 서비스별 고객수
자료 출처 : LGU+, LGU+ 2013 지속가능경영보고서, 2014

무선제어 제품 · 서비스 기술 중 하나이다. LG유플러스는 230여 개 업체가 회원으로 가입된 이 연합체의 이사회 멤버로 활동하고 있다.

스마트홈에 대한 LG유플러스의 의지는 2014년 말 단행한 조직 개편에서도 알 수 있다. 조직 하부 단위에서 홈/IoT 사업팀, 미디어사업팀, 컨버전스서비스 개발팀 등 신수종 관련 사업팀을 신설했다.

LG유플러스는 2010년부터 탈통신을 외치며 적극적으로 새로운 성장 동력 발굴을 추진해왔다. 2010년 5월 미래 성장 동력 확보를 위한 150억 탈통신 펀드를 조성했다. LG유플러스 비전 또한 'Beyond

Telecom'이라는 것에서도 알 수 있다. 기존 통신회사의 통신망 제공이라는 서비스 한계의 틀을 벗어나겠다는 의지가 담겨 있다.

이러한 LG유플러스의 서비스는 모바일, 컨버지드 홈, 기업통신 등으로 구분된다. 모바일 서비스는 서비스, 접속료, 가입 수익 등이 있다. 컨버지드 홈 서비스는 IPTV, 인터넷 전화, 초고속 인터넷 등이 있다. 기업통신은 e-Biz, IDC, 전용회선, 솔루션 등의 데이터 수익과 국내, 국제, 부가전화 등의 전화 수익 등으로 구성된다.

LTE 오픈이노베이션센터, IoT 서비스의 산실

LG유플러스는 2011년 8월 LTE오픈이노베이션센터를 상암 및 독산 사옥에 개설했다. 이 센터의 목적은 파트너와 LG유플러스의 동반성장 기반 마련, 제품 상용화 원스톱 서비스 제공 등이다. 이를 위해 중소기업의 4G LTE 디바이스 및 서비스 개발, 디자인/UX/개발 테스트 컨설팅, 사업화 지원 등 아이디어 고도화, 개발, 상용화, 마케팅 등의 모든 프로세스를 지원한다. 이를 위해 칩/단말 제조, 소프트웨어 분야, 플랫폼 분야, 네트워크 분야 등 국내외 업체와 협력체계를 구축하고 있다.

현재 센터의 회원사는 170여 개로 누적 이용이 5000여 건에 달한다고 한다. 해당 센터는 2015년 홈 IoT 서비스와 시설물 보안 관련 아이템의 시장 진출을 목표로 하고 있다. LG유플러스는 중소기업, 산학연 연계를 통해 IoT 시장 선점을 위해 LTE오픈이노베이션센터를 적극 활용할 계획이다.

LTE 오픈이노베이션 센터 주요 IoT 서비스 사례

구분	내용	협업/제휴 대상
LTE 드론	LTE 기반 영상 및 비행 데이터 송수신 모듈 탑재, 스마트폰으로 영상 및 데이터 실시간 확인	세종대, 넷코덱, 엠트윅, 이루온, 에이알웍스 등
LTE 버스정보시스템	버스 내외부 LTE 모뎀 탑재 앞뒤차 간격 실시간 정보 확인	세종시 및 제주도 시내버스에 적용
골프장 통합관제 서비스	골퍼에게 핀까지 남은 거리, 홀의 모습, 고저 그린의 모양, 경사 공략법 등 제공	골프존(골프존카운티 안성H 등 4개 골프장에 적용)
LTE 자판기	사무실에서 상품, 재고, 동전 관리 가능	에스앤브
U+보드	미러 디스플레이, 카메라, LTE 모듈이 장착 옷 입은 모습을 360도로 돌려보면서 피팅감 확인, 옷 입은 사진을 지인과 공유	이랜드 그룹 SPAO 브랜드 (SPAO 명동 플래그샵에 적용)
스마트 프레시	급식실 냉장고, 조리실 등에 센서 설치 스마트폰과 온라인 등을 통해 실시간 온도 확인 및 문제 발생 시 문자 메시지 전송	경남북 지역 70여 개 학교에 적용

현재까지 LTE 드론, U+보드, LTE 버스정보시스템, 골프장 통합 관제 서비스, LTE 자판기, U+보드, 스마트크린, 스마트프레시 등 10여 개의 상품이 사업화에 성공해 IoT 서비스의 산실로서의 역할을 하고 있다.

LTE 드론은 LG유플러스가 세종대, 넷코덱, 엠트윅 등과 개발한 것으로 LTE 기반 영상 및 비행 데이터 송수신 모듈을 탑재했다. GPS 및 관성 센서 기반의 점항법 비행, 영상 기반 자동 이착륙 및 자동 물체 추적 등 다양한 지능을 갖추고 있어 자율비행이 가능하다. 특히, 스마트폰 및 태블릿으로 영상 및 데이터를 실시간 확인이 가능하다. 실제 결혼식을

LTE 드론을 통한 생중계에 성공했으며, 경찰청에서 관제용으로 활용되고 있다. 이러한 드론을 활용한 사례는 아마존의 '아마존 프라임 에어 서비스'가 대표적이다. 구글, 페이스북은 각각 드론 기업인 타이탄 에어로스페이스, 어센타를 인수했다.

홈 기반 IoT 서비스, 스마트홈을 지배하다

2014년 12월 LG유플러스는 홈 기반 사물인터넷 서비스인 U+ 가스락을 출시하였다. 이 서비스는 외출 시 스마트폰 앱을 통해 집 안의 가스 밸브 상태를 확인하고 잠글 수 있다. 또한 가스밸브 주변 온도 변화를 감지해 위험온도 알림 및 자동 잠금 기능을 통해 화재를 사전에 예방할 수 있다. 특히, 자신의 집뿐만 아니라 가족이나 친척집의 가스 밸브도 관리할 수 있다. 이 서비스에는 앞서 이야기한 무선통신 솔루션인 Z-Wave가 도입되었다.

글로벌 표준인 원엠투엠 쇼케이스 및 유럽통신표준화기구ETSI 워크

LG유플러스의 U+가스락
자료 : LG유플러스 사이트 (http://www.uplus.co.kr)

샵에서는 원엠투엠 기반 IoT 플랫폼을 선보이기도 했다. 해당 플랫폼은 이종 산업 및 서비스 간의 융합 지원이 가능하다. LG유플러스는 이 플랫폼을 기반으로 카앤홈(차량과 가정) 서비스를 개발해왔다. 차량에서 집 안의 전등, TV 등의 가전이나 기기의 상태 확인 및 제어나 가정 내에서 차량의 도어락 제어 등을 할 수 있는 서비스다.

특히, 스마트홈의 첫걸음이라 할 수 있는 홈CCTV 서비스 '맘카'를 2013년 말 출시했다. 2014년 9월에는 '맘카 2'를 출시하면서 스마트홈 영역에서의 입지를 다지고 있는 중이다. 이를 통해 홈 컨버전스 영역에서의 주도권을 확보하려고 하고 있다.

맘카 서비스는 스마트폰으로 외부에서 집 안을 보거나 전화를 걸 수 있다. 좌우 345도, 상하 110도로 움직여 사각지대를 최소화하고, LG전자와 협업을 통해 HD급 100만 화소 화질에다 3배까지 확대할 수 있는 줌인 기능, 밤에도 적외선으로 모니터링이 가능하다. 특히, 스마트폰으로 가전제품을 통제할 수 있다. 즉, 가전제품을 켜고 끌 수 있으며, 오디오의 경우 음량 조절도 가능하다.

이러한 홈CCTV는 스마트홈 시장에서 주요한 격전지라 LG유플러스 외에도 다양한 업체들이 관련 서비스를 내놓고 있다. SK브로드밴드는 2014년 9월 집 안의 침입 감지 및 보안업체 지원 등이 가능한 'B홈 CCTV'를 출시했다. 통신사뿐만이 아니다. 케이블방송 업체인 CJ헬로비전은 '헬로캠', 보안업체 에스원은 '세콤 홈 블랙박스'를 선보였다. 해외의 경우, 구글이 인수한 '드롭캠'을 포함해서 '심플리캠', '파이퍼' 등이 있다.

SK텔레콤이 '라이프', KT는 '빅데이터'가 핵심 키워드라면, LG유플러스는 '스마트홈'이다. LG유플러스 비전에도 '라이프'라는 키워드가 있지만, SK텔레콤이 ICT노믹스에 기반을 둔 '미래의 라이프'에 중점을 둔다면, LG유플러스는 아직까지는 '홈의 라이프'에 더 가까워 보인다. 특히, 앞서 본 비전, 신년사, 서비스 모두 LG유플러스가 스마트홈을 통해 통신업계 만년 3위를 탈피해 보겠다는 강력한 의지가 담겨 있다.

125

5. 덤 파이프로 전락할 것인가? 융합을 주도할 것인가?

통신사들은 사물인터넷을 활용한 신성장 동력을 찾고 있다. SK텔레콤은 '라이프웨어', KT는 '5대 미래융합 서비스', LG유플러스는 '스마트홈' 등 각기 자신만의 주력 분야를 찾아가고 있다. 하지만 아직까지는 명확한 사업 아이템을 발굴하고 있지는 못하다.

분명 통신의 핵심인 네트워크가 진화된다면 통신사에게는 또 다른 수익 창출의 기회가 다가올지도 모른다. MWC2015에서 통신사들이 5G 관련 기술을 선보인 이유도 그 때문이다. 5G가 지금보다 1000배 빠르다면, 새로운 수익모델이 나올 수 있지만 아직 글로벌 표준도 확정 못

스마트 솔루션 가치사슬별 가치 비중

자료 : Ansgar Schlautmann, Didier Levy, Stuart Keeping and Gregory Pankert, Wanted :
Smart market-makers for the "Internet of Things", Prism, Issue 2, ADL, 2011

했을 뿐만 아니라 실용화 시기도 2020년으로 예상되고 있다.

그렇기 때문에 과거나 현재처럼 단순히 데이터 전송만 하는 덤 파이프Dump Pipe가 된다면, 통신사의 미래는 밝지 않다. 망 임대를 통한 수익 창출에는 한계가 존재할 수밖에 없기 때문이다. 물론, 네트워크의 진화가 새로운 서비스 창출에 결정적인 역할을 할 수 있을 것으로 보이지만, 그 또한 다른 통신사와의 차별성을 필요로 한다.

통신사가 가진 딜레마는 이 뿐만 아니라 다른 사물인터넷 사업자들(제조업이나 솔루션 업체) 대비 뚜렷한 경쟁력을 보유하거나 협상력이 부족한 게 현실이다. 글로벌 컨설팅사인 ADL은 이런 사물인터넷 가치 사슬에서 네트워크의 비중은 15~20% 정도로 보고 있다.[44]

이런 관점에서 봤을 때, LG유플러스의 이상철 부회장이 2015년 1월

구글 파이버 확장 계획
자료: 구글파이버 사이트(https://fiber.google.com)

'2015리더 혁신캠프'에서 한 말은 인상적이다.

> "그 동안 통신 산업은 가입자 쟁탈전에만 매몰돼
> 다른 부분에 대한 생각이 부족했기 때문에 컴퓨터, PC통신, 포털,
> SNS, OTT 등 정보통신 기술의 변곡점마다 실패했다.[45]"

통신사가 네트워크 사업자로서 포지션 강화와 산업 내 경쟁만 치중하다 보니 실리는 확보하지 못했다. 특히, OTT 사업자들의 등장과 부상은 이를 반증한다. 그런 의미에서 사물인터넷은 통신사가 단순 네트워크 공급자로서 역할을 탈피, 새로운 기회를 창출해 주도권을 확보할 수 있는 좋은 기회인 것만은 분명하다.

사물인터넷 시대의 통신사의 대응 방안은 3가지 정도가 될 듯하다. 첫 번째는 현재처럼 빨랫줄 모델Bit-Pipe Model의 유지다. 가상이동통신망사업자MVNO처럼 망을 필요로 하는 기업들에게 망을 빌려주는 기존 비즈니스 모델을 더욱 강화하는 것이다. 이 방안은 '연결'이라는 것이 보편화되면서 경쟁사와 차별을 꾀하기 어렵다는 단점이 있다.

이제는 단순히 누가 더 빠르다는 것은 소비자들에게 크게 각인되지 못하기 때문이다. 특히, 기술 자체의 표준화로 최근 SK텔레콤과 KT의 '3밴드 LTE-A' 논란처럼 '최초' 관련 논쟁만 일어날 뿐이다. '망 중립성 논란'도 빨랫줄 모델로는 통신사가 장기 생존에 어려움이 있다는 것을 반증한다. 국내 통신사 중에는 KT가 통신 본업에 집중하고 있지만 유관 사업도 확대하고 있다. 따라서 이 방안을 취할 경우, 경쟁사와 서비스 차별화 방안 모색이 필요하지만 쉽지 않을 것으로 보인다.

특히, 구글의 구글 파이버_{Google Fiber} 같은 서비스는 통신사들에게 더욱 위협적인 존재가 될 것이다. 구글은 가입자 기준 미국 3, 4위 통신사인 스프린트와 T모바일 망을 빌려 가상이동통신망사업자로서 초고속 인터넷 서비스를 제공하고 있다. 그리고 이동통신사업 진출을 공식 선언했다. 현재 구글은 미국 캔자스 주 캔자스, 오스틴, 프로보 등의 도시에 초고속 광인터넷 서비스를 하고 있으며, 서비스 제공 지역 확대를 위해 타 지역에 초고속 인터넷망을 구축하고 있다. 이런 상황은 향후 AT&T와의 직접적인 경쟁을 초래할 것으로 보인다. 이런 상황에서 통신사들의 단순 망 제공은 사물인터넷 시대에 통신사의 역할을 축소시킬 가능성이 높다.

두 번째는 서비스 혹은 플랫폼 사업자로서 역할 강화이다. 사물인터넷 시대에 들어서면 통신의 역할은 확대될 뿐만 아니라 중요해졌다. IDC는 2014년 12월 사물인터넷의 미래에 대해 이야기하면서, 3년 내 IT 네트워크의 50%는 사물인터넷 디바이스로 인해 용량을 넘어설 것이라고 보고 있다. 또한 10%의 사이트는 네트워크에 있어 어려움을 겪을 것이라고 했다.[46]

다양한 사물인터넷 서비스에서 네트워크는 서비스 품질에 결정적 역할을 할 수 있다. 특히, 헬스케어 분야에 있어 네트워크 품질 저하는 서비스 이용자에게 치명적인 결과를 가져올 수도 있다. 만성질병관리나 독거노인 관련 서비스가 대표적이다. 단순히 네트워크만 있으면 되는 것이 아니라 네트워크 품질이 곧 서비스 품질이 되는 분야에서 플랫폼이나 서비스 개발은 OTT 사업자 내비 경쟁우위 확보가 가능하다. 이는 결국 통신사들이 사물인터넷 전쟁에서 주도권을 확보할 수 있는 기반이 될 것이다. LG경제연구원 또한 헬스케어나 스마트카 등 연결성과 해당 서비스의 안정성이 중시되는 분야에서 통신사들의 역할이 중요해질 것으로 보고 있다. 이 뿐만 아니라 IDC나 클라우드 등의 기업체의 하드웨어, 네트워크, 시스템 등을 관리해 주는 관리 서비스는 꾸준한 성장을 할 것으로 보인다.[47]

세 번째는 사물인터넷 제품 개발자로서의 역할 확대다. 사물인터넷은 결국 통신이 기반이 되어야 한다. 그런 관점에서 본다면, 제품을 개발할 역량을 확보한다면 사물인터넷 시장에서 강력한 주도권을 확보할 수 있다. 하지만 이 방안은 제조업체를 M&A하더라도 통신사들이 기존 제조업체와 차별화나 경쟁 우위를 확보할 수 있느냐는 문제가 존재한다. 제품의 고객가치는 '연결'보다는 제품 자체의 경쟁력에 있을 수 있기 때문이다. 따라서 제조업체와 '연결'이 필요한 부분에 대한 지원만 가능할 것으로 보인다. 아니면 SK텔레콤처럼 디바이스 디자인 및 제조 역량 확보를 통해 '앱세서리' 같은 애프터 마켓에 중점을 둘 것으로 보인다.

통신사들은 사물인터넷 세상에 어떻게 대응하든 실리를 찾을 수 있는 방안 마련이 필요하다. 네트워크에 대한 투자와 진화는 지속될 것으로 보이는 현 상황에서 어떤 방식으로 투자에 대한 수익창출을 이룰 것인지에 대한 고민이 필요한 시점이다. 통신사들은 진정한 컨버전스가 네트워크 기반 하에 이루어질 수 있는 방안을 찾아야 한다.

지하철이나 버스에서 한 손으로 스마트폰 게임을 하거나 인터넷 뉴스를 보다 보면 불편할 때가 종종 있지 않은가? 혹은 엄지손가락을 계속 사용하다 보니 손가락이 아팠던 적은 없었나? 이럴 때 스마트폰을 가능한 터치하지 않을 방법은 없을까라는 생각이 들지 않은가? 2010년에 설립된 이스라엘의 스타트업 유무브_{Umoove}가 이러한 고민을 해결해줄 수 있을 것 같다. 유무브는 스마트폰을 손으로 터치하지 않고 스마트폰과 태블릿 카메라를 통해 사용자의 눈을 추적해 디바이스를 조작할 수 있는 기술을 개발했다.

유무브 홈페이지
자료 출처 : 유무브 사이트(http://umoove.me)

카메라가 달린 어떤 디바이스도 눈으로 조작할 수 있어 게임, 광고, 스포츠, 가상/증강현실, 헬스케어 등에 활용이 가능할 것으로 보인다. 추가적인 하드웨어는 필요가 없다. 예를 들어, 비행기나 자동차 경주 게임은 손을 좌우로 움직여야 하는데, 이때 좌우로 머리를 움직이는 것만으로도 비행기나 자동차 조정이 가능하다. 특히, 이 기술은 손을 사용하지 못하는 사람이나 두뇌 활동과 관련된 헬스케어 분야에 유용하다.

2015년 1월 유무브는 iOS용 '유헬스_{uHealth}'라는 아이트랙킹 두뇌 훈련 앱을 선보였다. 이 앱은 주의와 집중 두 가지 게임으로 구성되어 있으며, 앱에서 나오는 음성을 듣고 눈을

유헬스 아이트랙킹 두뇌 훈련 앱
자료 출처 : 유무브 사이트(http://umoove.me)

움직이는 단순한 게임이다.

CEO인 Yitzi Kempinski는 "유헬스가 주의와 집중에 어려움을 겪는 사람들을 개선시켜 줄 것이라고 믿는다. ADHD 증상이 있는 아이들에 대한 전반적인 행동 효과를 측정하기 위한 연구를 시작하고 있다"라고 말한다.[48]

이외에도 유무브 기술이 적용된 앱은 앱스토어의 경우, Umoove Experience, Zombie Watch, 3Dselfie, 플레이 스토어에는 HeadStart가 있다. 직접 경험해 보면, 유무브의 기술을 쉽게 이해할 수 있을 뿐만 아니라 헬스케어 분야에 어떻게 적용할 수 있을지도 생각해 볼 수 있다.

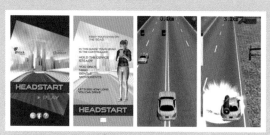

유무브 기술이 적용된 아케이드 게임앱, Head Start
자료 출처 : 유무브 사이트(http://umoove.me)

SAMSUNG
Truemove
Mercedes Benz
Vinaphone
ORACLE
LG
amazon.com
SKT
SMART
Tesco
Cisco
FedEx
Indosat
Intel
Mercedes Benz
Truem
Tesco
Hutchison
ORACLE
Apple
Indosat
SMART
KT
SAMSUN
NTT Docomo
SKT
Truemove
Google
LG
FAR EASTONE
Hutchison
ASTONE
uemove
SMART
Tesco
SAMSUNG
SAMSUNG
GE
KT
R EASTONE
Vinaphone
Intel
LGU+
AT&T
Tesco
Starhub
NTT Docor
Indosat
IBM
FAR EAST
Cisco
Vinaphone
Intel
amazon.com
Mercedes Benz
SAMSUNG
ORACLE
Hutchison
LGU+
Intel
SMART
Truemove

4
스마트폰 생태계의 승자,
플랫폼 사업자

1. 스마트폰 이후의 새로운 플랫폼

우리는 회사나 학교, 출퇴근길의 대중교통, 집에서도 스마트폰을 손에서 떼질 못한다. 심지어 친구나 가족과 함께 모여 있어도 스마트폰을 보면서 대화하는 자신의 모습을 자주 확인하게 된다. 스마트폰이 보편화된 지 불과 5년 남짓 기간 동안에 우리에게 스마트폰은 없어서는 안 될 필수품 정도가 아니라 언제 어디에나 함께 다니는 제2의 자아가 되었다.

2015년 2월 방송통신위원회에서 발표한 보도자료에 따르면 TV, PC, 스마트폰 등의 매체 중 스마트폰 보급률은 76.9%로 96.4%인 TV 보급률에 이어 2위를 기록했고 PC와 라디오는 각각 71.5%, 66.8%로 조사되었다.[49] 특히 2013년과 비교해 스마트폰의 보급률만 증가하고 TV, PC 등 나머지 매체들은 보급률이 하락하였다. 필수매체 인식 수준에서 역시 스마트폰의 인식 수준이 빠르게 증가해 TV와 어깨를 나란히 했다. 이처럼 스마트폰은 우리의 생활과 떼어내어 생각할 수 없는 존재라는 사실은 그 누구도 부인할 수 없게 되어 버렸다.

국내뿐만 아니라 세계적으로도 스마트폰 트렌드는 동일하다. 2014년 전세계 인구당 스마트폰 보급률은 24.5%를 기록하면서 PC 보급률(20%)을 앞질렀다. 이러한 스마트폰의 빠른 확대는 2018년에 이르러서는 휴대전화를 이용하는 사람 중 절반가량이 스마트폰을 이용할 것으로 전망되고 있다.[50]

스마트폰이라는 보다 편리하고 똑똑한 생활을 우리에게 열어준 가장 중요한 주인공은 바로 플랫폼 사업자인 구글과 애플이다. 이들은 자체

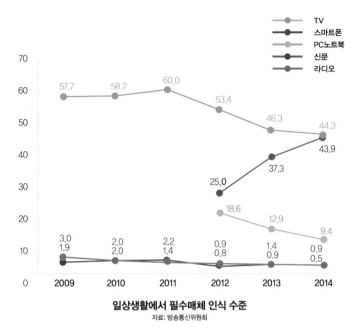

일상생활에서 필수매체 인식 수준

자료: 방송통신위원회

OS인 Android와 iOS를 개발해 다양한 개발자들이 애플리케이션을 개발하도록 하고, 이용자들은 스마트폰을 사용함으로써 생활을 더욱 풍요롭게 만들었다. 구글과 애플은 자신의 OS 플랫폼을 통해 스마트폰 생태계를 빠른 시간 안에 성공적으로 만들어냈다.

스마트폰 시장에서 구글과 애플은 OS 점유율을 96.6%(2014년 4분기 기준, AOSP**Android Open Source Project** 포함)까지 확보하면서 스마트폰 시장을 독점하고 있다. 구글과 애플의 수치에서 보는 것과 같이 인터넷 검색 서비스로 시작한 구글과 컴퓨터 제조사였던 애플은 2000년 후반에 들어 스마트폰 시장에서 플랫폼을 통해 제2의 영광을 누리고 있다.

스마트폰이 일상생활로 들어오면서 날씨, 주변 친구의 근황, 교통 정

전세계 스마트폰 OS별 출하량 기준 시장 점유율 (단위 : 백만 대)

운영체제	3Q 2014	4Q 2014
Android	217.49	205.56
Forked Android(AOSP)	85.47	85.00
iOS	39.27	74.50
Windows Phone	9.02	10.70
Others	3.18	2.34

자료 출처 : ABI Research

보 확인 등 궁금했던 일을 손 안에서 바로 찾아볼 수 있게 되었다. 또한 듣고 싶은 음악이나 영화가 있으면 스마트폰으로 재생해 감상하고, 컴퓨터에서 즐기던 고사양의 게임들도 스마트폰으로 즐길 수 있게 되었다. 이렇듯 스마트폰의 다양한 앱과 인터넷을 통해 우리 일상은 보다 풍요롭고 편리하게 되었다.

심지어 우리의 몸 상태를 체크할 수 있는 다양한 센서를 탑재한 스마트 밴드를 스마트폰에 연결해 자신의 운동량과 건강 상태를 보다 정확하게 체크할 수 있다. 그리고 스마트폰으로 자동차에 시동을 걸고 집에 있는 전등을 켜고 집 안에 있는 CCTV를 작동시켜 집 안의 상태를 실시간으로 모니터링도 할 수 있다. 이렇듯 주변에 있는 많은 기기들과 스마트폰이 연결되어 새로운 가치를 만들고 우리의 생활을 더욱 스마트하게 만들고 있다.

스마트폰 안에서 앱과 소프트웨어를 벗어나 다른 하드웨어 기기들과의 연결을 통한 더욱 스마트한 생활은 집, 자동차, 건강을 비롯해 다양한 영역으로 확산되고 있다. 따라서 이러한 기기들이 스마트폰에 더욱 쉽고 편리하게 연결될 수 있도록 노력을 기울이고 스마트폰에서의 플랫폼 사업자로서의 영향력을 더욱 확대하기 위해 스마트홈, 스마트카, 헬스케어 분야에 사물인터넷 플랫폼들을 계속 출시하고 있다.

인도와 중국 같은 이머징 국가에서 스마트폰 확대가 빠르게 전개되고 있지만, 이미 선진국을 중심으로 스마트폰 보급률이 포화상태에 이르렀다. 스마트폰의 연간 출하량 성장률을 살펴보면 2010년 3분기에는 102%까지 증가했으나 2014년 3분기에는 25.5%로 매 분기 둔화하는 모습을 보여준다.[51]

플랫폼 사업자들 또한 다른 기업들과 마찬가지로 스마트폰 이후의 보다 스마트한 세상 만들기와 새로운 먹거리 창출을 위해 고민 중에 있다. 현재 이들이 그 열쇠로 바라보고 있는 시장이 바로 사물인터넷 시장이다. 따라서 이들은 스마트홈, 웨어러블, 스마트카, 헬스케어 등의 분야에서 기술 확보를 위한 인수 및 플랫폼 개발에 발 빠른 행보를 보이고 있다. 과연 플랫폼 사업자들은 스마트폰 시장에서의 영광을 사물인터넷에서도 이어 갈 수 있을지 그들의 사물인터넷 관련 행보와 전략에 대해 알아보자.

2. 모든 데이터를 수집하려는 구글

구글은 1998년 래리 페이지**Larry Page**와 세르게이 브린**Sergey Brin**이 인터넷 검색 서비스를 세상에 내놓은 이후 수많은 서비스와 제품들을 계속 세상에 내놓았다. 현재 구글이 제공하고 있는 제품과 서비스는 웹, 모바일, 미디어, 지리, 전문 검색, 가정 및 사무실, 소셜, 혁신으로 크게 8가지로 구분된다. 구글이 제공하는 제품과 서비스 카테고리에서 알 수 있듯이 구글의 다양한 제품과 서비스는 우리의 일상과 매우 밀접하게 연계되어 생활에 편리함을 제공하고 있다. 하지만 구글의 다양한 제품과 서비스와는 상반되게 수익모델은 광고가 수익의 대부분인 약 89%를 차지한다. 주목할 부분은 기타 수익의 비중이 2012년 5%에서 2013년 9%, 2014년 11%까지 빠르게 확대되고 있다는 점이다. 이는 스마트폰 생태계 구축을 통한 구글 플레이**Google Play** 등의 수익 확대로 인한 것이다.

구글의 가장 중요한 자산과 역량은 검색 서비스를 바탕으로 쌓아온 데이터와 데이터 수집 및 분석 능력이라고 할 수 있다. 구글은 그 동안 이용자에게 다양한 서비스를 제공하면서 개인 정보를 수집해왔고 이를 통해 이용자에게 서비스를 보다 개인화 되고 편리하게 사용할 수 있도록 했다. 또한 구글은 이러한 정보를 분석해 이용자에게 광고를 노출시킴으로써 수익을 보다 극대화해 왔다.

그렇다면 구글은 왜 사물인터넷에 관심을 가지는 것일까? 구글의 사물인터넷에 대한 관심은 앞서 언급한 구글의 전략과 맥락을 같이 한다. 사물인터넷을 통해 보다 편리한 새로운 서비스를 제공하면서 기존에 수집하지 못했던 다양한 개인 정보를 수집하고 이를 분석해 보다 개인화

구글의 수익 추이 (단위: 백만 달러)

구분	2012년	2013년	2014년
광고 수익	43,686	50,547	59,056
연간 성장률	20%	16%	17%
기타 수익	2,354	4,972	6,945
연간 성장률	71%	111%	40%
총 수익	46,039	55,519	66,001
연간 성장률	21%	21%	19%

자료 출처 : Google Investor Relation (2015. 1. 29)

되고 개선된 서비스를 제공하는 것이다. 또한 사물인터넷을 통해 구글의 광고는 보다 정교화 될 것이고 구글의 광고 수익 역시 이전보다 증가할 것이다.

　　구글의 스마트폰 생태계를 살펴보면 2014년 기준으로 140만 개의 앱과 38만 8000명의 개발자를 확보하고 있다. 이는 전년과 비교해 각각 100%, 72%가 증가한 수치로 확보한 앱 개수 기준으로 애플보다 1.16배 많은 수준이다. [52] 그렇다면 구글의 생태계 구축을 위한 플랫폼 전략이 과연 사물인터넷에서도 성공적으로 이어질 것인지에 대해 알아보자.

스마트홈, 개인화된 데이터 수집의 원천

　　구글은 2014년 1월 32억 달러에 네스트랩스를 인수했다. 네트스랩스는 애플에서 아이팟 개발을 책임졌던 토니 파델이 설립한 회사로 300여 명의 직원이 다수 애플 출신으로 구성되어 '작은 애플'이라고도 불렸다. 네스트랩스는 자동 온도 조절기인 서모스탯$_{Thermostat}$과 연기 및 이산화탄소를 감지하는 프로텍트$_{Protect}$라는 제품을 개발해 판매하고 있다.

네스트랩스 제품의 특징은 이용자의 집 안 환경과 관련한 온도, 습도, 이산화탄소, 연기 등의 정도를 수집하고 사용자의 행동 패턴을 수집해 자동으로 최적의 실내 온도를 조절하고, 집 안에 화재 등의 사고가 발생 했을 때 스마트폰을 통해 이용자에게 알려준다는 점이다.

구글은 네스트랩스에 이어 사물인터넷 역량 확보를 위해 2014년 6월 실내에 특화된 CCTV 카메라를 만드는 드롭캠을 5억 5000만 달러에 인수한다. 드롭캠은 인터넷에 연결해 PC나 스마트폰으로 원격 모니터링을 할 수 있고 내장 마이크를 통해 양방향으로 소리를 주고받을 수 있다. 현재 네스트랩스의 서모스탯과 프로텍트에 드롭캠을 연계하여 자동으로 온도가 조절되거나 프로텍트가 알림 경고를 주면 드롭캠을 통해 실시간으로 직접 집 안을 모니터링하거나 클립을 저장할 수 있도록 한다.

구글은 네스트랩스의 제품과 드롭캠을 연계한 서비스 이외에 기존의 서비스와 연동해 서비스를 제공하고 있다. 구글은 기존의 구글 나우 서비스와 네스트랩스의 서모스탯을 연동해 보다 개인화되고 똑똑한 서비스를 구연했다. 예를 들어 구글 나우는 항상 동작하고 있는 서비스로, 사용자가 집으로 향하면 구글 나우는 서모스탯에게 사용자의 위치와 귀가 정보를 전송해 도착 시간에 맞춰 집 안의 온도를 자동으로 조절할 수 있게 된다. 또한 구글 나우의 음성 서비스를 통해 서모스탯을 작동시킬 수 있어 쉽게 온도 조절을 할 수 있다.

구글은 사용자들의 개인 정보를 메일, 캘린더, 검색 등의 서비스를 통해 수집하고 분석하고 있다. 구글 나우는 이러한 사용자들의 정보 수집과 분석의 결정체라고 할 수 있는데, 구글 나우로 개인에게 필요한 정보를 상황에 맞게 카드 형태로 제공하고 있다. 예를 들어 출장을 가는 경우 탑승할 비행기 스케줄에 맞춰 알림을 주고 비행기 정보가 변동되는 경우 이를 알려 준다. 또한 출장지에 도착하면 주변에 가볼 만한 곳을 추천하기도 한다. 좋아하는 스포츠팀을 설정하면 자신이 응원하는 팀의 스코어 등의 경기 정보를 알려준다. 이렇듯 구글은 다양한 서비스 채널을 통해 개인의 정보를 확보하고 서비스에 활용하고 있지만 집 안에서 일어나는 일들에 대한 정보는 그 동안 거의 알지 못했다.

그래서 구글의 네스트랩스, 드롭캠 등의 사물인터넷 업체 인수는 사용자들의 집 안 환경과 행동 패턴에 대한 정보를 수집할 수 있는 기회를 제공한다는 점에서 매우 의미가 크다. 구글이 기존에 확보하고 있는 개인 정보와 새롭게 집에서 수집하게 될 정보를 연계한다면 보다 개인화된 서비스 제공이 가능해 구글의 서비스를 한 단계 진보시킬 수 있을 것이다. 이러한 맥락에서 집 안에서 일어나는 개인 정보의 수집과 분석 그리고 기존 서비스와 연계는 구글이 구상하고 있는 사물인터넷에서 스마트홈 전략을 유추해 볼 수 있는 단서가 된다.

하지만 일각에서는 구글의 정보 수집에 대한 우려의 목소리가 높다. 드롭캠과 네스트랩스 제품으로부터 수집되는 정보는 구글의 사생활 침해가 더욱 커질 수 있다는 양날의 검으로 작용한다. 현재 구글이 이러한 정보를 광고에 활용하겠다고 공식적으로 입장을 밝힌 적은 없지만 우려의 목소리를 내고 있는 측에서는 구글이 개인의 집 안 정보를 수집해 광고에 악용할 것이라는 시나리오를 그리고 있다. 구글이 네스트랩스와 드롭캠과 같은 스마트홈 제품을 소비자에게 확산시키기 위해서는 개인 정보보호 정책을 따르면서 이용자들에게 광고 수익 확대 전략의 일환으로 다양한 정보를 수집하는 것이 아니라는 점을 분명히 인식시켜줘야만 할 것이다.

움직이는 정보수집장치, 구글의 무인자동차

구글의 자동차 시장 진출에 대한 의지는 2009년까지 거슬러 올라간다. 2009년 구글은 일반 차량을 개조해 비디오카메라, 방향표시기, 인공지능 소프트웨어, GPS, 다양한 센서 등을 적용한 무인자동차 개발을 시작했다. 이후 2010년에는 무인자동차 개발 계획을 공식 발표하고, 2012년 공동창업자인 세르게이 브린이 "5년 내에 무인자동차를 만들겠다."고 발표해 무인자동차 개발을 위한 구글의 강한 의지를 모두에게 알렸다.[53]

구글의 무인자동차는 다양한 정보를 수집하고 분석해 활용하고 있다. 구글의 무인자동차는 차량에 탑재된 GPS로 현재 위치와 목적지를 비교하고 카메라, 레이저 스캐너 등을 통해 주행 중 주변의 차량과 사람, 사물, 신호 정보를 파악한다. 따라서 무인자동차 탑승자는 목적지만 입력하면 무인자동차가 자동으로 가속과 감속, 방향 조작, 정지 등의 명령을 통해 목적지까지 안전하게 운전하게 된다.

구글의 무인자동차는 2012년 5월 네바다 주에서 시험 면허를 최초로 획득해 계속 테스트를 진행 중이다. 2014년 5월에는 캘리포니아 공공

구글의 무인자동차
자료: Google Self-Driving Car Project의 구글 플러스 계

도로에서도 테스트를 할 수 있는 승인을 받았다. 구글에 따르면 프로토타입 무인자동차 플릿_{Fleet}은 2012년 8월 30만 마일 이상을 주행다고 밝혔다. 그리고 2014년 4월에는 70만 마일 주행을 돌파하는 등 구글의 무인자동차 개발 계획은 순조롭게 진행되고 있다.

2014년 12월 구글은 무인자동차 프로젝트의 구글 플러스 계정에 무인자동차 시제품 사진을 포스팅해 무인자동차의 상용화가 멀지 않았다는 생각을 들게 했다. 12월에 공개된 사진은 5월에 공개했던 시제품과 거의 유사한 모습을 하고 있지만 자동차 지붕에 있는 LiDAR의 크기와 모양이 좀 더 작아지고 사이드 미러의 크기 변화 및 미등 추가 등은 기존의 무인자동차보다 자연스러운 모습을 보여주고 있다.

구글이 개발하고 있는 무인자동차는 자동차 공유경제 서비스에도 적용할 계획인 것으로 알려졌다. 구글이 무인자동차를 자동차 공유경제 서비스에 적용하는 경우 구글이 투자한 자동차 공유 서비스인 우버[1]와 정면으로 경쟁할 것으로 보인다. 이에 우버는 구글의 무인자동차 공유

---

1 우버Uber는 모바일 앱을 통해 우버에 의해 고용되거나 공유된 차량의 운전기사와 승객을 연결해 주는 서비스이다.

경제 서비스 계획에 대응해 카네기멜론 대학교와 함께 무인 자율 주행 기술 개발을 준비 중인 것으로 알려졌다.

구글은 무인자동차 개발 프로젝트 외에 자동차 사업자와 협력을 통한 안드로이드OS를 자동차 시장에 확대하고자 노력을 기울이고 있다. 앞장에서 보았듯이 2014년 1월 구글은 자동차 영역에서의 안드로이드OS 영향력 확대를 위해 아우디, GM, 현대, 혼다, NVIDIA 등의 업체와 OAA를 결성했다. OAA는 스마트폰OS로 안드로이드를 런칭할 당시 2007년 오픈 핸드셋 얼라이언스**Open Handset Alliance,OHA: 개방형 휴대폰 동맹**를 만들어 제조사를 비롯한 다양한 업체와 협력을 통해 자신의 영향력을 확대한 전략과 유사하다.

구글은 자동차 시장에서 OAA를 통해 자동차 자체가 하나의 커넥티드 안드로이드**Connected Android** 기기가 될 수 있도록 자동차에 최적화하고 개발자에게 안드로이드 에코시스템 확대를 위해 다양한 편의를 제공할 것으로 예상된다. OAA가 결성된 후 첫 번째 결과물로 구글 I/O에서 오토링크를 발표하기도 했다. 오토링크는 스마트폰을 차량에 연동해 음악을 듣거나 전화를 받는 수준으로 오토링크가 커넥티드 안드로이드 기기의 수준까지 진화하기 위해서는 다소 시간이 걸릴 것으로 판단된다.[54]

자동차 제조사 역시 자율 주행 시스템을 연구하고 있는데, 무인자동차와는 기본적인 시작점부터 다르다. 자동차 제조사의 자율 주행 시스템은 주로 사람이 운전을 하고 보조적인 기능으로 운전자가 자율 주행 기능을 이용하는 반면, 구글의 무인자동차는 액셀과 브레이크 등의 장치가 전혀 없는 완전 자율 주행 자동차 개발을 계획하고 있다. 따라서 구글의 스마트카는 앞서 언급한 구글의 자동차 공유경제 서비스 계획과

구글, 애플, 마이크로소프트의 자동차 OS 비교

OS 이름	오토링크	카플레이	윈도인더카
제작 회사	구글	애플	마이크로소프트
발표 시기	2014년 6월 구글 I/O	2014년 3월 제네바모터쇼	2014년 4월 빌드2014
협력사	OAA(아우디, GM, 현대, 엔비디아 등)	페라리, 벤츠, 현대 등	미발표

자료 출처 : KT경제경영연구소, 자동차 OS 시장 누가 승자가 될 것인가, 2014. 6

같이 운전자가 없는 형태로 물류 운송 서비스 분야 등에서 서비스 확대 가능성도 높다.

구글의 무인자동차 계획과 자동차 시장으로의 안드로이드 확대가 순조롭게 진행되는 것으로 보인다. 하지만 구글의 OAA를 통한 자동차 시장 진출 전략의 걸림돌이 될 만한 문제점들이 발견되고 있다. 자동차 업체들이 이미 자체적으로 개발해 놓은 차량 시스템과 구글의 안드로이드가 충돌을 일으킬 가능성이 있다. 또 GM과 포드 자동차 등의 자동차 업체는 자체 시스템을 개발했는데 안드로이드와 자체 시스템을 병행하는 경우 자체 시스템에 대한 개발 집중력이 떨어질 가능성도 있다. 또한 자동차 업체가 안드로이드를 선택하는 경우에도 자동차 사업자들이 각각 독자적으로 앱스토어를 운영할 공산이 높다. 따라서 스마트폰 시장에서 안드로이드가 만들어낸 성공을 자동차 시장에서도 이뤄낼 수 있을지에 대해서는 쉽사리 예상할 수 없다. 과연 구글이 어떻게 자동차 사업자와 균형을 맞추며 전략을 추진해 나갈지 귀추가 주목된다.

만약 구글의 계획대로 자동차 시장에 성공적으로 진출한다면 구글의 자동차는 차량 상태, 도로 상황, 개인의 위치 등의 다양한 개인 정보를

147

수집하는 거대한 사물인터넷 기기가 될 것이다. 구글은 이를 통해 기존의 서비스와 결합해 다른 경쟁자보다 차별화되고 개인화된 자동차 서비스 구연이 가능할 것으로 예상된다.

로봇에 사람의 두뇌를, 인조인간을 위한 도전

로봇은 산업 영역에서 제품을 제조하거나 다양한 서비스 영역에서 사람이 하는 일을 대신하고 있다. 이러한 로봇은 사람이 조종을 하거나 입력된 프로그램에 따라 단순히 움직인다. 하지만 로봇의 궁극적인 지향점은 인공지능을 가지고 사람처럼 스스로 생각하고 판단해 움직이는 것이다. 구글이 로봇에 관심을 가지고 개발에 노력하는 이유는 로봇에게 스스로 생각할 수 있는 지능을 넣어 주는 인공지능 관련 기술에 상당한 수준의 경쟁력을 가지고 있기 때문이다. 애플의 경우 아직까지 로봇과 관련된 움직임이 파악되지 않는데, 아마도 로봇의 핵심 기술 중의 하나인 인공지능 관련 역량을 충분히 확보하지 못한 것이 한 몫을 한다고 생각된다.

구글은 이미 동영상을 분석해 사물을 구분해내는 인공신경망 개발과 딥마인드**Deep Mind** 등의 인수를 통해 인공지능 영역에서 상당한 역량을 확보하고 있는 것으로 알려져 있다. 이러한 구글의 인공지능의 핵심에는 딥러닝**Deep Learning**이라는 기술이 자리 잡고 있는데, 딥러닝은 기계학습의 다양한 방법론 중의 하나인 인공신경망**Neural Network**을 이용한 방식이다. 기계학습이란 많은 데이터를 컴퓨터에 입력하고 유사한 것들끼리

분류하는 것으로 예를 들면 개와 고양이를 판독하도록 훈련시키고 컴퓨터가 스스로 개와 고양이를 분류하도록 하는 것이다.

대부분의 기계학습은 지도학습을 통해 학습이 되지만 딥러닝은 지도학습과 자율학습을 통해서 학습된다. 지도학습은 이렇게 생긴 이미지가 개이고 이런 이미지가 고양이라는 사전 학습 데이터가 필요하다. 하지만 자율학습은 지도학습과 다르게 사전 학습 과정이 생략된다. 즉, 자율학습은 기계가 스스로 사람과 같이 데이터를 결정하고 파악한다. 2012년 구글이 유튜브의 영상에서 고양이를 인식하는 실험에 성공했는데 이 실험은 자율학습 방식을 기반으로 한 딥러닝 기술이 적용되어 크게 주목을 받았다. 또한 구글은 2013년 인공지능 맨하튼 프로젝트를 통해 인공지능 분야에 큰 예산을 투자하고 2014년 1월에는 딥러닝 업체인 딥마인드를 4억 파운드에 인수했다. 뿐만 아니라 2014년 10월에는 옥스퍼드 대학교의 인공지능 분야 인력을 영입하고 옥스퍼드 대학과 공동연구를 위한 협력을 체결하는 등 인공지능 역량 확보를 위해 힘쓰고 있다.[55]

최근에는 구글뿐만 아니라 페이스북, 마이크로소프트와 같은 IT 기

딥러닝 관련 글로벌 기업 경쟁

페이스북	얼굴 인지하는 '딥페이스' 프로젝트, 얀 르쿤 교수 영입
마이크로소프트	이미지 인식 연구 '프로젝트 아담' 진행
바이두	미국 실리콘밸리에 딥러닝 연구소 설립, 앤드루 응 교수 영입
트위터	사진분석 기업 '매드비츠' 인수
네이버	음성 검색에 딥러닝 기술 적용
카카오	김범수 의장이 딥러닝 스타트업 '클디'에 투자

업들도 딥러닝 기술에 큰 관심을 가지고 기술 역량 확보 및 개발에 뛰어들면서 딥러닝 기술 경쟁에 불을 지폈다.[56]

구글은 로봇의 두뇌에 해당하는 인공지능 개발과 더불어 최근 2년간 9개의 로봇 관련 업체를 공격적으로 인수하면서 로봇 관련 하드웨어 역량까지 확보하고 있다. 안드로이드의 아버지라 불리는 전 구글 부사장인 앤디 루빈_Andy Rubin_은 로봇 관련 업체 인수를 통해 로봇의 손과 팔 등의 하드웨어 문제는 이미 해결되었다고 언급했다. 단지 센서 부분에 있어서는 혁신이 필요하다고 했다. 구글은 사람과 같이 행동하고 생각하는 로봇을 완성하는 꿈을 위해 한걸음 한걸음씩 전진해 나가고 있다.

구글[2]의 로봇 관련 움직임을 분석해 보면, 하드웨어부터 소프트웨어 역량까지 수직적으로 기술을 확보하고 향후 자체 안드로이드OS 플랫폼을 로봇까지 적용해 안드로이드 생태계를 로봇까지 확대할 가능성이 있다. 또한 구글의 e커머스 서비스(구글 익스프레스_Google Express_, 구글 쇼핑_Google Shopping_) 등과 연계해 기존의 서비스를 더욱 효율적이고 편리하게 만들 것으로 예상된다. 예를 들어 로봇과 무인자동차를 e커머스 서비스와 연계해 자동 물류 및 운송 시스템을 구축하는 경우 더욱 빠르고 정확한 배송 시스템을 구축할 수 있을 것으로 기대된다.

구글의 가장 핵심 서비스인 검색 엔진의 목표는 "사용자의 마음을 읽고 그가 원하는 것을 정확하게 찾아 주는 것"이다. 로봇은 이러한 구글의 목표와 맥락을 같이 한다. 구글은 다양한 사물인터넷 제품을 통해 사

---

2 구글은 C(Contents)-P(Plateform)-N(Network)-D(Device) 관점에서 네트워크에도 관심을 가지고 있다. 구글은 세계 모든 사람들이 쉽게 인터넷에 접근 할 수 있도록 하는 비전을 가지고 있는데, 최근 구글이 인수한 Titan Aerospace는 태양 에너지를 이용해 하늘을 계속해 날아다닐 수 있는 드론 로봇으로, 프로젝트 Loon 등과 연계해 사람들이 언제 어디서나 인터넷에 연결될 수 있도록 하는 데 큰 도움이 될 수 있을 것으로 보인다.

구글의 로봇 관련 역량 확보를 위해 인수한 업체 리스트

업체명	인수시기	분야 및 보유기술	제품명
SCHAFT	'13. 12월	휴머노이드 로봇 기술	S-ONE
Industrial Perception	'13. 12월	3차원 비전 인식을 통한 물류 정리/적재 Robotic Arm과 컴퓨터 비전	
Redwood Robotics	'13. 12월	Robotic Arm 기술	
Maka Robotics	'13. 12월	이동형 로봇 기술	M1
Holomi	'13. 12월	전방위 구동 Robotic Wheels	
Bot&Dolly	'13. 12월	특수촬영용 원격 카메라 제어 자동화 시스템 Robotic Camera 기술	IRIS SCOUT
Autofuss	'13. 12월	로봇을 활용한 광고, 영상 디자인 제작	
Boston Dynamics	'13. 12월	군사용 로봇 기술	BigDog PETMAN Atlas
Titan Aerospace2	'14. 4월	태양광을 이용한 무인 항공기	

구글이 인수한 보스톤 다이나믹스가 개발한 로봇

자료 출처 : Business Insider, 2014.11.10.

용자의 마음을 정확히 읽어, 사람이 명령하기 전에 로봇이 알아서 집안 청소를 하거나 음악을 선곡해 틀어 주는 등의 서비스까지 그리고 있다.

아라 프로젝트, 새로운 사물인터넷 하드웨어 플랫폼

구글은 2015년 1월 조립식 스마트폰 개발 프로젝트인 아라[3]의 첫 모델을 개발자 컨퍼런스에서 공개했다. 그리고 올해 중에 아라폰을 푸에르토리코 지역에서 일종의 푸드 트럭 형태의 스토어를 통해 시범 판매하겠다고 발표했다.[57]

아라폰이 이슈가 되고 있는 이유는 크게 세 가지로, 첫 번째는 고사양 스마트폰을 출시하는 삼성, 애플 등의 사업자와 저가 단말을 공급하는 중국 등의 스마트폰 제조사에게 위협이 될 것인가이다. 두 번째는 조립식 단말기 유통으로 인한 이동통신사의 기존 단말기 유통구조 변화 여부이고, 세 번째는 중소 스마트폰 부품 업체와 사물인터넷 업체에 있어서 새로운 기회가 제공될 수 있는지에 대한 부분이다.

세 번째 내용은 사물인터넷 관점에서 큰 의미가 있다. 현재 사물인터넷 제품의 대다수가 스타트업과 같은 중소업체에서 스마트폰과 연계해 앱세서리 형태의 제품으로 출시되고 있다. 아라는 유연한 오픈 하드웨어 플랫폼을 사물인터넷 업체들에게 제공함으로써 게임, 결제, 헬스케

---

3 아라 프로젝트는 스마트폰의 통신, 카메라, 디스플레이 등의 각 기능을 담당하는 모듈을 이용자가 자신의 취향에 맞게 구매해 자신만의 스마트폰을 만들 수 있는 조립식 스마트폰을 개발하는 프로젝트이다.

구글 아라폰 '스파이럴2' 개요 및 특이점

구분	내용	
가격	– 기본형 50달러, 모듈 조립에 따라 가격이 상이 – 스파이럴2 가격은 밝히지 않음	
운영체제	– 안드로이드	**조립식 스마트폰 아라** 자료 출처 : The Verge 2014.15.
개요	– 디스플레이, AP, 통신모듈, 배터리 등 기본 기능을 내장한 스마트폰 프레임에 사용자가 원하는 대로 나머지 부품을 추가하는 방식 – 현재 이용 가능한 모듈은 11개(500만 화소 카메라, 3G 네트워크, 와이파이, 블루투스, 1280×720해상도 디스플레이, 듀얼코어 프로세서 마벨 PXA1928 또는 엔비디아 테그라K1)	
특징	– 카메라, 배터리 등 8개의 모듈로 구성된 후면부 뿐만 아니라, 스피커와 디스플레이가 탑재된 전면부도 교체 가능(슬라이드 방식을 채용해 사용자 편의성을 높임) – 모듈에 염료승화 방식의 인쇄 기술을 도입하여, 경량 소재의 몰드 위에 고해상도의 컬러 이미지를 입혀 디자인적 요소를 개선 – 모듈은 2015년 말까지 20~30개로 확대할 방침이며, 추후 공개될 '스파이럴3'에서는 4G LTE 및 고해상도 카메라 등을 추가적으로 지원할 계획	

153

어, 미디어, 스마트홈, 교육 등의 다양한 분야에 특화된 사물인터넷 제품 개발 활성화에 기여할 수 있을 것으로 예상된다.

실제로 구글의 1차 컨퍼런스가 끝난 후 아라를 활용하는 다양한 사물인터넷 제품 아이디어가 나와 사람들의 관심을 끌었다. 아라폰을 닌텐도 3DS와 같은 전문 게임기로 만들어 줄 수 있는 플리피패드_{Flippypad}라는 컨셉이 소개되었으며, 스퀘어_{Square}와 같은 결제 동글, 혈당검사 동글 등은 아라의 모듈로 출시가 충분히 가능한 아이디어들이다. 향후 다양한 아라의 사물인터넷 모듈이 제공되기 위해서는 다양한 기능을 제공하는 모듈 개발을 할 수 있도록 기술을 표준화 하고 모듈 개발 편의성 지원이 반드시 필요하다.[58]

플리피패드 컨셉 디자인
자료 출처 : The Aether Technician

만약 구글의 프로젝트 아라가 성공적인 생태계를 구축해 나간다면 향후 스마트폰을 기반으로 한 사물인터넷 제품들의 하드웨어 플랫폼으로써 하나의 주류가 될 수 있을 것으로 기대된다.

더욱 가까이에서 데이터 확보를, 웨어러블

구글의 가장 대표적인 웨어러블 제품이라고 하면 모든 사람들이 구글글래스를 떠올릴 것이다. 2012년 4월 구글글래스의 컨셉 동영상이 공개되면서 구글글래스는 세간의 관심을 한 몸에 받게 되었다. 아마도 공상과학 영화나 상상 속에서만 그려 보던 만능 안경이 실제로 나올 수 있다는 기대감에 모든 사람들의 머릿속에 큰 충격으로 다가왔기 때문일 것이다. 구글은 2012년 6월 구글 I/O에서 구글글래스 데모버전을 발표했는데 행사에 참석한 많은 사람들이 1500달러나 하는 아직 검증되지 않은 익스플로러 에디션 제품에 관심을 보이며 선주문을 했다. 구글글래스가 세상에 소개되자 많은 사람들이 웨어러블 세상이 곧 다가올 것이라는 기대감과 함께 안경 형태의 제품이 웨어러블 제품의 주류가 될 것인지 아니면 시계 형태 등 다른 제품이 웨어러블의 주류가 될 것인지에 대해서도 갑론을박이 이어졌다.

하지만 중요한 점은 포스트 스마트폰으로 골머리를 앓고 있던 제조사와 플랫폼 사업자들에게 사물인터넷 기기인 웨어러블 제품의 가능성이 충분히 있다는 메시지를 던져줬다는 것이다. 이러한 웨어러블 제품의 가능성을 간파하고 구글글래스가 발표된 후 헬스케어, 스포츠, 자동차 등의 다양한 분야에서 애플리케이션들이 개발되거나 개발하겠다는 의사를 밝혔다. 심지어 1인칭 시점의 포르노 서비스까지 등장할 정도로 성인 산업에서도 웨어러블 제품에 관심을 나타냈다. [59]

우리에게 획기적인 제품으로 다가왔던 구글글래스는 다양한 분야에 적용되고 테스트되면서 웨어러블 시장의 가능성을 키워나갔다. 하지만 구글글래스는 사생활 침해 등의 사회적 문제와 배터리, 발열 등의 기술적 문제에 직면하게 되었다.

2015년 1월 우리는 뜻밖의 발표를 접하게 된다. 구글은 구글글래스 상용화 버전의 생산과 판매를 중단하겠다는 발표를 한 것이다. 구글은 실적 발표에서 구글글래스 판매 중단과 향후 계획을 밝혔는데, 프로토타입 구글글래스는 종료되었지만 앞으로 새로운 사업에 재편성되어 별도의 프로젝트로 재탄생할 것이라고 언급했다. [60]

구글글래스는 혁신적인 웨어러블 기기로 안경 형태의 특성으로 스마트폰과 스마트와치 등의 제품과 차별화된 다양한 서비스가 가능했다. 구글이 제공하는 개인화된 다양한 서비스와 정보를 눈앞의 프리즘을 통해 제공할 수 있는 구글 서비스의 새로운 채널로, 그리고 더욱 개인화된 디바이스로써 가능성을 보여 주기에 충분했다.

구글은 스마트폰 생태계를 구축한 방식과 동일하게 웨어러블OS를 통한 플랫폼 전략을 추진하고 있다. 2014년 3월 구글은 웨어러블 제품에 적용할 수 있는 OS인 안드로이드 웨어 디벨로퍼 프리뷰**Android Wear Developer Preview**를 공개하고 LG와 모토로라가 안드로이드 웨어를 탑재한 단말을 출시할 계획이라고 밝혔다. 안드로이드 웨어는 웨어러블 전용 OS로 사용자의 건강 지표 관리 등 헬스케어 기능이 포함되어 있는데, 가속센서로 기본 만보계 기능을 제공하고 기어라이브**GearLive**는 심박센서를 탑재해 심박수 측정도 가능하다. 안드로이드 웨어를 적용한 제품은 스마트폰과 연계해 스마트폰에서 제공하는 다양한 기능의 알림을 받는 것뿐만 아니라 스마트폰으로 측정할 수 없는 데이터를 센서를 통해 수집해 다양한 서비스를 제공할 수 있게 된 것이다. [61]

구글은 안드로이드 웨어를 통해 다양한 웨어러블 기기가 개발되면, 이들 기기에서 수집되는 데이터를 효율적으로 관리할 수 있는 플랫폼 개발이 필요했다. 2014년 6월 구글은 애플의 헬스킷**HealthKit**과 유사한 헬스케어 데이터 통합 관리 플랫폼인 구글핏을 구글 I/O를 통해 프리뷰를 공개하고 가을에 소프트웨어 개발 키트를 공개했다. 구글핏 플랫폼은 헬스 관련 앱에서 수집되는 데이터들을 수집, 처리, 분석할 수 있도록 통합된 플랫폼을 제공한다. 애플의 헬스킷과 유사하지만 의료 서비스와 구체적인 연계 계획이나 데이터를 종합적으로 보여 주는 앱이 별도로 없다는 차이점이 있다. 구글핏은 구글 ID와 연동해 복합적인 서비스 제공하고 나이키+, 눔Noom, HTC, LG 등의 업체와 제휴해 헬스 및 피트니스 데이터와 관련된 중앙 허브 역할을 담당한다.[62]

구글의 웨어러블 전략을 정리해 보면 웨어러블 기기를 제조할 수 있는 전용 OS와 이러한 OS를 적용해 만들어진 웨어러블 기기에서 수집되는 데이터를 처리, 분석할 수 있도록 하는 플랫폼을 공개해 다양한 웨어러블 기기 제조사와 애플리케이션 개발사들을 안드로이드 생태계 안으로 끌어들이려 하고 있다.

157

3. 아이비콘, 애플의 새로운 혁명 코드

지금의 애플은 스티브 잡스를 빼놓고는 얘기할 수 없는 기업이다. 스티브 잡스는 애플의 공동 창업자로 1976년 그의 부모님 차고에서 스티브 워즈니악과 로널드 웨인이 함께 컴퓨터 조립 키트인 애플I을 개발하면서 시작되었다. 하지만 1985년 CEO였던 존 스컬리와 경영권 다툼 끝에 잡스는 해고된다. 1997년 다시 애플에 복귀한 잡스는 회사를 장악하기 시작했고, 단순히 컴퓨터를 만드는 회사라는 이미지에서 벗어나기 위해 노력을 기울였다. 1980년대 중반부터 애플은 디지털 카메라, CD 플레이어, 스피커, PDA 등의 시장에도 진출하였으나 2001년 아이팟 **iPod**이 나오기 전까지는 누가 뭐래도 애플은 컴퓨터를 만드는 회사였다. 회사 상호도 2007년 애플**Apple, Inc.**로 변경하기 전까지 애플컴퓨터**Apple Computer, Inc.**를 사용했는데, 회사 상호만으로도 애플의 정체성을 알 수 있었다.[63]

하지만 애플은 현재 아이폰, 아이패드를 중심으로 한 모바일 회사로 변신에 성공했다. 2015년 1월 27일 발표된 애플의 2015년 1분기 실적에서 애플의 전체 매출 중 아이폰이 차지하는 비중이 69%이고 데스크톱 컴퓨터 매출이 불과 2%에 그친 점은 애플이 컴퓨터가 아닌 모바일 회사가 되었다고 하기에 충분한 설명이라 할 수 있다. 애플이 모바일 회사로 탈바꿈하는 데 성공한 가장 중요한 요소는 iOS를 중심으로 한 생태계 구축이라고 할 수 있다. 아이폰 제품 자체의 매력도 있었지만 아이폰을 더욱 가치 있게 만들어 준 것은 음악과 애플리케이션 등의 콘텐츠를 유통할 수 있는 아이튠즈와 앱스토어라고 할 수 있다.

iOS를 중심으로 모바일 회사로 거듭난 애플은 단순히 콘텐츠를 소비하는 기기와 콘텐츠 유통만을 하는 것에 그치지 않고 다시 새로운 혁신을 위한 준비를 하고 있다. 최근 아이비콘_iBeacon, 아이와치 등 사물인터넷 제품을 선보이며 그들의 새로운 혁신 전략 중의 하나가 사물인터넷이라는 간접적인 메시지를 느낄 수 있게 한다. 애플은 과연 사물인터넷에 대해 어떤 준비를 하고 있고, 어떤 전략적인 고민을 하는지 살펴보도록 하자.

아이비콘, 사물인터넷의 새로운 아이콘

2013년 아이비콘[4]이 처음 소개되었을 당시에는 크게 주목을 받지 못했었다. 하지만 아이비콘은 좁게는 애플의 오프라인 커머스 시장 진출, 넓게는 애플의 오프라인 사업으로의 진출이라는 큰 의미를 가진다. 애플은 아이비콘을 공개하기 전 이미 전자지갑(패스북_Passbook), IPS_Indoor Positioning System, 결제, 마케팅 및 프로모션을 위한 기술과 서비스를 확보해 나가면서 오프라인 커머스 시장으로 진출을 위한 준비 작업을 한 발짝씩 옮겨나가고 있었다. 이러한 준비 과정의 일환으로 오프라인 커머스 매장이라는 물리적인 장소를 모바일과 연결해 줄 수 있는 아이비콘을 내놓게 된 것이다.

아이비콘이 특이한 점은 애플이 아이비콘 제품을 직접 만드는 것이

---

4 아이비콘은 각 비콘마다 특정한 블루투스 신호를 송출하고 스마트폰은 이러한 블루투스 신호를 받아 특정한 앱을 실행시키거나 필요한 정보를 이용자에게 노출시킬 수 있다.

아니라 서드파티 기업들이 하드웨어와 서비스를 개발하고 애플은 인프라가 될 수 있는 소프트웨어 개발 키트와 플랫폼만을 제공한다는 점이다. 아마도 애플은 앱스토어에서 서드파티 개발사들과 함께하는 플랫폼의 엄청난 파급력을 직접 경험했기 때문에 아이비콘의 성공적인 확대를 위해 서드파티 개발사와 함께하는 플랫폼 전략을 선택했다고 판단된다.

오프라인 커머스 사업자들은 e커머스 사업자들과 경쟁하면서 시장을 계속해서 잠식당하고 있다. 오프라인 커머스 사업자들은 소비자들이 오프라인 매장에 오지 않고 집에서 e커머스 사이트에 들어가 클릭만으로 상품을 구매하거나 오프라인 매장에 방문을 하더라고 상품만 구경하고 구매는 온라인으로 하는 쇼루밍 현상 등으로 고민하고 있다. 이러한 고민에 빠져 있는 오프라인 사업자들에게 아이비콘은 새로운 돌파구를 열어 줄 수 있는 기술과 서비스로 다가왔다. 아이비콘은 오프라인 매장으로 고객을 유입할 수 있도록 할인 쿠폰 등으로 고객을 유도하고 방문한 고객들에게 쇼핑을 편리하게 할 수 있도록 다양한 정보를 제공하는 등 고객을 관리할 수 있는 서비스를 만들 수 있어 오프라인 사업자에게는 든든한 우군이 될 것이다.[64]

애플은 오프라인 커머스 사업자들을 지원할 수 있는 서비스를 개발했는데, 2012년 6월 iOS6를 소개하면서 공개한 전자지갑 서비스인 패스북이다. 패스북은 위치 정보를 이용해 패스북에 저장해 놓은 쿠폰과 티켓 등을 카드 형태로 보관하고 관리할 수 있고, 이와 관련해 알림 기능을 제공하는 전자지갑 서비스이다. 예를 들어 패스북에 스타벅스 카드를 저장해 놓으면 고객이 스타벅스에 방문시 패스북은 스타벅스 선불카드 및 사용할 수 있는 쿠폰 등을 알림을 통해 알려준다. 또는 스타벅스 매장 주변을 지나가는 경우 근처에 있는 매장에서 사용할 수 있는 쿠폰이 있다는 알림을 줄 수도 있다. 다른 사용 예로는 비행기티켓을 구매한 후 패스북에 비행기티켓을 저장해 두면 탑승 게이트 변경 및 공항에 도착했을 때 공항 게이트까지 가는 길을 안내해 주는 등의 서비스도 제공이 가능하다. 현재 패스북은 소프트웨어 개발 키트를 공개하여 서비스 개발자들은 전자지갑 기능을 활용한 다양한 서비스를 만들어 낼 수 있다.

아이비콘이 공개되었을 때 패스북과 아이비콘은 궁합이 너무 잘 맞는 서비스가 될 수밖에 없었다. 패스북은 GPS를 통해 위치 정보를 파악하는데, 실내의 경우 GPS가 제 기능을 못하는 경우가 많아 제 역할을 할 수 없었다. 하지만 아이비콘을 이용하면 실내 어디서라도 정확한 위치 값을 제공할 수 있고, 이러한 정보를 이용해 패스북을 적극 활용할 수 있도록 한다.

패스북 앱 이미지

자료 출처 : http://support.apple.com/ko-kr/HT5483

아이비콘을 구성하는 생태계는 크게 3개의 진영으로 구분할 수 있다. 첫 번째로 비콘을 매장에 직접 적용하는 브랜드 사업자아 소매업자가 있다. 두 번째 진영으로는 비콘 하드웨어 또는 비콘 기반의 마케팅 플랫폼/콘텐츠 매니지먼트 시스템을 공급하는 사업자이다. 두 번째 진영은 오프라인 커머스 매장에 고객 집객과 관리를 할 수 있도록 마케팅, 프로모션 및 로열티 프로그램을 제공하고 있는 샵킥Shopkick, 노미Nomi 등의 사업자가 대표적 예이다. 세 번째 진영으로 브랜드 또는 소매업자 등이 비콘 지원 서비스를 개발할 때 도움을 받을 수 있는 개발사와 에이전시이다. 브랜드 사업자는 아이비콘의 수요 주체로 세 번째 진영을 통해 직접 개발을 할 수도 있고 두 번째 진영이 만들어 놓은 서비스를 이용할 수 있다. 미국 백화점 브랜드인 메이시스Macy's, 의류 브랜드인 아메리칸 이글American Eagle 등의 사업자들이 아이비콘을 활용해 오프라인 매장에서의 새로운 서비스를 제공하고 있거나 구상 중에 있다.

미국 MLB 야구장에 iBeacon을 적용한 사례
자료 출처 : Mashable

아이비콘이 최초로 적용된 곳은 미국프로야구인 MLB의 뉴욕메츠 구장으로, 이를 시작으로 2014년에 20개 이상의 야구장으로 확대할 계획을 세웠다. MLB의 아이비콘 서비스는 프로야구 구장에 아이비콘을 설치해 야구장에 관객이 입장하면 자동으로 입장을 환영하는 화면이 스마트폰에 나타나고 관객에게 관람석 자리 위치를 스마트폰으로 알려준다. 이뿐만 아니라 관객이 야구경기를 관람하다 핫도그 가게를 방문하면 할인을 받을 수 있는 쿠폰을 푸시해 주고, 이를 점원에게 보여주면 스마트폰의 바코드를 스캔해 핫도그를 할인된 가격으로 먹을 수 있다. [65]

아이비콘의 야구장 시범 적용 이후 오프라인 커머스 사업자들의 자발적인 활용 사례도 나타나기 시작했다. 2013년 11월 미국의 백화점 체인점인 메이시스는 백화점 매장에 샵킥의 아이비콘을 도입했다. 그리고 같은 해 12월에는 애플 스토어, 2014년 1월에는 세이프웨이Safeway, 아메리칸 이글 그리고 2월에는 알렉스앤애니Alex & Ani Stores, 4월에는 테스코Tesco가 아이비콘을 활용해 다양한 서비스들을 내놓거나 테스트 중에 있다. 1년도 안된 시점에 커머스 분야에서 아이비콘이 빠르게 확장되고 있다.

영국의 대형 유통 체인점인 테스코는 2013년 10월 영국의 첼름스퍼드에서 '마이스토어Mystore'라는 쇼핑리스트 작성 및 할인 쿠폰 정보를 받아 볼 수 있는 앱을 테스트했다. 테스코는 2014년 4월에 테스트 중에 있던 마이스토어 앱에 아이비콘을 적용해 새로운 파일럿 테스트를 추진하고 있는 것으로 알려졌다. 테스코가 테스트하고 있는 서비스는 이용자가 집이나 직장 등에서 쇼핑리스트를 스캔하거나 품목 카테고리를 선택해 쇼핑 목록을 작성하고 테스코 매장에 방문하면 쇼핑 목록에 있는 물품의 위치를 스마트폰을 통해 정확히 알려주는 것이다. 뿐만 아니라 테스코는 온라인이나 모바일을 통해 구입한 물품을 가까운 테스코 매장에서 찾아가는 서비스에 아이비콘을 적용할 계획이다. 이 서비스는 온라인과 모바일로 물품을 구입한 고객이 테스코에 방문하면 매장에 설치된 아이비콘을 통해 고객이 방문한 사실을 직원들에게 자동으로 알려줌으로써 고객이 빠르고 편리하게 물품을 찾아갈 수 있도록 한다.[66]

아이비콘이 커머스 영역에서 매장 등에 다양한 서비스를 만들어 내고 있지만 다른 영역에서도 적용이 가능하다. 런치 히어Launch Here는 집 안에 있는 다양한 전자기기 또는 물건에 아이비콘을 부착해 놓고 사용자가 설치해 놓은 비콘에 접근하면 스마트폰에 설치되어 있는 특정 앱을 실행시킨다. 예를 들어 이용자가 냉장고에 비콘을 설치하고 냉장고 가까이에 가면 스마트폰에 미리 설치해 놓은 쇼핑 목록 작성 앱을 실행시켜 냉장고를 둘러보고 쇼핑할 목록을 추가할 수 있다. TV에 비콘을 설치하는 경우 이용자가 TV를 보기 위해 TV에 가까이에 가면 리모콘

Tesco의 Mystore 서비스 이미지
자료 출처 : Twinkle Magazine, 2014. 4.4

앱을 실행시켜 TV 채널을 돌리고 소리를 조절할 수 있다. 집에서 뿐만 아니라 학교에서도 아이비콘을 활용할 수 있는 서비스가 나왔는데 비히어**BeHere**는 교실에 학생이 들어오면 자동으로 선생님의 아이폰이나 아이패드에 어떤 학생이 출석을 했는지 파악할 수 있다. 선생님이 비히어를 이용해 출석을 체크하게 되면 수업시간에 출석을 부르는 시간을 줄일 수 있고 수업 중간에 도망치는 학생들을 자동으로 파악할 수 있다. 따라서 선생님이 수업에 집중할 수 있어 수업의 질을 높일 수 있다.[67]

아이비콘은 블루투스 통신 모듈을 탑재한 기술적으로 매우 단순한 사물인터넷 기기이다. 하지만 애플에게는 전략적으로 매우 큰 의미를 가질 수 있다. 애플의 아이폰 등의 디바이스를 특정한 장소와 연결해 다양한 서비스와 비즈니스의 기회를 제공한다. 즉 특정한 장소라는 물리적인 공간을 아이비콘을 통해 스마트폰과 연결시켜 주는 사물인터넷 기기이다. 이는 단순히 사물과 사람, 사물과 사물의 연결이 아닌 공간과 사람, 공간과 사물까지 연결을 확장하는 것이다. 이는 뒤에 솔루션 사업

165

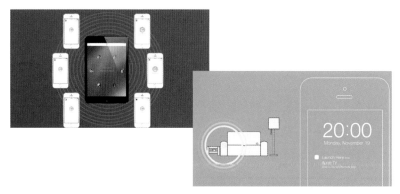

비콘을 활용한 출석 애플리케이션 비히어와 애플리케이션 호출 서비스 런치 히어
자료 출처 : TechCrunch, 2014.03.28, Launch Here 홈페이지

페이팔의 비콘을 활용한 결제 서비스
자료 출처 : PayPal Beacon YouTube

자 파트에서 설명할 시스코의 만물인터넷Internet of Everything까지 개념이 확대되는 것이다. 물론 비콘을 통해 특정 기기와 장소를 직접 조종하지는 못하지만 쉽고 저렴한 비용으로 사물이나 공간을 스마트폰 이용자와 연결시킬 수 있는 획기적인 방법이다. TV나 세탁기 등의 사물들이 모두 똑똑해져 다른 사물이나 사람에 직접 연결할 수 있다면 아이비콘을 이용한 연결은 무의미할 수 있다. 하지만 아이비콘은 기존에 우리가 사용하고 있는 사물들을 스마트폰과 연결해 준다는 점을 높이 살 수 있다.

이러한 비콘의 다양한 가능성을 알아챈 사업자들은 자신의 서비스에 비콘을 적극 활용하려고 노력 중이다. 제3자 결제 서비스를 제공하고 있는 페이팔PayPal은 2013년 테크크런치 디스럽트TechCrunch Disrupt 행사에서 비콘을 활용해 고객이 매장에 방문해 카드나 스마트폰 등의 결제 수단을 꺼낼 필요 없이 구매한 물건만 들고 오면 되는 결제 서비스를 소개하기도 했다.

국내에서도 비콘을 활용한 다양한 서비스들이 시도되었는데 2014년

3월 SK텔레콤은 분당 서울대병원에 비콘을 활용해 실내 내비게이션 서비스를 선보였다. 병원뿐만 아니라 2014년 4월에는 SK나이츠 홈구장에 비콘을 적용하고 5월에는 소규모 점포나 전시장, 경기장, 병원 등과 같은 대형 시설에서 활용할 수 있는 4종의 비콘을 출시했다.

SK플래닛은 2014년 6월부터 모바일 전자지갑 서비스인 시럽과 비콘을 연계한 서비스를 시작했다.

KT도 SPC 그룹과 제휴를 맺고 2015년 3월부터 강남역을 중심으로 비콘을 설치 운영하기로 발표했다. 이용자가 비콘이 설치된 SPC 그룹의 매장을 지나가면 매장에서 진행 중인 이벤트 쿠폰이나 다양한 정보를 제공받을 수 있다.[68]

국내 사물인터넷 업체인 어비팩토리는 비콘을 활용해 건물 내 화재 등의 재난 발생시 신속하고 효율적인 대처를 할 수 있는 재난 관리 시스템을 개발해 제공하고 있다. 어비팩토리 외에도 비콘보이, 워크인사이트 등 다수의 스타트업도 비콘의 가능성을 인식해 비콘을 활용한 마케팅 서비스를 개발해 판매하고 있거나 계획 중이다.[69]

애플, 헬스킷과 홈킷으로
사물인터넷 영역 확장

《포브스》가 2013년을 디지털 헬스Digital Health의 해가 될 것이라고 발표했을 정도로 IT 기술은 빠르게 발전해 가고 기존은 헬스케어 환경도 같이 시시각각 빠르게 변화하고 있다. 의료기기 분야 기업인 GE는 이러한 헬스케어 환경에 대응하기 위해 스타트업 헬스Startup Health와 협력해 건강 관련 제품 개발을 위한 엑셀러레이터 프로그램을 시작했다. 뿐만 아니라 IT 기업인 구글 역시 빠르게 변화하고 있는 헬스케어 시장에 진출하기 위해 구글핏이라는 헬스케어 관련 플랫폼을 공개하고 노화 관련 문제를 해결하기 위한 칼리코Calico를 설립해 연구 중이다. 헬스케어 시장을 둘러싸고 기존의 헬스케어 사업자들과 신규 진입 사업자인 플랫폼 사업자들이 서로 치열하게 경쟁을 벌이고 있다.[70]

애플 역시 2014년 6월 WWDC 2014에서 헬스킷과 헬스Health 앱을 공개하면서 헬스케어 시장 진출에 대한 의지를 드러냈다. 애플의 헬스킷이 헬스케어 플랫폼으로써 주목을 받는 요인 중 하나는 캠브리지 대학병원, 스탠포드 대학병원, 메이요 클리닉, UCLA 메디컬 센터와 같은 의료 기관과 전자건강기록Electronic Health Record:EHR 사업자인 에픽 등과 파트너십을 맺고 건강 관련 데이터 관리와 기존 의료 시스템을 통합했다는 점이다. 구글핏과 비교해 애플의 헬스킷은 의료기관과의 파트너십으로 한 발 이상 앞선 경쟁력을 가졌다.

헬스킷과 같이 공개한 헬스라는 단일 앱은 각종 기기 등에서 수집된 데이터를 통합 관리해 이용자가 스마트폰을 통해 볼 수 있다. 헬스 앱은 건강 상태를 요약 제공하는 대시보드와 헬스 데이터를 저장 및 관리 할 수 있는 마이 헬스My Health, 디바이스 앱, 데이터 연동, 관리 권한 설정이 가능한 소스Sources, 응급상황에서 사용자의 의료 정보를 파악할 수 있는 메디컬 아이디Medical ID 등으로 구성되어 있다.

구글도 구글글래스를 통한 수술 사례와 구글핏, 당뇨병 환자의 혈당을 측정하는 콘택트렌즈 개발을 발표하는 등 다양한 제품과 플랫폼으로

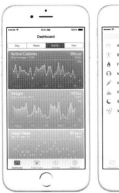

애플의 헬스 앱 서비스

자료 출처 : 애플 홈페이지 (www.apple.com/ios/whats-new/health/)

헬스케어 시장 진입을 시도하고 있다. 하지만 애플의 헬스킷과 헬스 앱은 기존에 스마트폰에서 제공하던 헬스케어 관련 모바일 서비스와 제도권 의료 시스템의 데이터를 하나로 통합했다. 이를 통해 아이폰과 아이패드를 허브로 개발사들이 헬스 및 휘트니스 정보를 헬스킷 플랫폼을 통해 쉽게 수집, 분석, 보고할 수 있게 됨에 따라 헬스케어 분야에서 다양한 사물인터넷 제품들이 애플의 헬스킷 플랫폼을 통해 개발되고 서비스 될 것으로 예상된다.

2014년 6월 WWDC에서 애플은 헬스킷과 함께 홈킷을 공개하면서 사물인터넷에 대한 강한 의지를 확인할 수 있었다. 특히 2014년 1월 구글의 네스트랩스 인수와 2014년 6월 드롭캠 인수 등과 같이 경쟁자의 스마트홈 분야의 발 빠른 움직임이 포착되면서 모든 사람들은 애플의 스마트홈 전략에 대해 궁금해 할 수밖에 없었다. 구글은 온도 조절장치와 연기 감지 장치, 감시카메라 등의 업체를 인수해 사용자의 이용 패턴과 데이터를 기반으로 자동으로 온도를 조절하고 집 안에 문제가 발생하는 경우 드롭캠과 연계해 모니터링 및 상황을 촬영해 저장하는 스마트홈 서비스를 제공하고 있다. 즉, 이용자의 데이터 수집과 분석을 기반으로 보다 개인화되고 편리한 스마트홈을 구축하려는 전략을 추진하고 있다.

반면 애플의 홈킷을 살펴보면 구글과 다소 다른 스마트홈 접근 전략을 보인다. 홈킷은 블루투스 또는 와이파이로 가전제품과 iOS를 통합시켜 스마트홈을 제어하는 통합 제어 플랫폼이다. 예를 들면 아이폰의 시리에게 집 안 가전제품의 동작을 명령하면 가전제품은 명령에 따라 작동한다. 즉 아이폰과 아이패드를 허브로 주변 기기 제어를 하는 데 포커스를 맞추고 있다. 이러한 점이 구글의 데이터를 중심으로 한 개인화된 스마트홈 전략과 큰 차이라 할 수 있다.

홈킷이 발표되고 2015년 1월에 열린 CES2015에서는 애플이 직접 행사에 참여하지는 않았지만 애플의 홈킷을 적용한 제품이 다수 소개되어 관심을 받았다. 행사가 개최되기 전부터 하니웰, 필립스, 하이얼 등의 대형 제조사들이 홈킷을 활용한 자동 온도조절 제품과 스마트 조명 등을 내놓을 것으로 알려졌으며, 아이홈iHome과 아이디바이스iDevice와 같은 스타트업들은 아이폰을 통해 제어가 가능한 스마트플러그SmartPlug와 스위치를 전시했다.

애플 와치, 모두가 기다리던 웨어러블의 끝판왕

2014년 9월 9일 애플은 스페셜 이벤트를 통해 새로운 아이폰 시리즈

심박.

화면을 두 손가락으로 누르면, 내장돼어
있는 심박 센서가 두근거림을 읽어
보내줍니다. 당신의 마음을 전달할 수 있는
간단하지만 각별한 방법이죠.

2015년 판매 예정인 애플 와치
자료 출처 : 애플 홈페이지

인 iPhone6와 iPhone6 Plus를 공개했다. 하지만 이 이벤트에서 단연 주목을 받은 제품은 애플 와치**Apple Watch**였다. 애플 와치는 심박수 등의 생체 정보와 사용자의 활동을 트래킹할 수 있을 뿐만 아니라 NFC를 통한 결제 기능도 가졌다. 애플 와치에 대한 세간의 기대감은 높아져만 갔다. 이러한 기대감은 다양한 기능과 기술에만 머무는 것이 아니라 애플이 가장 자신 있는 애플만의 디자인과 감성이 그대로 담겨 있는 웨어러블 제품이라는 점에서 더욱 기대를 갖게 만들었다. 기존의 투박하고 기능 중심의 웨어러블 제품과는 다르다는 대중들의 믿음과 신뢰가 크게 작용했다.

애플 와치는 바디 케이스에 따라 3가지 종류로 출시되는데 18K 금으로 만들어진 애플 아치 에디션, 알루미늄 소재로 강도를 높이고 무게를 경감시킨 애플 와치 스포츠, 스테인레스 소재의 애플 와치이다. 또한 손목 밴드도 가죽, 금속 등의 소재로 6가지 타입의 18가지 색상으로 제공해 애플 와치를 이용하는 사람들은 자신의 취향에 맞춰 착용할 수 있다. 손목이 굵은 남성과 가는 여성과 청소년 등을 고려해 디스플레이 크기도 38mm와 42mm 두 가지로 출시되었다.

디자인 측면에서 특이한 점은 기존의 시계에서 사용하던 용두 모양의 인터페이스 장치인 디지털 크라운**Digital Crown**을 적용해 작은 화면을 가리지 않고 메뉴 선택 및 화면 확대 축소 등을 조작할 수 있도록 했다. 애플 와치는 2015년 3월에 샌프란시스코에서 열린 스프링 포워드 행사에서, 4월에는 미국, 호주, 중국, 일본, 영국 등 9개 국가에 1차 출시한다고 공식적으로 발표했다.[71]

구글은 웨어러블 전용 OS인 안드로이드 웨어를 공개하고 다양한 제조사들이 안드로이드 웨어를 적용해 스마트와치를 만드는 반면 애플은 자신이 직접 제품까지 개발해 판매하는 전략을 취하고 있다. 이는 구글과 애플의 스마트폰 전략을 그대로 옮겨놓은 듯한 모습을 보이는데, 애플은 기기 제조사 기반으로 플랫폼 사업을 추진하고 구글은 소프트웨어와 서비스 기반의 플랫폼 전략이 중심이기 때문이다.

애플은 자신이 제조한 디바이스들을 많이 판매해야만 하기 때문에 궁극적으로 디바이스의 가치를 높여야만 한다. 다양한 방법으로 디바이스의 가치를 올릴 수 있겠지만 아이폰과 애플 와치를 통해 애플의 다양한 제품들과 연동시키고 자동차, 가전제품 등의 다양한 기기와 연결되어 기기들을 제어할 수 있는 허브의 역할을 하면서 그 가치를 더욱 높이고 있다.

왜 애플은 시계 형태의 웨어러블 제품을 개발했을까? 그 답은 구글글래스와 비교해 보면 쉽게 알 수 있다. 구글은 안경 형태의 웨어러블 제품인 구글글래스를 개발해 일반인에게 판매까지 했었으나 착용했을 때의 미관적인 측면 및 배터리 등의 기술적 측면 그리고 사생활 침해와 같은 사회적인 문제 등으로 인해 결국 프로젝트 및 판매 중단을 선언했다. 아직 초기 시장인 웨어러블 시장에서 안경 형태의 혁신적인 제품은 그 장점보다는 단점이 많았음을 보여주는 좋은 예일 것이다. 애플은 이러한 시장 환경과 기술적 환경을 고려해 시계 형태의 제품인 애플 와치로 웨어러블 시장에 발걸음을 들여놓은 것으로 보인다.

스마트카, 애플의 끝없는 도전

애플의 스마트카 시장 진출 전략은 두 가지로 정리할 수 있다. 기존의 자동차 사업자들과의 협력 전략 그리고 기존 사업자들과 경쟁을 하는 전략이다. 기존 자동차 사업자들과의 협력 전략은 아이폰, 아이패드와 같은 스마트 모바일 기기를 자동차 사업자와 협력해 자동차에서도 이용할 수 있도록 하는 기존 기기의 사용성을 확장하는 방식이다.

운전 중에 스마트폰과 같은 기기를 조작하는 일은 안전상 매우 위험하다. 따라서 자동차에서도 스마트폰 기능을 안전하게 사용할 수 있도록 하는 것이 사용성 확대의 핵심이 될 것이다. 이러한 사용성 확장 측면 전략의 일환으로 애플은 2012년 6월 WWDC에서 시리 아이 프리 서비스를 공개했다. 시리 아이 프리는 아우디를 비롯해 쉐보레, BMW 등 9개 자동차 제조사와 파트너십을 맺고 자동차 핸들의 음성제어Voice Command 버턴을 누르면 작동하고 음성을 통해 자동차 내 인포테인먼트

애플의 카플레이
자료 출처 : 애플 카플레이 홈페이지

Infotainment 시스템을 제어 할 수 있는 서비스이다. [72]

이듬해인 2013년 6월 WWDC에서는 에어플레이**AirPlay**를 활용한 iOS 인 더 카**iOS in the Car** 기능이 소개되었는데 iOS7이 탑재된 기기로 에어플레이를 활용해 스마트폰의 화면과 기능 등이 자동차의 대시보드에 디스플레이되는 방식이다. 가장 최근인 2014년 3월 애플은 제네바 모터쇼에서 11개 자동차 제조사와 파트너십을 맺고 카플레이를 공개했다. 운전 중 전화번호부 검색, 전화걸기, 문자 메시지 확인, 부재중 전화 확인 등의 기능을 제공하고 애플 지도를 통해 네비게이션 서비스와 교통 정보를 제공받을 수 있다. [73] 카플레이는 애플 제품을 자동차에서도 사용할 수 있도록 해 애플 기기의 사용 확장성 측면에서 가치를 높이고 완성차 입장에서는 운전자가 사용하던 스마트폰을 자동차에서도 편리하게 사용할 수 있게 한다는 점에서 서로 윈윈하는 전략이다. 현재 카플레이는 애프터마켓 업체인 파이오니어**Pioneer**와 알파인**Alpine**이 참여하고 총 31개 자동차 업체와 파트너십이 확대되었다. [74]

두 번째 전략인 자동차 사업자와의 경쟁 전략은 애플이 직접 자동차를 생산함으로써 기존 자동차 사업자와 정면 승부를 하는 전략이다. 2015년 2월 애플이 전기자동차를 개발한다는 소식이 내외신 언론을 통해 알려지면서 대중의 관심이 매우 뜨거웠다. 애플의 자동차 개발에 대한 관심은 2012년 삼성전자와의 소송과 애플의 임원이었던 미키 드렉슬러를 통해 알려지기 시작했다. 특히 미키 드렉슬러가 스티브 잡스는 생전에 자동차 개발을 꿈꿨다고 언급하면서 애플의 자동차 시장 진출 가능성이 점쳐지기 시작했다.[75]

애플은 공식적으로 전기자동차 개발을 통한 자동차 시장 진출에 대해서 함구하고 있지만, 자동차 개발을 위한 준비 상황이 다양한 증거를 통해 포착이 되고 있다. 미국의 전기자동차 업체인 테슬라$_{Tesla}$의 CEO인 엘론 머스크$_{Elon\ Musk}$는 애플이 테슬라의 기술자를 빼앗아 가고 있다고 인터뷰하기도 했다. 또한 애플이 전기차 배터리 제조업체인 A123 시스템스$_{A123\ Systems}$의 핵심 기술자를 영입해 가면서 불공정 경쟁 위반으로 고소당한 사건과 지난 1년 반 동안 자동차 관련 특허를 290개나 출원한 움직임은 애플이 전기차 개발을 추진 중에 있다는 사실을 짐작할 수 있게 했다.[76]

애플은 2014년 12월 기준으로 약 1800억 달러에 달하는 현금을 보유하고 있는 등 전기자동차 개발을 위한 충분한 자금도 확보하고 있는 것으로 알려져, 애플의 자동차 개발 루머가 사실이라는 데 힘을 실어주고 있다. 블룸버그는 애플의 자동차 프로젝트를 '프로젝트 타이탄'이라고 소개하며 2020년 전기차를 양산할 계획이라고 보도하면서 애플의 자동차 개발에 대해 강하게 확신을 가졌다.[77]

애플에게 자동차는 전략적으로 어떤 의미일까? 애플의 탄생 시점으로 거슬러 올라가보면 이러한 전략적 의미를 찾을 수 있다. 애플은 컴퓨터를 개발해 판매하는 회사로 출발했다. 이후 컴퓨터가 아닌 MP3 제품인 아이팟, 스마트폰인 아이폰, 태블릿 PC인 아이패드 등의 다양한 전자기기를 선보이며 제2의 전성기를 달리고 있다. 디지털 음악 세상을 전망한 애플은 MP3를 만들었고 손안의 컴퓨터 시대를 예상하고 휴대용 전화기를 컴퓨터 수준의 기기로 업그레이드시켜 스마트폰을 만들어 냈다.

　IT 기술이 자동차 시장에서 점차 중요한 비중을 차지함에 따라 자동차의 차별화 경쟁력이 내연기관 등의 기계적인 성능만이 아니라 IT 기술에서도 나올 수 있는 가능성이 높아졌다. 따라서 애플과 구글 등의 IT 관련 사업자들이 자동차에 관심을 가지고 시장 진출을 위한 도전을 하는 것은 어찌 보면 당연한 일이라 생각할 수 있다. 특히 전기자동차의 경우 기존 자동차 업체가 보유한 내연기관 등의 기술 역량이 중요한 것이 아니라 배터리와 모터 기술이 중요 기술로 작용하기 때문에 전기자동차 개발을 통해 자동차 시장에 진입하는 전략을 선택한 것으로 보여진다. 물론 미래에 환경오염 등 사회적 이슈와 그린에너지의 부각 등 이

샌프란시스코에서 촬영된 애플의 테스트 중인 전기자동차 밴 사진
자료 출처 : ClayCord, UPDATE with PICS/VIDEO: The Mystery Van Driving Around Claycord, 2015.02.03

슈도 염두해 두었을 것이다.

　애플은 인포테인먼트 기능을 제공하는 카플레이를 통한 자동차 사업자와 협력 전략과 전기자동차를 생산 판매해 자동차 사업자들과 경쟁을 하는 전략을 통해 자동차 영역의 사물인터넷에 도전하고 있다. 이러한 두 가지 전략 모두 구글과 직접적으로 경쟁하게 되는 영역이다. 하지만 구글은 단순 인포테인먼트를 넘어서 자동차 시스템의 소프트웨어 플랫폼으로써 안드로이드가 적용되는 모습을 그리고 있다. 또한 구글은 자동차 정보 수집과 분석 분야의 강력한 장점을 살린 무인자동차와 같은 데이터를 기반으로 한 자동차 개발에 초점을 맞추고 있어 사람이 주로 운전하는 형태의 전기자동차 개발에 초점을 맞출 것으로 예상되는 애플과는 다소 차이점을 보일 것으로 판단된다.

4. 스마트 커머스에 도전하는 아마존

펀드매니저였던 제프 베조스는 인터넷 사용량이 연간 200~300%나 성장하는 것을 본 후 인터넷 세상의 가능성을 예견하고 1994년 회사를 설립하고 1995년 온라인 서점으로 아마존_{Amazon}을 출발시켰다. 이후 판매 제품 영역을 서적에서 확장해나가 1997년에는 DVD, 음악 CD, 옷, 가구, 장난감, 컴퓨터 소프트웨어 등의 상품도 취급했다. 현재 아마존은 신선식품까지 상품 영역을 확대해 거의 취급하지 않는 품목이 없을 정도로 만물상이 되었다.[78]

제프 베조스는 2004년 애플과 팜_{Palm} 출신 엔지니어를 모아 Lab126을 설립해 전자책과 같은 디지털 콘텐츠를 소비할 수 있는 기기를 개발해, 2007년 11월에 드디어 전자책 기기인 킨들_{Kindle}을 출시했다. 킨들은 아마존에게 새로운 사업 기회를 열어준 하나의 전환점이 되었다. 킨들의 영향으로 2010년 10월 아마존의 이북 판매량은 종이책 판매량을 추월했다.

2011년 11월에는 전자책만이 아닌 비디오, 음악 등의 콘텐츠를 이용할 수 있는 태블릿 기기인 킨들 파이어_{Kindle Fire}도 출시했다. 이 당시 태블릿 시장은 애플의 아이패드가 독점하고 있었는데 아이패드와 비교해 매우 저렴한 가격(199달러)으로 출시된 킨들 파이어는 출시 한 달 만에 아마존닷컴에서만 85만 대가 판매(모든 채널을 통해서는 약 200만 대 판매 추정)되면서 애플을 긴장시키기도 했다.[79] 2010년 4월에 출시된 애플의 아이패드가 두 달간 약 200만 대를 판매한 것과 비교해 아마존의 킨들 파이어 판매량은 애플의 태블릿 시장 독주를 위협하기에 충분

했다.[80]

아마존은 킨들 파이어를 출시하기 전인 2011년 3월에 자체 안드로이드 앱스토어를 만들었다. 그 당시 놀랄 만큼 저렴했던 킨들 파이어의 가격 전략을 고려해 볼 때, 하드웨어는 이윤 없이 고객에게 판매하고 아마존의 비디오와 음악, 애플리케이션, 인터넷 쇼핑 등을 킨들을 통해 소비함으로써 수익을 확대하려는 전략이었다. 킨들 제품은 아마존이 판매하는 실제 상품과 디지털 상품을 고객과 이어주는 채널로써 아마존의 전략은 성공적이었다. 따라서 아마존이 킨들 파이어를 출시하기 전에 앱스토어를 구축하는 등의 준비는 아마존만의 생태계를 만들기 위한 철저한 준비 과정이었던 것이다.

아마존은 태블릿에 이어 2014년 6월 자체 스마트폰인 파이어폰FirePhone을 개발해 공개하기에 이른다. 아마존은 파이어폰을 공개하면서 파이어플라이Firefly 검색 기능을 같이 공개했는데 시청하고 있는 TV 프로그램이나 흘러나오는 음악을 파이어플라이로 검색하면 아마존에서 음악과 비디오를 시청할 수 있도록 검색해 준다. 또한 물건이나 바코드를 사진으로 직접 찍으면 해당 상품을 검색해 아마존에서 구매할 수 있도록 연결해주고 길거리의 간판을 파이어플라이로 촬영하면 오프라인 가게 정보를 확인할 수도 있다.[81] 아마존의 Lab126은 킨들 개발 이후 태블릿, 스마트폰과 같은 모바일 기기에서 아마존 대시Amazon Dash, 에코Echo 등의 사물인터넷 기기를 출시해 아마존 고객을 온라인 쇼핑과 디지털 스토어로 끌어들여 소비를 촉진하고 있다.

아마존 대시,
스마트한 온라인 식료품 쇼핑의 시작⁽⁸²⁾

　2007년 8월, 아마존은 자회사로 아마존프레시_{AmazonFresh}를 설립해 시애틀을 시작으로 본격적으로 식료품 사업을 출범했다. 2013년 6월에는 아마존프레시는 로스엔젤러스로 서비스 지역 확대를 발표하면서 35달러 이상 구매하는 아마존프레시 고객에 한해 '무료 당일 및 아침 배송' 서비스를 시작했다.

　아마존프레시 고객은 '아마존 프라임 프레쉬_{Amazon Prime Fresh}'에 가입해야만 하는데, 연 299달러의 아마존 프레시 회비를 내면 아마존 프라임⁵ 서비스를 그대로 이용할 수 있고, 횟수에 제한 없이 신선한 식료품을 당일 아침에 무료 배송 받을 수 있는 것이 특징이다. 현재 시애틀, 로스앤젤레스, 샌프란시스코 지역 등에서 서비스를 제공 중이다.

　아마존프레시 서비스의 지역 확장을 발표하면서 아마존은 '당일 아침에 신선한 식품을 배송 받으세요.'라는 슬로건을 내세웠다. 당일 배송 시스템을 위한 물류 유통망 구축에 누구보다 공을 들여온 아마존의 고객가치를 알 수 있는 대목이다. 더욱 재미난 사실은 2014년 4월 초, 바코드 스캐닝과 음성 지원 기반의 식료품 주문 사물인터넷 기기인 아마존 대시를 발표한 것이다.

　아마존 대시는 아마존프레시 가입 고객에 한해 제공되고 있다. 현재 아마존프레시를 통해 주문/구매 가능한 식료품을 포함 상품의 가지 수

180

5　아마존 프라임은 99달러를 지불하면 아마존 프라임이라고 표시된 상품을 수량과 횟수에 제한 없이 무료로 배송(미국내 배송 기준으로 2~3일 정도 소요) 서비스를 제공하고, 아마존의 비디오 스트리밍 서비스 등을 무료로 이용할 수 있는 유료 연간 회원 서비스이다.

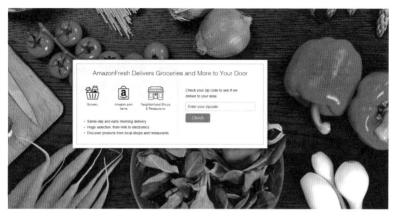

아마존프레시 홈페이지
자료 출처 : 아마존프레시

는 약 50만 개 이상인데, 집 안에 아마존 대시를 가지고 있다가 필요한 물건의 바코드를 대시로 스캐닝하거나 음성으로 간단히 제품 이름을 말하는 것만으로 와이파이를 통해 자동으로 해당 상품 내역이 아마존프레시 쇼핑 목록에 바로 추가된다. 이용자는 주문 내역을 확인한 후, 결제 버튼을 클릭하면 당일 배송 시스템에 의해 아침에 신선한 식료품을 받을 수 있다.

아마존 대시의 출시는 무려 8년에 걸쳐 차분히 준비해온 것으로, 아마존의 '식료품' 사랑을 보여주기에 충분하다. 이러한 아마존의 식료품에 대한 관심은 어디에 기인한 것일까? 일반 소비자가 온라인이나 모바일에서 구매를 주저하는 상품 중 하나가 식료품이라는 사실은 아마존이 왜 아마존프레시에 집착하는지를 보여주는 좋은 대목이다. 미국 내에서 가장 온라인 쇼핑이 저조한 영역이 바로 식료품 영역으로 조사되었다. 식료품 영역이 소비자의 외면을 받는 가장 큰 원인 중 하나는 신선도 유

아마존 대시

자료 출처 : https://fresh.amazon.com/dash/

지에 대한 불확신 때문일 것이다. 식료품의 특성상 신선도 유지에 대한 불확실성이 제거되지 않는 한, 식료품을 온라인에서 구매하기 보다는 좀 멀리 있어도 직접 월마트에 가서 구매할 확률이 높다. 식료품의 신선도 유지는 가족의 건강과도 직결되어 있기 때문이다.

아마존은 아마존 대시 이후에 2015년 3월 31일 아마존 대시 버튼 **Amazon Dash Button**을 출시했다. 아마존 대시 버튼은 물품을 주문할 수 있는 단추가 있는 작은 크기의 사물인터넷 기기로 벽이나 세탁기 등의 물품에 붙였다 뗄 수 있도록 되어 있다. 예를 들어 세탁기 옆에 아마존 대시 버튼을 붙여두고 세제가 떨어졌을 때 아마존 대시 버튼을 한 번만 누르면 자동으로 아마존에 세제를 주문하고 결제, 배송까지 한 번에 끝낼 수 있다. 아마존 대시 버튼은 아마존의 원클릭 결제, 아마존 대시를 결합한 형태의 서비스로 주문 버튼만으로 결제까지 연결된다. 현재는 256개 생필품과 제휴해 물품을 주문할 수 있고 아마존 프라임 회원을 대상으로

아마존 대시 버튼
자료 출처 : 아마존 대시 버튼 공식 사이트

파일럿 테스트 중에 있다. 아마존 대시 버튼을 사용하기 위해서는 와아파이와 연결 후 아마존 앱을 통해 해당 아마존 대시 버튼이 구입할 상품을 설정하기만 하면 이후부터는 버튼 한 번만 누르면 주문이 자동으로 된다. 주문이 될 때 스마트폰으로 주문 알림을 주기 때문에 잘못된 주문은 쉽게 취소할 수도 있다. 《월스트리트 저널》은 아마존은 사물인터넷 기술을 이용해 쇼핑을 자동화하고 있으며, 대시 버튼은 이런 시도의 첫걸음이 될 것이라고 했다. 이제는 밖에 나가 생필품을 주기적으로 쇼핑해 집에 여분을 쌓아 놓고 사용할 필요 없이 집에서 필요할 때마다 주문할 수 있게 된 것이다. 오프라인 소매상들은 이러한 아마존의 적극적인 사물인터넷 활용에 긴장을 하지 않을 수 없을 것이다.

드론과 로봇,
아마존 물류와 배송에 날개를 달다

아마존이 e커머스 시장에서 경쟁력을 확보할 수 있었던 요인 중 하나는 빠른 배송을 빼놓을 수가 없다. 아마존은 빠른 배송을 위해 물류창고 시스템 혁신과 배송과 관련해 다양한 시도를 하고 있는데, 대표적인 시도가 바로 물류 로봇과 드론이다.

아마존은 2012년 3월에 7억 5000만 달러를 지불하고 키바 시스템즈 **Kiva Systems** 사를 인수했다. 키바 시스템즈는 창고에 운반 로봇 시스템을 제공해 물류 자동화를 할 수 있도록 돕고 있다. 키바의 로봇은 4개의 바퀴가 달린 파렛트 형태로 최고 750 파운드의 화물을 실어 나를 수 있다. 키바 로봇은 물류창고에서 재고를 찾아 운반하고, 재고를 재배치하는 데 활용되는데, 2013년 3분기에 아마존의 3개 창고에서 1400대가 운용되고 현재는 10여 개 센터로 확대되어 활용 중에 있으며, 아마존의 물류 센터 중 하나인 트레이시 센터에서만 3000대의 키바 로봇이 일하고 있다.[83]

아마존의 키바 로봇
자료 출처 : Amazon.com

아마존의 무인 배송 드론 '프라임 에어'
자료 출처 : Amazon.com

키바 로봇은 주문 처리 속도가 사람의 2~3배나 빠른 것으로 알려져 있다. 키바 로봇 시스템을 설치하는 경우에 비용 측면에서도 물류창고에서 기존에 사용하던 컨베이어벨트 시스템보다 저렴해 20%의 비용을 절감할 수 있었다. [84] 아마존은 향후 키바 로봇을 다른 물류센터에도 적극적으로 도입해 나갈 것으로 전망된다.

아마존은 물류창고에만 로봇을 적용한 것이 아니라 배송 부문에서도 드론을 이용해 고객이 구매한 상품을 배송할 계획을 가지고 있다. 아마존은 2013년 12월 아마존 프라임 고객이 상품을 주문하면, 고객과 가장 가까운 배송센터에서 드론을 활용해 2.3kg 이내의 물품을 소비자 집으로 30분 내에 배송하려는 계획을 발표했다. 아마존은 이를 위해 드론에 특화된 '프라임 에어 Prime Air'팀을 구성하고 비행 테스트를 지속적으로 하고 있다. 하지만 2015년 2월 15일 미국의 FAA는 상업용으로 사용할 수 있는 드론의 무게를 25kg으로 제한하고 비행 고도도 500피트로 제한하는 기준을 발표했다. 뿐만 아니라 상업용 드론 기준을 TV프로그램과 영화 촬영, 농경지 조사, 교량 검사 등으로 제한해 아마존의 드론을 이용한 배송 서비스 계획에 다소 제동이 걸렸다. [85] 아마존은 이러한 기준에 불만을 가지고 정부에 로비와 협상을 통해 드론을 이용한 배송을 실현하기 위해 노력할 것으로 예상된다.

아마존의 신념 중 하나는 무엇을 파느냐의 문제가 아니라, 어떻게 파느냐가 중요하다는 점이다. e커머스 이용 고객의 핵심 가치 명제 중의 하나인 저렴한 가격도 중요하지만 '속도'가 점차 더 중요해지고 있다. 2일 내 배송, 연간 79달러의 회비(현재는 99달러)를 중점가치로 내건 아마존 프라임 서비스를 시작한 이유도 점점 더 속도가 중요해졌기 때문이다. 아마존프레시는 아마존 프라임 서비스의 혜택을 그대로 계승하고 있는데, 당일 배송이라는 속도의 가치를 더 넣음으로써 오프라인에서 식료품을 구매하던 고객에게 온라인을 통한 구매로 경험을 유도할 수 있게 되었다. 향후 아마존은 이러한 속도를 강화하기 위해 물류에 키바 로봇을 확대 적용해 물류를 효율화하고 드론을 적극적으로 활용할 것으로 보인다.

186

에코, 우리 집에 로봇 비서가?

아마존은 2014년 11월 가정용 로봇 에코를 발표했다. 에코는 사람이 음성으로 명령을 지시하면 음악, 뉴스, 날씨 등의 정보를 알려주는 가정용 비서 로봇이다. 에코를 작동 하려면 우선 알렉사_{Alexa}라고 부르고 음성 명령을 실행하면 된다. 에코에는 블루투스 스피커가 적용되어 있어 음성으로 정보를 알려주거나 음악 등을 재생할 수 있다. 또한 에코에 쇼핑리스트나 할일 등을 음성으로 작성해 놓으면 사용자에게 설정한 시간에 맞춰 알림을 준다. 에코는 AWS 클라우드 기반으로 작동하는데 사용자가 더 많이 사용할수록 사용자의 언어 패턴, 단어, 개인 취향 등에 대

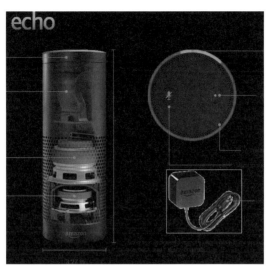

아마존의 가정용 로봇 에코
자료 출처 : Amazon.com

해 더 많이 습득하게 되어 보다 똑똑하게 서비스를 제공하게 된다.

아마존의 스마트 쇼핑 전략은 마치 트로이의 목마를 연상시킨다. 아마존은 킨들을 매우 저렴한 가격으로 앞세워 이용자에게 공급하고, 킨들을 구매한 이용자는 자신도 모르게 아마존의 상품과 콘텐츠를 예전보다 더욱 많이 소비하게 된다. 스마트 쇼핑을 위한 사물인터넷 기기인 아마존 대시와 에코 역시 킨들과 같은 맥락에서 아마존판 트로이의 목마이다. 대시와 에코를 집에 들여 놓는 순간 이용자는 쉽게 쇼핑리스트를 작성해 물품을 주문할 수 있고, 간단히 음성 명령만으로 아마존의 음악을 검색하고 아마존의 음악 서비스를 이용할 수 있게 된다.

이제, 커머스는 '옴니채널' 전쟁

옴니채널Omni-Channel 전략이란 여러 개의 채널을 전체 채널 관점으로 바라보고, 각 채널을 유기적으로 결합하여 소비자에게 일관성 있고 끊김 없는 서비스를 제공하는 것을 의미한다. 즉, 오프라인 매장, 온라인 사이트(웹, 모바일, 소셜미디어), TV, 카탈로그 등 단순히 여러 개의 채널을 운영하는 멀티 채널을 넘어 각 채널을 통합적으로 관리함으로써 일관된 고객 경험을 제공하는 것이다.

국내는 롯데쇼핑이 옴니채널 관련 운영위원회를 꾸려 백화점, 마트, 편의점, 홈쇼핑, 인터넷/모바일 쇼핑몰 등 롯데의 모든 유통 채널을 유기적으로 연결해 고객이 하나의 매장에 있는 것과 같은 경험을 제공할 계획이다. 롯데의 옴니채널 서비스는 스마트폰으로 롯데마트몰 쇼핑 후 급한 일로 인해 집에서 배송을 못 받게 되면 집 근방에 있는 편의점에서 구매한 상품을 찾을 수 있도록 하는 서비스부터 시작해 롯데월드몰에서 스마트폰을 통해 매장 위치를 안내 받고 매장에 방문하면 스마트폰을 통해 할인쿠폰을 받을 수 있는 서비스도 고려중이다. [86] 한국 유니클로는 카카오플러스 친구를 활용해 유니클로를 친구로 등록한 이용자에게 카카오톡 광고 메시지를 받고 이를 스마트폰으로 구매하는 경우 할인을 해주고, 매장에 직접 방문하는 경우도 할인을 받을 수 있는 옴내채널 이벤트를 시행했다. [87]

옴니채널 전략은 좁은 의미로는 저렴한 가격을 내세우는 인터넷 소매상에 위협받고 있는 전통적인 오프라인 소매상의 생존 전략을 의미한다. 하지만 넓은 의미에서 옴니채널을 구현한다는 것은 최종 구매 채널

옴니채널의 구조

을 어디서 하느냐 보다 전 채널이 끊김 없는 서비스로 연결되고, 각각의 단계(서칭 – 구매 – 포인트 적립 – 리워드 – 고객관계관리CRM 등) 별로 데이터도 연계시키는 것으로 해석할 수 있다.

좀 더 전략적인 측면에서 아마존의 e커머스 플랫폼 전략의 테두리 안에서 아마존 대시와 에코를 살펴보면 옴니채널 전략을 구사하려는 아마존의 전략 관점에서 해석해 볼 수 있다. 아마존은 오프라인 사업자가 아닌 온라인 사업자이지만 사물인터넷 채널을 통해 오프라인에서의 끊김 없는 서비스를 제공하는 옴니채널 전략을 구사하고 있다. 이전에는 아마존에 접근할 수 있는 채널은 PC와 모바일이 유일한 채널이었다. 아마존 대시와 에코를 출시하면서 고객은 실제 물건을 집에서 눈으로 보고 만져보면서 구매를 할지 말지 고민해 볼 수 있다. 즉, 사물인터넷 기기를 이용한 오프라인 채널이 하나 추가된 것이다. 예를 들어 소비자가 음식을 만들다가 부엌에서 아마존 대시와 에코를 통해 음성이나 물품의 바코드를 직접 스캔해 구매할 수 있다. 특히 아마존은 온라인에서 고객들이 구매하는 패턴과 선호하는 제품을 데이터 분석을 통해 예상할 수 있는데, 사물인터넷 기기를 통해 오프라인에서의 구매 패턴 데이터를 추가적으로 수집할 수 있어 보다 정확한 상품 추천을 할 수 있게 될 것으로 예상된다.

옴니채널은 이제 오프라인의 매장이든, 온라인의 e커머스 사업자든 고객이 물건을 구매하기 위해 접속하는 모든 채널에서 끊김 없이 제공 가능해야 채널 전략으로서 그 의미가 있다. 점점 더 고객이 제품과 상품의 정보를 검색하고 접속하는 채널은 다변화하고, 어떤 채널이던지 간에 해당 특정 고객이 어디서 얼마나 무엇을 구매했는지 인지하여 관리할 필요가 있다.

제프 베조스가 원하는 것처럼 사물인터넷을 적극 활용한 스마트한 쇼핑이 기존 아마존 고객의 성향을 한 달에 한 번 구매하는 고객에서 일주일 또는 하루에 한 번 구매하는 고객으로 전환시키는 기폭제 역할을 한다면, 그것은 기존 온-오프라인 커머스 시장을 통틀어 대 격변이 일어나는 스마트 커머스로의 전환점이 될 것이다.

5. 플랫폼 전략으로 시장을 선도하라

앞서 살펴본 플랫폼 사업자들의 사물인터넷 전략의 궁극적인 목적은 기존에 구축한 서비스 또는 플랫폼의 가치를 높이고 새로운 플랫폼과 서비스를 창출해 신규 수익원을 확보한다는 점에서는 공통분모를 가지고 있다. 하지만 각 플랫폼 사업자별로 확보하고 있는 플랫폼의 성격과 기술 역량, 수익모델의 차이로 인해 사물인터넷 전략은 차이를 보이고 있다.

구글과 애플의 스마트폰 플랫폼은 서드파티 개발자의 참여를 유도하고 장려해 다양한 서비스를 개발할 수 있도록 하고 이용자들은 이러한 다양한 서비스를 이용하기 위해 구글과 애플의 플랫폼에 접속하는 선순환적 구조를 만들었다. 구글과 애플은 스마트폰에서 성공한 플랫폼 전략을 스마트홈, 헬스케어, 자동차, 로봇 분야 등의 사물인터넷 시장으로 하나씩 하나씩 영역을 넓혀 나가고 있다.

구글의 사물인터넷 전략은 3단계로 구성된다. 첫 번째 단계는 자신의 역량과 시장에서 니즈가 있는 분야에 사물인터넷 플랫폼을 진출하는 것이다. 구글이 뛰어든 스마트홈, 스마트카, 헬스케어, 로봇 등의 사물인터넷 분야는 모든 ICT 기업들이 눈독을 들이고 있는 성장 가능성이 높은 사물인터넷 분야이다. 또한 이 분야는 구글이 이미 상당한 역량을 보유하고 있거나 관련 역량을 확보하기 위해 적극적으로 관련 업체를 인수하고 있다. 특히 로봇과 스마트홈 분야에서 구글의 행보가 눈에 띈다. 최근 2년 간 보스턴 다이나믹스를 포함해 로봇 관련 기업을 9개나 인수하고 스마트홈 분야에서는 네스트랩스, 드롭캠 등을 인수했다. 구글의 첫 번째 단계의 성공 요소는 소프트웨어 개발 키트 등을 개발해 제조사와 서비스 개발업에 공개하고 자동차 분야에서의 OAA와 같은 오픈된 그룹을 통해 그들의 참여를 성공적으로 유도할 수 있는가가 중요하다.

두 번째 단계는 성공적인 사물인터넷 플랫폼 생태계가 구축된 후 각 사물인터넷 분야에서 수집되는 데이터를 효과적으로 수집하고 기존의 데이터와 연계해 분석하는 단계이다. 스마트홈 분야에서 네스트랩스와 같이 집 안에서 수집되는 온도, 습도 등의 정보를 분석해 자동으로 적정 온도를 맞추고 구글 나우와 연계해 이용자가 집에 도착하는 시간에 맞춰 온도를 조절하는 것이 이와 같은 사례이다. 또한 스마트카와 구글 맵을 연계해 자율주행을 한다거나 로봇을 통해 이용자가 하는 질문에 검색을 통해 답하는 것 역시 사례가 될 수 있다.

세 번째는 기존 플랫폼 또는 서비스의 가치 증가와 새로운 서비스를 통한 수익 확대 단계이다. 두 번째 단계에서 수집되는 데이터와 기존의 데이터의 수집은 기존 서비스와 플랫폼을 더욱 개인화할 수 있게 된다. 구글의 수익이 대부분 광고 수익인 것을 고려할 때 이러한 개인화는 기존보다 더욱 정밀한 타깃 광고를 가능하게 만들어 광고 수익 증대에 기여하게 된다. 또한 새로운 사물인터넷 플랫폼에서 개발된 다양한 서비스 유통을 통한 새로운 수익원 창출이 가능하다. 사물인터넷 플랫폼에서 개발된 다양한 서비스들을 유통할 때 수익이 발생하는데 이때 수익 배분은 기존의 앱스토어에서 수익 배분 비율을 준용해 적용할 가능성이 높다.

애플은 구글과는 다른 2단계 사물인터넷 전략을 추진할 것으로 예상된다. 첫 번째 단계는 자신의 역량과 시장에서 니즈가 있는 분야에 사물인터넷 플랫폼을 진출하는 것으로 구글과 동일하다. 물론 구글과 사물 인터넷 진출 분야가 다소 차이가 나거나 같은 분야인 경우에도 구체적인 목표에 차이를 보이고 있다. 로봇 분야는 애플이 현재 참여하고 있지 않은 영역으로 로봇에서 두뇌역할을 하는 인공지능과 관련된 딥러닝 등의 역량이 부족해 애플이 쉽사리 접근할 수 없는 분야로 판단된다. 자동차와 스마트홈의 경우는 구글과 겹치는 영역이기는 하지만 접근 방법에 다소 차이를 보인다. 스마트홈에서 애플은 아이폰과 같은 자신의 기기를 중심으로 한 집안 기기들을 연결하고 제어하는 통합제어에 초점이 맞춰져 있다. 반면 구글은 데이터 수집과 분석을 통한 자동화된 스마트홈에 중점을 두고 있다. 그리고 자동차 영역에서도 구글은 자율운전과 데이터 수집 분석에 집중한 무인자동차에 집중하고 있고, 애플은 사람이 중심이 되어 운전을 하는 세련된 디자인의 전기자동차 자체를 개발하는 데 초점을 맞출 가능성이 높다.

두 번째 단계는 사물인터넷 기기를 통해 기존의 아이폰, 아이패드와 같은 기존 기기의 사용 가치를 높여 기존 제품 판매를 증대시키는 것이다. 또한 새로운 사물인터넷 기기 시장을 창출해 새로운 기기 판매 수익 증가와 이와 관련한 새로운 애플리케이션 유통 수익을 증가시키는 것이다. 애플이 구글의 전략과 다른 점이라면 애플은 단말기기를 제조 및 판매하고 구글은 단말기 제조를 직접 하지 않는다는 것이다. 애플은 플랫폼 사업자인 구글과 제조 사업자인 삼성을 합쳐 놓은 모습을 하고 있다. 다시 정리하면 애플은 사물인터넷 제품을 자신의 OS를 기반으로 직접 개발해 판매하고 사물인터넷에 필요한 애플리케이션 서비스들은 서드파티 개발자들의 참여를 통해 생태계를 만들어 나갈 것으로 예상된다.

아마존의 사물인터넷 전략은 3단계로 예상된다. 첫 번째 단계는 사물인터넷 기기를 개발해 저렴한 가격으로 소비자에게 공급하는 채널 확장의 단계다. 트로이의 목마와 같이 저렴한 가격에 아마존 대시, 에코, 킨들 시리즈 등의 사물인터넷 기기들을 소비자에게 접근시켜 아마존의 상품이나 콘텐츠를 더 많이 그리고 자주 소비하도록 채널을 확대하는 것이다.

두 번째 단계는 다양한 채널을 통해 그 동안 아마존이 모르고 있던 데이터를 수집 분석해 고객에게 필요한 상품을 추천해 소비를 촉진하는 것이다. 현재도 아마존의 상품 추천 기능은 높은 적중률로 인정받고 있지만 대시와 에코 같은 기기에서 이용자의 오프라인 행동 패턴 데이터까지 확보하게 된다면 지금보다 정교한 추천을 할 수 있을 것으로 보인다.

아마존이 2013년 말에 고객이 구매 이전에 구매 상품을 예측해 미리 배송하는 예측 배송 anticipatory shipping 특허를 받았는데 이러한 서비스를 위해서는 사물인터넷을 통해 이용자의 보다 풍부한 데이터를 반드시 수집해야 할 필요성이 있다.

세 번째 단계는 아마존의 기존 마켓플레이스 플랫폼의 강화를 통한 수익 증대 단계이다. 사물인터넷을 통해 더 많은 데이터를 수집 분석해 보다 개인화된 추천과 예측을 하고 드론과 로봇을 적용해 물류와 배송의 효율화와 속도를 향상시키면 아마존의 상품을 판매하는 마켓플레이스 플랫폼의 가치는 더욱 더 증대될 것이다.

사물인터넷 전쟁이 시작된 헬스케어, 스마트홈, 스마트카 등의 분야에서 구글과 애플 같은 플랫폼 사업자들은 자신의 역량을 기반으로 한 플랫폼 전략을 추진할 것으로 예상된다. 이미 스마트폰 생태계에서 플랫폼 전략의 성공을 거둔 플랫폼 사업자들은 플랫폼이라는 강력한 힘을 잘 이해하고 이를 사물인터넷에 확장시키려고 노력하고 있다. 이러한 점이 이제 시작된 사물 인터넷 전쟁에서 플랫폼 사업자가 가장 유력한 승자로 점쳐지는 이유라고 생각된다.

아이를 길러본 사람들은 한밤중에 분유를 만들어 아기에게 수유하는 것이 얼마나 힘든 일인지 공감할 것이다. 한밤중에 몇 번이나 아기가 분유를 먹는 시간에 맞춰 그때마다 물의 온도를 맞

Good News

Protein Drink Maker

킥스타터에 펀딩을 진행 중인 밀크 내니 제품 이미지
자료 출처 : Kickstarter

196

춰 분유를 만들기 위해 졸린 눈을 비비며 부엌으로 향한다. 이런 귀찮은 일 때문에 부부간에 싸움을 하는 일도 적지 않을 것이다. 하지만 사물인터넷을 통해 15초 만에 자동으로 적정 온도의 분유를 만들어 준다면 부모에게 꽤 도움이 될 것이다.

분유통에 있는 바코드를 인식하면 물 온도, 분유의 양, 외부의 온도 등을 파악해 자동으로 최적의 공식으로 분유를 만들어 준다. 분유를 만들 때 중요한 점은 아기들이 분유를 먹을 때 알맞은 적정의 온도를 맞추는 점이고 위생 상태다. 이에 밀크 내니_{Milk Nanny}는 자체 살균 시스템을 가지고 물통 등을 세척한다.

아기가 먹은 분유의 양과 먹는 횟수 등의 정보가 스마트폰을 통해 분석되고 트래킹되어 한눈에 아이의 분유 수유 상태를 파악할 수도 있다. 또한 아기의 담당 의사에게 수유 관련 정보를 공유해 아이의 건강 상태에 도움을 줄 수 있는 클라우드 서비스도 계획 중에 있다.

현재는 상품이 출시되지 않고 킥스타터_{Kickstarter}에서 펀딩을 받고 있다. 2015년 3월 10

**밀크 내니 앱을 통해 스마트폰으로 아이의 수유
상태를 확인하고 병원에 공유도 가능하다.**
자료 출처 : Kickstarter

일 당시 목표 금액 10만 달러를 넘어서 120만 달러를 모은 상태로, 5월에 펀딩에 참여한 사

람들에게 배송을 할 계획이다.

현재 전 세계 모든 분유의 제조 공식을 확보하지는 못했지만 분유 제조사와 협력을 통해

모든 분유 종류마다 제조 공식을 확보해 나갈 것으로 예상된다.

SAMSUNG
Truemove
Mercedes Benz
Vinaphone
ORACLE
LG
amazon.com
SKT
SMART
TESCO
Cisco
FedEx
Indosat
Intel
Mercedes Benz
Truem
TESCO
TESCO
Hutchison
ORACLE
Apple
Indosat
KT
SMART
SAMSUN
NTT Docomo
SKT
Truemove
Google
LG
FAR EASTON
Hutchison
ASTONE
uemove
SMART
TESCO
SAMSUNG
SAMSUNG
SKT
R EASTONE
Vinaphone
LGU+
AT&T
TESCO
Starhub
NTT Docor
IBM
Indosat
ART
Cisco
FAR EAST
Vinaphone
Intel
amazon.com
Mercedes Benz
SAMSUNG
ORACLE
Hutchison
LGU+
Intel
Truemove

5
블루오션을 만난
솔루션 사업자

1. 모든 길은 사물인터넷 솔루션으로 통한다

다양한 기관에서 사물인터넷에 대한 장밋빛 전망을 내놓으면서 플랫폼 사업자와 단말 제조사, 공공기관, 기업 등 다양한 사업자와 관계자들은 사물인터넷에 대한 잠재력과 가치에 대부분 공감하는 분위기다. 다양한 서비스와 제품을 내놓으며 사물인터넷 시대의 주도권을 잡으려는 사업자 가운데 솔루션 사업자들은 이미 오래전부터 M2M 관련 솔루션과 모바일 솔루션을 통해 사물인터넷에 한발 가까이 접근해 있다.

솔루션 사업자들은 이미 다양한 분야 기업들의 사업 효율화를 위해 제조 과정, 서비스 프로세스, 경영, 인사, 재무 등 기업 전반에 걸쳐 다양한 시스템, 네트워크, 애플리케이션을 제공한다. 민간 기업들뿐만 아니라 정부와 공공기관 등에서도 솔루션 사업자들의 서비스와 제품을 적용하고 있다.

시스코는 사물인터넷이 아닌 만물인터넷이라는 이름으로 사람, 사물, 데이터, 프로세스를 네트워크로 연결해 소통하면서 새로운 가치와 경험을 제공하려고 한다. 반면 IBM은 자신의 애널리틱스 방식과 클라우드에 기반을 두고 사물인터넷의 센서를 사용해 기업과 도시의 효율을 높이는 스마터 플래닛Smarter Planet 비전에 집중하고 있다.

인텔은 디바이스부터 데이터 센터에 이르는 컴퓨팅 솔루션을 제공하는데 수십억 개 또는 수천억 개의 디바이스를 연결할 수 있는 새로운 게이트웨이[1]의 개발과 각 디바이스에 지능을 부여하려는 노력을 기울이고 있다. 인텔은 에너지 효율성을 높인 쿼크 시스템칩Quark SoC부터 고성능

---

1 다른 네트워크로 들어가는 입구와 나가는 출구의 역할을 하는 네트워크의 연결점 역할을 한다.

프로세스칩까지 개발해 이를 적용한 디바이스의 데이터를 보다 안전하고 지능적으로 관리할 수 있도록 한다. 자체 칩을 탑재한 센서를 사용해 다양한 분야의 산업과 영역을 아우르는 표준을 만들어 널리 통용되도록 할 계획을 가지고 있다. 마이크로소프트는 사물인터넷의 진정한 가치는 데이터에 있다고 강조한다. 사물인터넷은 엄청난 정보를 생산하는데 이러한 데이터를 활용할 수 있는 역할을 하려고 한다. 윈도**Windows**는 산업 장비에서 전화기, 서버에 이르기까지 모든 것에 힘을 부여하고 애저 **Azure** 클라우드는 애널리틱스와 데이터 스토리지를 연동시킬 수 있는 컴퓨팅 능력을 제공한다.

솔루션 사업자들은 M2M 관련 솔루션을 제공하면서 디바이스에서 클라우드와 분석을 위한 시스템까지 사물인터넷 시대를 위한 전반적인 인프라를 일정 수준 확보하고 있다. 물론 더욱 많은 디바이스가 인터넷에 연결되어 엄청난 데이터가 생성되고 이를 효율적으로 실시간 분석 및 관리하기 위해서 더 많은 노력이 필요하다. 사물인터넷 시대를 위해 솔루션 사업자들은 어떻게 대응하고 있는지 대표적인 솔루션 사업자들의 현황을 살펴보고 사물인터넷 전쟁에서 생존할 수 있을지 살펴보자.

2. 세상 만물을 연결하는 시스코

시스코는 미국의 네트워크 통신 장비 회사로 렌 보삭_{Len Bosack}과 샌디 러너_{Sandy Lerner}, 리차드 트로이아노_{Richard Troiano}가 1984년에 설립했다. 시스코는 멀티네트워크 프로토콜을 지원하는 라우터를 최초로 상업 판매한 기업으로, 현재 네트워크 관련 장비 시장에 가장 대표적인 사업자이다. 컴퓨터와 스마트폰뿐만 아니라 다양한 사물들이 인터넷에 연결되면서 시스코는 사물인터넷 시대를 위한 네트워크 환경과 솔루션을 개발해 사물인터넷 시장을 주도하기 위한 준비 중에 있다. 시스코의 챔버스 회장은 CES2014와 시스코 라이브 2013 등의 대내외 행사의 기조연설에서 사물인터넷의 시장 잠재력과 가치를 역설하는 등 시스코의 향후 전략을 사물인터넷에 집중하고 있음을 자주 드러냈다.[88]

시스코가 생각하는 만물인터넷 VS 사물인터넷

시스코는 사물인터넷이 아닌 만물인터넷이라는 용어를 정의해 사용한다. 만물인터넷은 사물인터넷의 진보적인 형태로 사람, 데이터, 사물, 프로세스가 네트워크(인터넷)에 연결되어 소통하면서 새로운 가치와 경험을 만들어 내는 것을 의미한다.

시스코는 2013년 6월 '시스코 라이브 2013'에서 사물인터넷과 만물인터넷 세상을 그려냈다. 챔버스 회장은 행사 기조연설을 통해 '4세대 인터넷은 모바일, 클라우드, 사물인터넷이 결합한 만물인터넷이 될 것'

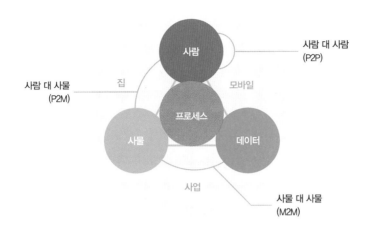

만물인터넷의 정의

자료 출처 : Cisco IBSG, The Internet of Everything(IoE); Value at Stake in the IoE Economy, 2013

이라고 밝혔다. 챔버스 회장은 이어 이러한 만물인터넷은 2022년까지 10년 간 14조 4000억 달러의 시장 가치를 제공할 것이라는 분석을 내놓았는데, 원화로 매년 평균 1440조 원의 시장 가치이다. 만물인터넷의 경제적 가치 5대 분야는 재물 관리(2조 5000억 달러), 고용 관리(2조 5000억 달러), 공급망 관리(2조 7000억 달러), 고객 서비스(3조 7000억 달러), 서비스 혁신(3조 달러) 등이 될 것으로 전망하고 있다.[89]

특히 클라우드, 모바일 컴퓨팅, 소셜미디어, 빅데이터, 컴퓨팅파워의 향상 등 최근 기술적 발전과 메칼프의 법칙[2]이 만물인터넷을 견인할 것으로 전망된다. 만물인터넷이 활용될 산업분야는 제조업 27%, 판매업 11%, 금융 보험 9%, 정보서비스 9% 등으로 나타나 만물인터넷의 절반 이상의 가치를 차지할 것으로 예상된다. 시스코는 실로 엄청난 가치를

2 메칼프의 법칙 : 네트워크 규모가 커짐에 따라 그 비용의 증가 규모는 점차 줄어들지만 네트워크의 가치는 기하급수적으로 증가한다.

창출할 만물인터넷 시장에 큰 기대를 가지고 준비 중에 있다.[(90)]

시스코가 생각하는 사물인터넷과 만물인터넷은 어떤 차이가 있을까? 시스코는 블로그를 통해 만물인터넷과 사물인터넷에 대한 차이를 설명하고 있다. 만물인터넷은 사물인터넷뿐만 아니라 클라우드, 빅데이터, IPv6 등 다양한 혁신 기술들을 모두 아우르는 개념으로 설명하고 있다. 챔버스 회장이 소개한 모바일, 클라우드, 사물인터넷을 결합한 '4세대 인터넷'과 일맥상통한다. 사물인터넷과 만물인터넷의 중요한 차이점은 사물인터넷은 한 방향 통신만 가능하지만 만물인터넷은 쌍방향 통신이 가능하다는 것이다. 즉, 통신 과정 중에 사람의 손길이 필요한가 아닌가의 의미로 연결된다.

예를 들어 집으로 돌아가기 전에 스마트폰 앱을 통해 도착 10분 전에 실내 온도를 높이고 도착 5분 전에 욕조에 물을 받아 놓으라고 명령을 내리는 것은 사물인터넷이다. 내가 원하는 결과를 얻기 위해 직접 스마트폰을 조작해야 하는 사람의 개입이 반드시 필요하다. 이러한 상황에서 집 안의 보일러와 욕조의 센서는 똑똑할 필요가 없다. 스마트폰이 전달해주는 명령에 충실하게 지정해준 시간과 온도로 실내를 덥히거나 욕조 물을 채우기만 하면 되기 때문이다. 사람이 들어오면 반사적으로 불이 들어오는 현관등 수준의 단순 반응이다. 하지만 만물인터넷이 적용되었을 경우에는 차량에 올라타면서 '집으로 간다'라고 말을 하면 엄청나게 많은 일들이 동시 다발적이고 자동적으로 진행이 된다. 자동차는 내비게이션에 집으로 가는 경로를 설정하고 도로 상황 등을 살펴 가정 내 홈케어 시스템에게 예상 도착 시간을 알려준다. 홈케어 시스템은 그 시간에 맞춰 알아서 보일러와 욕조에게 명령을 내린다. 실내 온도는 그 동안 집 주인이 이정도 되는 기온에 어느 정도의 실내 온도를 원했었는지 데이터를 수집하고 분석해 놓았기 때문에 알아서 온도를 조절한다. 비가 오는 날 목욕을 하면서 클래식 음악을 듣는다는 데이터가 있으면 스마트폰으로 오늘 목욕을 하면서 클래식 음악을 들을지에 대해 물어본다. 혹시 중간에 집주인이 비오는 밤에 집으로 곧바로 돌아오지 않고 드라이브를 즐기게 되는 경우 집주인의 위치와 예상 귀가 시간을 실시간으로 전송해 홈케어 시스템은 욕조 물을 받는 시간을 자동으로 조절한다.

만물인터넷과 사물인터넷의 차이점을 두 가지로 요약하면 첫째, 만물인터넷은 내가 원하는 결과를 얻기 위해 일일이 명령을 직접 내리거나 기기를 조작할 필요가 없다. 둘째, 만물인터넷은 스마트폰, 자동차, 홈케어 시스템, 보일러, 욕조 등의 모든 사물들이 인터넷에 연결되어 실시간으로 정보를 수집 분석해 상호 소통할 수 있도록 똑똑해야 한다.[91]

만물인터넷의 데이터는 무엇이 다른가?

10분 동안 만들어지는 데이터의 차이를 보면 만물인터넷의 데이터가 무엇이 다른지 이해할 수 있다. 특정 교차로에 10분 간 몇 대의 차량이 지나가는지 살펴보는 경우, 일정 간격으로 신호를 쏘아 지나가는 차량의 숫자만 세는 단순한 센서가 필요하다. 센서에 쓰이는 신호는 매우 단순하고 여기서 발생하는 데이터 또한 예상 가능하다. 이 데이터를 누계해 빅데이터 분석을 하면 특정 시간에 차량 정체가 심하게 나타나는 걸

파악해 그 시간에 주변 신호등을 조작해 다른 교차로를 이용하도록 유도할 수도 있다.

그렇다면 달리는 차 안에서 10분 동안 사람이 발생시킬 수 있는 데이터를 생각해 보자. 운전자가 벌일 수 있는 온갖 일들을 상상해보면 한 치 앞을 예측할 수 없다. 문득 주유를 하기 위해 방향을 급선회할 수도 있고, 급선회 도중 옆 차량과 충돌을 아슬아슬하게 피할 수 도 있다. 그러다 차량 정체 구간으로 들어서면 스마트폰을 들여다 볼 수도 있다. 주유를 하는 김에 자동차 엔진 오일도 교환하고, 차량 수리 시간 동안 근처 카페에서 샌드위치와 커피를 한 잔하면서 태블릿으로 영화를 감상할 수도 있다. 또는 극단적으로 10분 동안 목적지를 향해 달리기만 할 수도 있다. 사람이 발생시키는 데이터의 범위와 종류는 워낙 광대하고 다채로우며, 변수 또한 무궁무진하다. 그러다 보니 데이터의 크기 역시 큰 폭으로 증가할 수밖에 없다.

이 경우 데이터가 쌓이면 쌓일수록 그 안에서 발굴 가능한 정보의 양과 가치가 늘어나는 것은 동일하지만, 단순히 빅데이터를 구현하는 것만으로는 충분하지 못하다. 그 정보들을 바로바로 불러와 쓸 수 없다면 효용 가치가 크게 감소하기 때문이다. 빅데이터를 넘어서 실시간으로 적재적소에 지원하는 데이터 인모션Data in Motion이 필요하다. 예를 들면 지금 구간에서 급선회할 때 차량 충돌 가능성이 높다는 정보가 실시간으로 제공되지 않으면 이미 접촉사고가 일어난 후이기 때문에 아무 소용이 없다. 또한 이러한 실시간 정보 전송은 단순 빅데이터와 비교할 수 없는 트래픽을 발생시킨다. 사물인터넷의 범위를 만물인터넷으로 확장한다는 것은 그에 필요한 여러 가지 기술과 인프라가 반드시 뒷받침되

어야 한다.[(92)]

포그 컴퓨팅, 데이터 가치의 효과적 전달

앞서 언급한 만물인터넷의 엄청난 실시간 데이터를 수집, 처리, 저장, 분석할 수 있을까? 데이터의 규모가 엄청난 만큼 데이터 전송에도 대규모의 자원과 비용이 소요될 것이다. 이를 해결하기 위해 시스코는 분산 컴퓨팅 모넬인 포그$_{Fog}$를 구상하게 된다. 포그 컴퓨팅은 방대한 양의 데이터가 발생되는 만물인터넷 시대를 대비해 모든 데이터를 원거리 클라우드로 보내지 않고 데이터가 발생하는 지점 주변에서 선별적으로 분석, 활용하는 기술이다.

포그 컴퓨팅을 우리 일상 속에서 설명하면, 웨어러블 기기가 대표적인 사례라고 할 수 있다. 웨어러블 기기는 클라우드 기반 애플리케이션에 데이터를 전송 시 직접 인터넷에 연결하지 않고 블루투스와 같은 로컬 통신을 통하거나 USB나 오디오 잭을 통해 데이터를 스마트폰으로 전송한다. 이렇게 되면 스마트폰을 이용한 근거리 통신으로 빠른 데이

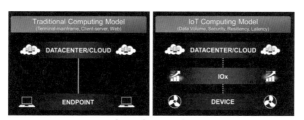

시스코의 IOx 플랫폼
자료 출처 : 시스코 블로그

터 처리가 가능하고 스마트폰이 애플리케이션을 통해 사용자가 필요로 하는 로컬 기반의 분산 컴퓨팅을 제공하게 된다. 즉, 웨어러블 기기는 로컬 인터페이스로 정보를 스마트폰에 업데이트하고 이 정보를 스마트폰이 직접 처리하거나 필요한 경우 인터넷을 통해 클라우드에 있는 중앙 데이터 분석 및 스토리지 애플리케이션으로 전송하는 것이다.

시스코는 네트워크 기기 내에서 컴퓨팅과 스토리지 리소스에 접근하고 기기와 가장 가까운 곳에 있는 애플리케이션 및 인터페이스를 호스팅하도록 함으로써 네트워크를 통한 포크 컴퓨팅을 실현하고 있다.

2014년 10월 미국 시카고에서 열린 IoT 월드포럼에서 시스코는 사물인터넷 기술을 산업 현장 전반에 확산시키기 위한 포그 컴퓨팅 전략을 확대한다고 밝혔다. 시스코는 지난 8개월간 IOx를 지원할 수 있는 플랫폼을 8배 수준으로 확대하고 IOx 애플리케이션 관리 모듈도 새롭게 선보였다. 이 밖에도 시스코는 각 산업 부문의 기업들과 IOx 파트너 에코시스템을 지속적으로 강화하고 있다.

커넥티드된 정보, 스마트한 세상을 만들다

시스코는 스마트+커넥티드 커뮤니티스Smart+Connected Communities와 스마트+커넥티드 시티Smart+Connected City 등 공공인프라 분야에 협력을 통한 사물인터넷 개발에 집중하고 있다.

MWC2015 기자간담회에서 시스코의 존 챔버스 회장은 "글로벌 경제 전체가 디지털화하고 있고 이런 흐름은 서비스 제공자나 기술 기업들뿐 아니라 각국 정부와 시민, 도시까지 뒤흔들 것이다."라며 청중에게 강조했다. 또한 챔버스 회장은 "인터넷 등장과 모바일 기술 부상이 기술 혁명을 주도했다면, 디지털 경제로 향하는 최근의 움직임은 서비스 공급업자와 기술 기업 외 많은 이해 관계자들을 관여시킬 것"이라고 설명했다. 디지털 경제 세상으로의 변화가 보다 많은 일자리를 창출하는 데 도움을 줄 것으로 예상했다. 아울러 미국이 인터넷 혁명을 주도했으나 최근 유럽 국가들이 '디지털 시대'에서 가속도를 높이고 있다고 언급했다. 시스코는 현재 스페인 바르셀로나와 스마트시티와 관련한 작업을 진행 중에 있으며, 프랑스 정부와 최근 비슷한 사업을 성사시켰다.[93]

챔버스 CEO가 맡고 있는 스마트시티 프로그램 더젯슨스The Jetsons 는 시스코가 최근 추진하고 있는 또 다른 사업 구상일 수도 있다. 더젯슨스는 운전자에게 주차 공간을 알려주는 주차 센서, 소셜미디어 기능이 포함된 감시 카메라 같이 향상된 IT 기술을 도시에 제공하는 프로그램이다. 챔버스는 이 사업을 8년 전에 구상해 1년여 전부터 스마트시티 프로그램으로 바르셀로나(스페인), 송도(한국), 니스(프랑스) 등과 같은 도시에 활용하면서 점차 시장에서 관심을 끌기 시작했다.

프랑스의 니스 시는 IoT 기술을 적용한 스마트 파킹 시스템을 구축해 주차 공간, 미터기 요금 지불 현황 등을 실시간으로 파악해 프로세스를 혁신했다. 그 결과 주차 위반이 30% 줄었고 주차소요 시간과 차량 혼잡도도 크게 줄일 수 있었다.[94] 스페인 바르셀로나에서는 보행자가 있을 때에만 가로등이 켜지고 보행자가 없을 때에는 가로등이 켜지지 않아 전기를 절약할 수 있다. 또 쓰레기통이 꽉 차면 위생국에 이 정보가 전송되어 환경미화원이 쓰레기 수거 시점을 파악하게 된다.[95]

시스코의 가상 패션 거울을 통해 다양한 옷을 입어 보는 것이 가능하다

자료 출처 : 시스코 블로그(ttp://www.ciscokrblog.com/564)

시스코는 교통 분야에 커넥티드 트랜스포테이션_{Connected Transportation} 솔루션을 활용해 기차 출발 및 도착 시간 추적, 열차 지연 등의 정보를 실시간으로 승객들이 공유 받고 기차역 플랫폼의 양방향 전광판에서 승객들의 동선과 주변 환경에서 수집된 실시간 정보를 바탕으로 기차 관련 정보 확인도 가능하다. 포지티브 트레인 콘트롤_{Positive Train Control, PTC}은 열차의 충돌, 탈선 및 기타 인재를 방지할 목적으로 개발된 기술로 시스템에서 보낸 경고를 무시하고 열차가 계속 달리는 경우 PTC가 브레이크를 자동 작동시켜 기차의 속도를 늦추는 등의 시나리오가 가능하다.[96]

시스코는 사물인터넷을 유통 분야에도 적용하고 있다. 시스코의 CMX_{Cisco Mobile Experience}의 분석 툴을 활용해 매장내 고객의 행동과 위치를 측정하고 소셜미디어에서 고객 반응을 수집해 고객에게 보다 나은 쇼핑 경험을 제공할 수 있다. 오프라인 옷가게는 매장에 패션 거울_{Virtual Fashion Mirror}을 설치하고 고객은 거울을 통해 자신의 모습에 가상으로 옷을 입혀 볼 수 있다. 뿐만 아니라 친구에게 사진을 공유할 수도 있도록 했다. 이러한 패션 거울은 온라인을 통한 패션 의류업체에도 활용 가능할 것으로 예상된다.

협력과 생태계 육성으로 사물인터넷 시대 준비

시스코는 2013년 10월 IoT 월드포럼에서 사물인터넷의 미래를 이끌 경영자, 연구가, 혁신가들을 양성하겠다고 선언했다. 시스코는 전략적 프로그램과 협업을 통해 숙련된 미래 전문가 양성에 투자할 계획이다. 이를 위해 시스코는 사물인터넷 커리큘럼, 평가제도, 시스코 스페셜리스트 자격증 Cisco Specialist Certification 등으로 구성된 교육 포트폴리오를 공개했다. 또한 STEM Science, Technology, Engineering & Math 분야 학생을 미래의 ICT 전문가로 양성을 위한 준비 과정도 발표했다. 뉴욕 과학 아카데미 The New York Academy of Sciences 와 협력해 글로벌 STEM 얼라이언스를 설립해 차세대 사물인터넷 인력 육성에 나선다는 계획이다. 앞으로 STEM 얼라이언스는 사물인터넷 관련 커리큘럼, 멘토링, 기술 연구 결과를 학생들에게 제공할 예정이며 말레이시아, 스페인 바르셀로나 등의 정부도 참여할 전망이다.

시스코는 사물인터넷 관련 특허와 기술을 다수 확보하고 있는데 2014년 2월 삼성전자가 구글에 이어 시스코와 특허 동맹을 맺음으로써 세 기업이 특허동맹을 체결한 셈이 되었다. 이 특허 동맹은 현재 특허뿐만 아니라 향후 10년 내에 등록되는 특허까지 공유하는 것으로 협력을

통한 사물인터넷 시대를 준비하려는 의도로 파악된다.[97]

또한 시스코는 투자를 통한 협력에도 노력하고 있다. 이를 위해 혁신 성장 전략 이행을 위한 시스코 인베스트먼츠Cisco Investments를 설립해 운영하고 있다. 시스코 인베스트먼츠는 모든 투자 관련 활동을 총괄하는 조직으로 오래전부터 클라우드, 모빌리티, 보안, 라우팅, 스위칭 등 사업과 맥락을 같이 하는 파격적인 아이디어를 적극 지원해왔다. 시스코 인베스트먼츠는 기존 벤처 투자 방식과 전략적 투자 방식의 장점을 합쳐 광범위한 투자를 하고 있으며, 창업 단계 기업과 사업 공모 우승 기업 등의 소규모 보조금부터 그 다음 단계의 기업, 상장 전 단계 기업에 이르는 대규모 지분투자까지 다양하게 투자하고 있다. 최근 시스코 인베스트먼츠는 향후 3년간 사물인터넷 관련 업체에 1억 5000만 달러를 투자한다는 발표를 하면서 사물인터넷에 대한 투자를 적극적으로 하겠다는 의지를 분명하게 표명했다.[98]

시스코는 사물인터넷의 성장과 발전에 기여할 기술과 업계 전반에 걸친 제품의 도입 가속화를 위해 2014년 4월 사물인터넷 이노베이션 그랜드 챌린지Internet of Things Innovation Grand Challenge를 개최하고, 2014년 10월에 최종 3개 업체를 우승자로 선정해 총 25만 달러의 자금을 지원했다. 뿐만 아니라 사물인터넷 보안 문제 해결을 위해 사물인터넷 보안 그랜드 챌린지를 실시했다. 인터넷으로 연결되는 스마트기기, 가전제품, 자동차, 의료기기 등의 보안 취약점을 해결하기 위해 악성코드 방어, 계정 정보 관리, 사생활 보호 등의 주제로 경연해 최종 선발된 업체는 2014 IoT 월드포럼에서 소개되었다.

국내에서의 시스코의 협력사항으로는 사물인터넷 지원을 위해 인천

송도에 GCoE**Global Center of Excellence**를 설립하고 솔루션 인큐베이션 프로그램을 운영하고 있다. 송도는 스마트시티와 교육 중심의 혁신센터이고 독일은 제조 중심의 혁신센터로 운영되고 있다. 뿐만 아니라 2014년 11월에는 '세상을 바꾸는 28시간, IoE 코드페스트' 경진대회를 개최해 국내 개발자들을 만물인터넷 솔루션 개발에 참여시켰다. 이 밖에 국내 개발자들이 개발자 프로그램인 데브넷**DevNet**에 100개 이상의 애플리케이션프로그래밍인터페이스(API)를 열람하고 글로벌 개발자들과 커뮤니티 활동을 할 수 있도록 참여를 독려할 방침이다.[99]

3. 스마트한 도시를 설계하는 IBM

IBM의 사물인터넷 비전은 스마터 플래닛이다. 스마터 플래닛은 2008년 11월 처음 소개되어 고도로 발달된 IT기술을 대중교통, 식품 유통, 수자원 보호, 의료 시스템, 에너지 산업 등 공공 영역과 민간 영역에 적용해 스마터한 프로세스와 시스템으로 혁신한다는 내용이다.

IBM은 세상의 모든 것이 점차 센서와 트랜지스터, RFID 태그 등으로 장치화Instrumented되고 인터넷을 통해 상호연결Interconnected되며, 컴퓨팅 분석을 통한 지능화Intelligent되면서 발생하는 문제들을 해결해 사회 혁신을 이룰 수 있다고 믿는다. 사물인터넷은 이 3I를 제시하고 있다. 원격 시스템에서 일어나는 일들을 파악해 지혜와 통찰력이라는 가치사슬을 연결하는 것이다.

예를 들면 특정 장비에 다양한 센서를 통해 장비에 대한 상태 데이터를 수집 분석해 고장이 발생할 시기를 판단할 수 있다. 정기적인 유지보수와 교체 보수를 실시하지 않고 고장이 날 확률을 토대로 최적화된 유지보수를 실시할 수 있다. IBM의 스마터 플래닛은 디바이스와 액추에이터의 제어도 포함되어 있어 집 안의 난방기를 켜거나 끄고 온도를 조절할 수 있다.[100]

IBM의 스마터 플래닛 로고

자료 출처 : IBM System X Smarter Servers for a Smarter Planet(2010)

어뎁트, 사물인터넷 P2P 네트워크의 구축

IBM은 CES2015에서 삼성과 함께 새로운 사물인터넷에 대한 데모 시나리오를 발표했는데, 이는 기기가 스스로 소모품을 재주문하는 시나리오와 기기의 셀프서비스 시나리오였다.

소모품 재주문 시나리오는 세탁기에 세제가 떨어진 것을 알고 세탁기가 평상시에 거래하던 소매업자에게 세제를 주문한 후 결제한다. 슈퍼마켓에서는 세탁기가 보낸 주문 메시지와 결제 내역을 확인한다. 슈퍼마켓에서는 세제가 언제 배송되는지 등의 상세 내용을 세탁기에게 다시 알려준다.

기기의 셀프서비스 시나리오의 경우, 기기의 고유 번호와 보증 기간 등과 관련된 정보가 블록체인[3]에 등록되어 있다. 또한 자체적으로 부품과 부속에 대한 점검을 할 수 있는 시스템을 가지고 있다. 기기는 자체 점검을 통해 특정 부품에 문제가 생기면 보증 기간이 적용되는지 확인하고 보증 기간이 적용되지 않는 경우 수리점과 연결해 수리 견적을 요청한다. 이러한 견적과 수리 요청에 대해 세탁기 주인에게 알리고 수리점과 수리 관련 일정에 대한 조율을 한다.[101]

IBM은 비트코인의 핵심 기술인 블록체인을 이용해 사물인터넷 기기가 서로 연결되는 P2P 네트워크를 만든다. 블록체인은 시스템을 작동시키는데 필요한 자원을 네트워크에 참여한 사용자의 컴퓨터에서 끌어모아 사용한다. 세탁기의 전원은 항상 연결되이 있고, 컴퓨팅 자원을 포

---

3   블록체인은 '공공 거래장부'라고도 하며 거래장부를 공개해 두고 관리한다는 뜻으로 비트코인에서 'P2P 네트워크를 이용해 이중지불을 막는 기술'이 대표적이다.

어뎁트를 적용한 세탁기가 부족한 세제를 주문을 하고 결제하는 모습
자료 출처 : IBM Device Democracy Paper 2015

함할 수 있을 정도로 큰 부피의 하드웨어를 가지고 있어 인터넷에 연결하면 세탁기는 블록체인과 통신하면서 자신의 위치를 확인하고 주변의 다른 기기를 탐색해 연결한다. 컴퓨팅 자원과 데이터를 저장하기 어려운 주변의 작은 사물인터넷 기기들은 세탁기를 허브로 세탁기의 자원을 이용하고, 세탁기는 다른 기기들의 상태를 점검하는 등의 역할을 수행한다.

IBM은 사물인터넷 기기를 간편 기기Light Peer, 표준 기기Standard Peer, 기기 거래소Peer Exchange 단계로 나누는데, 세탁기와 같은 허브의 역할을 하는 것이 기기 거래소이고 주변에 연결된 작은 기기들이 간편 기기에 해당된다. 표준 기기는 간편 기기보다는 P2P 네트워크를 위한 기기 거래소의 역할에 힘을 보태는 보조적인 역할을 수행한다. (102)

IBM은 사물인터넷 네트워크를 P2P 방식으로 구현해 중앙에 집중된 네트워크를 이용한 수십억 개의 사물을 관리하는 비용을 줄이고 다른 안전성을 높이려는 계획이다. 이는 앞서 설명한 시스코의 포그 컴퓨팅과 유사한 개념으로 분산 컴퓨팅과 네트워크를 통한 장점을 이용하려는 전략이다. 현재 어뎁트 플랫폼은 개념 증명 단계로, 네트워크의 안정

Before 2005	Today	2025 and beyond

Closed and centralized
IoT networks

Open access IoT networks,
centralized cloud

Open access IoT networks,
distributed cloud

IBM은 사물인터넷이 미래에 오픈되고 분산된 클라우드 네트워크로 발전할 것으로 예상

자료 출처 : IBM Device Democracy Paper 2015

성을 확보할 만큼 많은 기기를 확보하는 등의 과제가 남아 있다. IBM은 어뎁트의 API를 만들어 오픈소스로 공유해 외부 개발자와의 협력을 계획하고 있다.[103]

현재 IBM은 애플리케이션이 다른 애플리케이션, 시스템, 디바이스와 편리하고 효율적으로 커뮤니케이션할 수 있는 '메시징 미들웨어'라는 소프트웨어 제품군을 보유하고 있다. 메시징 미들웨어는 기업들이 각자의 비즈니스 프로세스에 자연스럽고, 안전하게 확장이 가능하도록 사물인터넷 기기를 통합할 수 있는 방법이다. 이는 사물인터넷에서 발생하는 데이터를 엔터프라이즈 애플리케이션에 쉽고 안전하게 통합할 수 있다는 의미이다. IBM은 이를 위해 IBM 메시지사이트MessageSight를 통해 많은 IoT, M2M, 모바일 애플리케이션 데이터를 처리하고, 엔터프라이즈 메시징 시스템을 연결하고 있다. 또 사물인터넷과 모바일 솔루션의 수명 주기 농안 IT 컨설팅과 개발 시비스를 제공하고 클라우드를 이용한 소프트웨어인 SaaSService as a Service와 블루믹스와 같은 PaaSPlateform as a Service를 완벽하게 활용할 수 있도록 지원하고 있다.[104]

더욱 똑똑한 도시를 만들기 위한 노력

2014년 11월 IBM은 부산광역시와 사물인터넷 및 빅데이터 적용 서비스, 국책과제 공동 발굴, 지역 기업과 기술 교류, 인재 양성 등 다양한 분야에서 협력 관련 논의를 진행했다. 사물인터넷 적용서비스는 사물인터넷을 기반으로 하여 스마트 시티 프로젝트와 연계한 협력 사업을 시행하는 것으로 부산과 IBM의 협력은 2009년 U-City 프로젝트로 거슬러 올라간다. IBM과 부산시의 협력은 U-City 건설을 공동으로 추진한 경험을 통해 보다 실효성 있는 사업을 진행할 수 있을 것으로 예상되며, 향후 세부적인 협력 방안은 IBM과 부산시가 논의해 나갈 계획이다.

한편, 미국 연방정부의 스마트 시티 정책은 스마트 그리드와 의료정

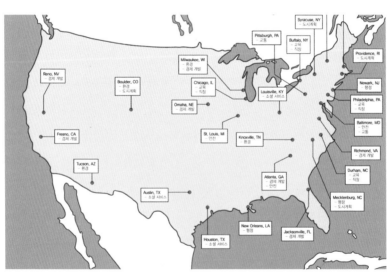

IBM 스마터 시티 챌린지에 선정된 27개 도시
자료 출처 : 국내외 스마트 시티 구축 동향 및 시사점, 2013.06, NIPA

리우데자네이루시에서 운영 중인 지능형 운영센터

자료 출처 : IBM (http://www-03.ibm.com/press/us/en/presskit/27723.wss)

보화 등에 집중되어 있다. 에너지와 의료 분야 이외의 스마트 시티 구축
은 주 정부나 지자체 등에 위임하고 있다. 미국의 전력망은 오래되어 송
배전 과정에서 효율성과 품질이 낮은 편이고 GDP 대비 총 의료비 지
출이 높은 편이다. 연방 정부는 2009년부터 미국 경기회복 및 재투자법
(ARRA)에 따라 스마트 그리드와 의료정보화에 300억 달러를 투자하고
있으며 스마트 시티 구축을 위해 IBM과 시스코 등이 앞장서고 있다.[105]

　IBM은 2010~2013년 동안 세계 각국 도시들을 대상으로 '스마터 시
티 챌린지**Smarter Cities Challenge** ' 프로그램을 운영해 5000만 달러 상당의 전
문가 파견 기술 지원 서비스를 제공했고, 국내의 경우 청주와 제주가 대
상 도시로 선정되기도 했다. 미국에서는 보스턴과 애틀랜타를 포함해
27개 도시가 선정되어 경제개발, 도시계획, 행정, 교육, 교통, 안전 등
을 중심으로 파일럿 연구를 진행했다.

IBM은 2012년 보스턴시를 스마터 시티 챌린지 도시로 선정해 교통 문제 해결을 위해 노력했다. 보스턴 교통과는 195대의 교통 트래픽 모니터링 카메라를 확보하고, 추가로 보스턴 경찰청 카메라와 매사추세츠 주 교통국 카메라 283대의 협조를 받아 교통 흐름을 관제하고 있다. 루프 검지기_{Loop Detector} 센서를 설치해 교통 혼잡도를 측정해 교통 흐름 관리에 활용하고 있다. 또한 스마트 주차 센서 330개를 설치하고 목적지까지 소요 시간을 알려주는 전광판도 설치해 운전자가 보다 빨리 주차 및 우회도로를 탐색하도록 지원하고 있다.

뿐만 아니라 IBM은 마이애미, 호놀룰루, 더럼 등에 스마트 시티를 위한 프로젝트를 시행해 도시의 교통, 범죄 정보 등을 분석해 보다 스마트한 도시를 만드는 데 기여했다. 더럼의 경우 IBM의 분석 기술을 통해 2007~2011년 동안 2마일 이내 지역에서의 범죄가 50% 이상 감소했다.

2010년 12월부터는 브라질의 리우데자네이루에 교통, 응급, 기상 상황을 통제할 수 있는 지능형 운영센터를 개시했다. 운영센터는 450대의 CCTV와 헬리콥터로부터 실시간 영상을 받고 GPS 위치 추적을 통해 앰뷸런스 및 시내버스 1만 대의 위치를 상시 모니터링하고 있다. 특히 IBM이 별도로 설계한 기상예측 시스템으로 기상예측 시뮬레이션을 제공해 침수 예상 도로 및 침수 취약 지역 가능성을 분석하고 폭우가 예상되면 시청, 소방서 등에 문자를 전송하고 시민들에게 SNS, 디지털 안내판 등을 통해 알린다.[106]

IBM은 중국까지 스마트 시티를 확대했는데, 광동성 포산_{佛山}은 유일한 IBM 스마트도시 지역으로 지방 정부의 스마트도시 지원이 적극적이

다.[107]

스마트한 도시 이외에도 사물인터넷과 관련한 다양한 사례들이 최근 이뤄지고 있다. 2015년 2월 IBM은 ARM과 함께 냉장고, 경보기, 자동차, 농기구 등을 쉽게 사물인터넷 기기로 만들 수 있는 키트를 판매하기로 했다. ARM 엠베드 사물인터넷 스타터 키트**ARM mbed IoT Starter Kit**는 사용자가 몇 분 만에 사물인터넷 기기를 쉽게 제작할 수 있으며, IBM의 블루믹스**BlueMix** 클라우드와 연결되어 다양한 애플리케이션과 서비스 개발에 도움을 준다. 엠베드 사물인터넷 스타터 키드는 현재 이더넷 버전으로 출시되있으나 향후 와이파이 등을 적용한 인터넷 버전도 출시될 것으로 예상된다. 이러한 사물인터넷 스타터 키트는 IBM이 고민하고 있는 P2P 네트워크에 더욱 많은 기기들을 연결시키는 데 도움을 줄 것으로 보인다.[108]

자동차 분야에서도 IBM은 차량의 다양한 정보가 인터넷으로 연결해 운전자와 자동차 제조사에게 보다 가치 있는 서비스로 연결하려 노력하고 있다. 자동차 제조사들은 자동차로부터 전송되는 실시간 데이터를 수집하고 분석하게 되는데 이를 통해 만들어진 가치를 통합하는 것이 최근 자동차 제조사들이 해결해야 할 과제다. 즉, 최근 스마트폰과 같은 연결 기기들이 사람들의 일상적인 생활의 정보를 전송하고 통합시키는 역할을 하게 된 것 같이 자동차 역시 센서 등을 통해 정보를 전달하고 통합시키는 시대가 도래할 것으로 예상됨에 따라 자동차 제조사들은 이에 대한 준비가 필요하다.

2014년 3월 IBM과 프랑스의 자동차 제조사인 푸조는 자동차와 스마트폰, 교통신호 등으로부터 수집된 엄청난 양의 데이터를 통합하고,

이를 실시간으로 분석하는 기술 개발을 위해 협력했다. IBM의 빅데이터와 모바일 관련 솔루션을 통합시킴으로써 푸조는 고객에게 광범위한 연결 서비스 기술을 제공할 수 있다. 이러한 연결 서비스는 웹사이트나 자동차 센서 등의 데이터, 고객서비스, 모바일 어플리케이션과 같은 다양한 접근 채널의 사용을 의미하는 것으로 푸조 자동차 이용자들에게 새롭고 본질적인 서비스를 제공할 수 있을 것으로 예상된다.

또한 IBM과 푸조가 개발하는 솔루션은 운전자에게 실시간으로 맞춤 서비스와 차량의 온도 센서, 라이트, 와이퍼 등을 통해 보다 정확한 날씨 예측 정보 등의 고객 서비스 정보도 제공할 것으로 예상된다. 이를 통해 푸조의 커넥티드 비이클 프로젝트는 B2C와 B2B 고객과 자동화 시스템을 위한 높은 가치의 어플리케이션을 제공할 수 있다. [109]

4. 빅데이터를 통해 모든 것을 분석하는 오라클

오라클은 컴퓨터 하드웨어 시스템 및 엔터프라이즈 소프트웨어 제품을 개발하는 업체로, 대표적인 제품은 데이터를 효과적으로 이용할 수 있도록 처리하고 저장하기 위한 데이터베이스 관리 시스템이다. 전사적 자원 관리 시스템(ERP), 공급망 관리 시스템(SCM), 고객 관리 시스템(CRM) 등의 제품을 개발해 기업에 제공한다. 오라클은 클라우드 시장이 빠르게 성장함에 따라 클라우드에 강한 사업 의지를 보이고 있는데 그 동안 가장 보수적인 업무 경향을 보이는 DB사업 부문까지 클라우드 중심으로 영업을 추진하고 있다.

오라클은 2014년 9월 연례기술행사인 '오라클 오픈월드 2014'를 개최하고 자바로 구현한 스마트카를 선보이면서 사물인터넷에 대한 관심을 드러냈다. 그 동안 자바는 인터넷 환경의 시스템 개발언어로 주로 사용됐지만, 사물인터넷 시대가 되면서 내장형 소프트웨어를 개발하려는 개발자들을 중심으로 수요가 증가하고 있다. 이날 기조연설에 나온 재스퍼 포츠 IoT 아키텍트는 앞으로 스마트카는 안전하고 경제적인 운전을 원하는 이용자의 니즈를 충족시킬 수 있을 것이라고 말했다.[110] 그 동안의 스마트카 개발이 '차량정보 시스템'의 진화에 그쳤지만 가속페달이나 브레이크에 센서를 부착해 운전자가 페달을 밟는 패턴에 따른 연료 소모량과 자동차의 전후방에 위험 물체는 없는지 등 실시간 데이터를 파악해 이를 운전자에게 알려 준다는 것이다.

오라클의 마크 허드 CEO는 전세계는 거대한 디지털 파괴 현상이 진행되고 있으며 신기술들이 인프라스트럭처가 되고 있어 기존 산업과 직업이 빠르게 변화하고 파괴되고 있다고 언급했다. 이어 빅데이터, 클라우드, 사물인터넷 등의 시장 규모는 전 세계 GDP에서 차지하는 비중은 아직 작지만 모든 IT에 녹아 있어 이것이 디지털 파괴를 일으키고 시장 흐름을 바꾸고 있다고 했다.[111]

오라클의 사물인터넷에 대한 시각은 수많은 디바이스들이 정보를 수집하고 이 정보를 한곳에 모아 다양한 분석을 통해 도출된 결과를 사람에게 서비스로 제공하는 것이다. 오라클 스스로 사물인터넷 서비스를 제공하는 것이 아니라 다른 누군가가 사물인터넷 서비스를 만들 수 있도록 전반적인 플랫폼을 제공하는 사물인터넷 인에이블러Enabler의 역할을 하는 것이다.

센서가 적용된 디바이스에서 전송하는 데이터는 네트워크를 거쳐 오라클 퓨전 미들웨어, 오라클 데이터베이스, 엑사데이터, 엑사로직, 엑사리틱스 등의 인프라로 들어가고 인프라에서 가공된 정보는 다양한 오라클의 애플리케이션으로 분석해 서비스에 그 결과를 반영하는 순환구조를 제공한다. 즉, 단순히 흩어져 있는 정보를 모으는 것이 아니라 분석을 통해 이용자에게 부가가치를 제공하는 서비스를 적시에 제공할 수 있는 전반적인 플랫폼을 제공하고자 하는 전략이다.[112]

오라클은 사물인터넷을 통한 엄청난 양의 실시간 데이터를 처리하고 분석하기 위해 게이트웨이에 분석 역량을 집어넣으려는 시도를 하고 있다. 오라클은 복합 이벤트 처리Complex Event Processing, CEP 기술을 게이트웨이에 포함시켜 데이터 속의 이벤트(스트리밍 데이터)를 감지하고 분석한다. 시스코와 오라클의 이러한 사물인터넷 전략은 게이트웨이를 둘러싼 경쟁구도로 이어진다. 단, 시스코와 오라클의 경쟁구도에서 시스코는 포그 컴퓨팅이 라우터 영역에서, 오라클은 게이트웨이에서 이루어진다는 차이점이 있다.

시스코는 포그 컴퓨팅의 분석을 라우터제품군 운영체제인 'IOS'에 리눅스를 결합한 'IOx' 플랫폼에서 하게 한다는 전략을 내세웠다. 시스코는 패킷 분석 기술을 적용해 데이터 흐름 속에서 의미 있는 정보를 캐낼 수 있다고 밝히고 있다.

반면, 오라클의 게이트웨이는 범용 소형 컴퓨팅 장비로 유선망으로 데이터를 보낸다는 점 외에 소형 서버에 데이터통합을 위한 애플리케이션이 들어간다. (113)

오라클의 국내 전략 역시 사물인터넷에 대한 잠재적 가치에 대한 투자를 계획하고 있다. 2015년 2월에 열린 2015년 사업전략 발표에서 2015년을 클라우드 퍼스트의 해로 정하고 클라우드 전략을 본격적으로 추진하면서도 사물인터넷, 모바일, 빅데이터, 소셜 등 새롭게 성장하는 분야에도 과거대비 집중 투자를 할 뜻을 밝혔다. (114)

사물인터넷의 숨은 공로자, 오라클

사물인터넷 영역 중 주목 받고 있는 영역 중 하나가 헬스케어와 피트니스이다. 특히 이 영역에서는 다양한 웨어러블 제품들이 출시되어 인기를 끌고 있다. 헬스케어/피드니스 제품 중 나이키 퓨얼 밴드를 모르는 사람은 아마도 없을 것이다. 하지만 이러한 퓨얼 밴드 서비스를 위해 오라클이 존재한다는 사실을 아는 사람은 많지 않을 것이다. 나이키의 퓨얼 밴드는 일단 퓨얼 밴드를 통해 전세계 800만 사용자의 신체 데이터를 실시간으로 수집한다. 수집한 데이터를 분석한 결과는 다시 사용자의 스마트폰으로 전송하게 되는데 이 작업을 실시간으로 수행하는 나이키 디지털 스포츠 플랫폼이 오라클 코히어런스와 엑사데이터로 이뤄져 있다. 하루에 800만 사용자의 운동 정보의 데이터 그리드 규모는 분당 15만 건에 이르며, 다뤄지는 오브젝트는 4천만 개에 달한다. 오라클은 나이키 퓨얼 밴드에서의 이용자 데이터를 수집, 처리, 분석, 보고를 실시간으로 빠르고 안정적이게 서비스를 제공하고 있다.[115]

1장에서 보았듯이 2013년 미국 캘리포니아 샌프란시스코에서 개최된 34회 아메리카스컵 요트대회에서 오라클팀USA는 우승을 했다. 래리 앨리스 공동창업자가 오픈월드 키노트를 취소하고 관람해 더욱 회자되었던 결승전이었다. 에미레이트 뉴질랜드 팀에게 8대 1로 뒤지고 있는 상황에서 오라클팀USA는 8연승을 거두며 역전에 성공했는데 사물인터넷 기술이 이러한 기적 같은 승리를 만들어 냈다고 이야기 되면서 주목을 받았다. 오라클팀USA는 막대한 투자를 받아 IoT 플랫폼을 활용하는 데 이용했다. 오라클팀USA의 요트엔 400개 이상의 센서가 적용되어 풍속, 풍향, 돛대의 상태, 배의 움직임 등의 4기가바이트에 달하는 데이터를 수집한다 (매일 200기가바이트, 초당 3000만 개에 이르는 센서 데이터 정보가 발생). 이를 실시간으로 오라클의 데이터베이스 엔지니어드 시스템으로 분석하고 분석한 결과를 오라클의 애플리케이션으로 전송해 가장 빠른 조종법을 도출하게 된다. 또한, 요트에는 6개의 태블릿이 장착되어 있고 탑승하는 각 선수들은 손목에 PDA를 차고 있어, 이러한 분석 결과와 정보를 선수별로 맞춤 배분해 배의 움직임과 전략

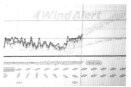

IoT를 활용한 오라클팀USA의 요트
자료 출처 : Oracle YouTube (https://www.youtube.com/watch?v=dw7Aqc5b0Fg&t=16)

을 결정하는 데 기여했다. 오라클팀USA의 승리에는 오라클의 사물인터넷 전략이 고스란히 녹아 있었다. [116]

오라클의 바튼 부사장은 오라클팀USA는 사물인터넷을 비즈니스의 강점으로 이어간 좋은 사례로 사람뿐 아니라 요트의 무게, 방향 등을 상황에 따라 데이터에 기반해 실시간으로 전략을 변경하는데, 비즈니스도 마찬가지로 실시간으로 전략을 변경하고 적용해야 하는 요구 사항이 커지고 있다고 했다. [117]

오라클은 2014년 9월 연례기술행사인 '오라클 오픈월드 2014'와 함께 자바 개발자들을 위한 '자바원'도 함께 개최했다. 이날 오라클은 자동차를 데이터센터와 연계해 자동차에 부착된 센서에서 전송된 방대한 데이터를 실시간으로 분석해 안전 운행에 도움을 주는 새로운 스마트카 개념을 선보였다. 이 같은 정보는 차 안에 내재한 기능형 정보시스템만으로는 해결이 어려운데 자바 기반의 스마트카 시연을 통해 자동차와 데이터센터를 실시간으로 연계하고, 빅데이터 분석과 클라우드 서비스까지 종합적으로 연계된 기술을 통해 보다 진화된 스마트카를 구현할 수 있다.[118]

5. 사물인터넷 시대의 새로운 주인공으로 도약하라

　그 동안 기업들의 소프트웨어, 하드웨어, 네트워크 프로젝트는 별도로 진행되어 왔다. 시스템통합(SI)과 네트워크통합(NI)이 각각 추진되기 때문에 시스코는 네트워크라는 IT기술 강점을 잘 활용해 성장할 수 있었다. 사물인터넷 시대에서는 네트워크와 컴퓨팅이 하나로 묶이는 모습을 보인다. 시스코는 사물인터넷 시대에 네트워크를 기반으로 통합 솔루션을 제공하는 솔루션 사업자로 자리매김하고 있다. IBM은 비즈니스컨설팅과 IT솔루션을 결합해 성공한 기업으로 시스코의 사물인터넷 전략이 그 동안의 IBM의 컨설팅과 IT솔루션의 결합 전략과 비슷한 모습을 띄고 있다.

　시스코는 사물인터넷과 관련해 유럽 지역의 스마트 시티와 산업 단위의 사례를 내세우고 있는데 이는 컨설팅부터 시작되는 대규모 IT 프로젝트를 지향하는 것으로 보인다. IBM역시 사물인터넷 시대를 위한 적극적인 행보를 보이고 있지만 시스코와 격렬하게 경쟁을 하고 있지는 않다. 사물인터넷 시장이 큰 성장이 기대되기는 하지만 현재 초기 시장으로 서로 경쟁하기 보다는 서로 눈치를 보고 있는 형국이라고 설명할 수 있다. IBM이 x86 서버 사업을 레노버에 매각하고 네트워크 관련 솔루션 등도 넘기면서 시스코와 모든 영역에서의 경쟁이 이루어 지지 않는 상황이다. 시스코가 IT관련 시스템을 위한 컨설팅부터 관리 운영까지의 역량을 확보하게 된다면 IBM과의 경쟁이 본격적으로 시작될 것으로 보인다.[119] 오라클 역시 풀스택의 서비스를 제공하는 강점을 내세우며 사물인터넷 시장에 접근하고 있어, 향후 시스코, IBM, 오라클 등 솔루션 사업자들은 각 영역에서 전선을 형성될 것으로 전망된다.

솔루션 사업자들은 이미 다양한 산업 분야에서 기업들의 공장과 사무실, 서비스 현장에 최적화된 솔루션을 제공하고 있다. 뿐만 아니라 정부와 공공기관에게도 효율적인 업무와 정책 관리 운영을 위한 솔루션을 제공하고 있다. 이미 B2B, B2G 채널을 확보하고 있는 상황에서 사물인터넷 전략은 시작된다. 기업과 정부 등은 이미 디바이스를 통해 데이터를 수집하고 전송된 데이터는 정확하고 빠른 분석 결과를 내놓고 이를 의사결정에 반영할 수 있도록 하는 프로세스를 구축하고 있다.

따라서 사물인터넷을 활용해 기존 프로세스와 비즈니스를 더욱 효율적이고 효과적으로 만들 수 있는 사물인터넷 솔루션 구축과 유지를 위해선 효율화를 통한 빠른 속도, 비용 절감, 안정화, 정교화 전략이 필요하다.

속도 측면에서는 시스코의 포그 컴퓨팅이 대표적인데 디바이스들로부터 수집된 방대한 데이터들을 원거리의 클라우드에 보내지 않고 데이터가 발생하는 주변에서 분석 활용하는 방식이다. 비용 절감과 안정화 전략에서는 IBM의 P2P 네트워크를 이용한 어뎁트가 대표적이다. 모든 사물이 연결되어 중앙에 집중된 네트워크를 이용하지 않아 수많은 기기들을 관리하는 비용을 절감시키고 중앙 네트워크에 문제 발생 시 사물인터넷 전체 시스템이 다운되는 문제를 해결할 수 있어 사물인터넷 솔루션을 안정적으로 제공할 수 있다. 정교화 전략은 데이터를 각 사업자의 성격과 목적에 따라 분석하고 의사 결정에 도움이 되는 결과를 내놓느냐는 것이다. IBM은 슈퍼컴퓨터인 왓슨 컴퓨터를 의료 분야에 적용해 의사들의 정확한 진단을 위한 결정에 도움을 주고 있다. 앞서 설명한 플랫폼 사업자인 구글의 딥러닝 기술 역시 정교화된 데이터 분석 역량의 예가 될 수 있다. 정교화 전략을 위해서는 데이터 분석 기술 역량과 알고리즘의 개발이 필요하고, 각 기업이 필요한 결과를 도출해 낼 수 있도록 하는 커스터마이징이 필요할 것이다.

앞으로 다가올 사물인터넷 시대에 솔루션 사업자들은 가장 중요한 역량인 B2B와 B2G에 이미 다양한 솔루션을 제공하고 있어 마케팅 채널을 확보하고 있다. 이것은 사물인터넷 전쟁에서 솔루션 사업자들이 다크호스로 떠오를 수 있는 중요한 요인이 된다. 이에 솔루션 사업자들의 사물인터넷 주도권 확보를 위한 행보가 주목된다.

삼성의 갤럭시 기어, 애플 와치와 같은 시계 형태의 웨어러블 제품, 구글글래스 같은 안경 형태의 웨어러블 제품 그리고 귀걸이나 헤어밴드와 같은 웨어러블 제품이 속속 등장하고 있다. 그렇다면 우리가 늘 입고 다니는 옷은 웨어러블 제품이 될 수 없을까? 미국의 패션 브랜드로 유명한 랄프 로렌이 웨어러블 제품을 선보여 주목을 받고 있다. 랄프 로렌이 개발한 웨어러블 제품은 '폴로 테크Polo Tech'라는 이름을 붙였다. 폴로 테크 셔츠에는 캐나다의 센서 기술 기업인 옴시그널Omsignal과 협력해 개발한 생체 측정 밴드가 내장되어 있어 심박, 호흡, 칼로리 소모량 등의 다양한 신체 정보를 측정할 수 있다.

재미있는 점은 2015년 1월 21일 북한 조선중앙TV의 '과학기술상식, 빠른 속도로 추진되는 제품의 지능화'라는 방송에서 최근 해외에서 열린 가전제품 전시회 영상을 방송했다. 특히 사물인터넷 기술을 적용한 다양한 제품이 소개되었는데 폴로 테크가 꽤 긴 시간 동안 소개되었다고 한다.

Polo Tech Shirt
착용 모습
자료 출처 : Polo Tech
사이트(http://tao-wellness.com)

폴로 테크의 생체측정 밴드에서 수집된 다양한 신체 정보는 스마트폰 앱으로 쉽게 확인

하고 이를 기반으로 운동 계획을 세울 수 있다. 그 동안의 웨어러블 제품은 IT관련 업체를

중심으로 출시되었기에, 패션 업체인 랄프 로렌의 도전은 더욱 눈에 띌 수밖에 없다. 폴로

테크는 2015년 판매될 예정으로 2014년 8월에 열린 US오픈 테니스 대회에서 마르코스 기

론 선수가 입고 출전했다.

스마트폰에 연동된 Polo Tech 애플리케이션 화면
자료 출처 : Apple Insider

6

사물인터넷 전쟁의 미래

1. 경쟁과 협력의 공존

사물인터넷 전쟁은 이미 시작되었다. 통신사업자, 각 산업 분야의 제조사, 플랫폼 사업자를 비롯해 솔루션 사업자까지 이 전쟁터에 출정했다. 스마트폰 시장은 구글의 안드로이드와 애플의 iOS가 양분한 상황이지만, 스마트홈, 헬스케어, 웨어러블, 스마트카, 스마트 도시, 스마트 팩토리 등 무궁무진한 제품이 개발될 수 있는 사물인터넷의 미래는 춘추전국 시대를 방불케 한다.

IBM은 오랜 숙적인 애플과 협력을 맺고 기업 업무용 앱을 공동으로 개발하여 은행, 유통, 보험, 금융, 통신, 에너지, 정부 기관, 항공사 등의 다양한 산업 분야의 기업들에게 제공하고 있다. 2015년 3월에는 IBM 모바일퍼스트 iOS 앱 3종을 추가로 공개하기도 했다. IBM은 모바일 중심의 솔루션을 제공하기 위해 애플과 협력을 맺어 앞으로 다양한 사물인터넷 기기가 모바일에 연결된 기업용 앱들도 등장할 것으로 예상된다.[120]

IBM 모바일퍼스트 iOS 앱
자료 출처 : IBM (http://www.ibm.com/mobilefirst/us/en/mobilefirst-for-ios/)

스마트카 시장에서도 구글을 중심으로 자동차 제조사, LG전자, 파나소닉 등 다양한 분야의 사업자들이 협력하고 있다. 하지만 스마트 자동차 시장에서 OAA는 다양한 사업자들과 협력하여 시장을 성장시키는 기회가 될 수도 있지만 한편으로는 서로 치열한 경쟁 대상이 될 수도 있다.

사물인터넷 시장의 표준화와 관련된 활발한 움직임도 포착되고 있다. 표준화 전쟁에 참여한 기업들과 단체들에 대해 살펴보고 사물인터넷 전쟁의 미래에 대해 생각해 보자.

2. 표준화 전쟁은 시작됐다

사물인터넷 표준을 책정하기 위해 다양한 기관들이 현재 활동 중에 있다. 3GPP, IEEE P2413, ISO, ITU-T 등 다양한 단체와 협회에서 사물인터넷과 관련된 표준화를 논의 중에 있다. 다양한 사물인터넷 관련 표준화 단체 중 최근 주목 받고 있는 올신얼라이언스, OIC, 스레드 그룹 등을 중심으로 서로의 목적과 협력 관계를 알아보자.

퀄컴은 2011년 MWC에서 올조인이라는 사물인터넷 오픈소스 프로토콜을 처음으로 공개했다. 이후 퀄컴은 2013년 12월에 올조인의 소스코드를 리눅스 재단에 이관하고 올조인에 기반한 컨소시엄인 올신얼라이언스를 설립했다. 올신얼라이언스는 다양한 단말들이나 브랜드들이 작동 환경에 구애받지 않고 상호 연결될 수 있도록 오픈 소스 기반 표준 플랫폼을 제정하는 데 목표를 두고 있으며, 이 컨소시엄에는 시스코, 하이얼, LG 전자, 파나소닉, 마이크로소프트, HTC 등 다양한 사업자들이 참여하고 있다.

올신얼라이언스는 출범 당시 23개 사업자에 불과 했으나 2014년 9월 11개의 프리미어 회원사와 60개의 일반 회원사가 참여했으며, 2015년 3월에는 142개 사업자가 참여하는 표준 관련 단체로 매우 빠르게 성장하고 있다. 회원사 규모가 빠르게 확대될 뿐 아니라 올신얼라이언스의 올조인은 2014년 2월 포스트케이프스**Postcapes**가 주관한 사물인터넷 어워드에서 최고의 사물인터넷 오픈 소스 프로젝트로 선정이 되면서 기술이 상당한 수준에 이른 것으로 평가 받고 있다. [121] 올조인은 와이파이 연결과 블루투스 페어링과 관련된 문제를 이미 해결했다. 뿐만 아니라 기존 운영체제나 칩셋 구동 소프트웨어에 약간의 코드만 추가하면 이용이 가능해 단말 간 상호 운용성이 보장되고 별도의 하드웨어가 필요치 않다. 예를 들어 올조인을 지원하고 있지 않는 스마트 TV의 경우에도 제조사의 소프트웨어 업데이트만으로 다른 기기들과 연결해 스마트홈 서비스 등을 이용할 수 있다.[122]

올조인은 와이파이에 디바이스를 연결해 전체적인 프로세스에 필요한 프레임워크를 제공한다. 제조업체는 올조인 기반의 디바이스를 와이파이에 연결시켜 제어 및 알림 등의 서비스 기능을 추가해 자체 앱을 독자적으로 개발할 수 있다. 이를 통해 스마트폰으로 커피 메이커가 아침에 커피를 내리고 이를 다시 스마트폰으로 알리도록 하는 명령을 내리는 등의 앱 개발이 가능하다.

퀄컴이 올조인의 개발 권한을 올신얼라이언스에 양도했지만 원천 기술 개발사로 표준화 제정 과정에서 여전히 영향력을 행사할 수 있다. 따라서 올신얼라이언스 운영이 회원사들의 의견이 아닌 퀄컴에 의해 좌지우지될 가능성이 있다는 우려도 있다. 퀄컴이 어떻게 움직이느냐에 따라 회원사들이 올신얼라이언스에 계속 참여할 수도 있고 탈퇴할 가능성도 존재한다.[123]

인텔은 스마트홈 등 사물인터넷 단말 간 상호 운용성 확보를 위해 오픈 소스 기반의 표준 인터페이스 개발을 목표로 2014년 7월 OIC를 출범했다. OIC는 인텔의 주도하에 아트멜Atmel, 브로드컴Broadcom, 와인드리버WindRiver 등 6개 사업자로 시작해 현재 55개 기업과 기관들이 참여하고 하고 있다. 삼성전자, 인텔을 주축으로 시스코, GE 소프트웨어, 미디어텍이 다이아몬드 회원으로 참여하고 있다. OIC는 운영체제나 무선

통신의 기술과 종류에 관계없이 데이터를 자유롭게 교환할 수 있는 기술 구현 방안을 2015년 초에 정식으로 발표할 예정이다. 그러면 누구나 OIC의 기술 표준을 활용해 스마트홈, 스마트 오피스, 자동차, 헬스케어 등의 영역에 적용할 수 있을 것으로 기대된다.

OIC는 바로셀로나에서 개최된 CES2015에 OIC 오픈 하우스 행사를 열었다. 이번 행사에서는 사물인터넷을 쉽게 제작할 수 있도록 다양한 프로세서와 플랫폼을 지원하고, 여러 네트워크와 프로토콜도 지원했다. 특히 기존에 상용화된 제품에 적용할 수 있도록 지원하고 기기 간 제어가 가능하도록 지원하는 것이 중요한 부분이었다.

OIC 오픈 하우스 행사에서는 스마트 전구, 스마트 프러그 등 주로 소형기기를 중심으로 스마트폰과 연결된 네트워크 허브를 통해 다양한 사물인터넷 서비스를 시현했다.

MWC2015에서 인텔과 타이젠은 OIC와 관련해 스마트홈과 맥주 서비스 기기를 선보였고 랩링크는 OIC 기반의 스크린 공유 서비스를 소개했다. 경쟁자인 올신얼라이언스의 행사에서는 TUTK가 올조인을 기반으로 방문객이 벨을 누르면 TV에서 방문객을 볼 수 있는 스마트 도어

인텔의 OIC 기반의 맥주 기기

폰을 소개하며 OIC와 올신얼라이언스가 실제 제품과 서비스를 이용해 경쟁을 펼쳤다.[124]

OIC는 올신얼라이언스와 비교해 보안 측면에서 강점을 가진다. 이는 소프트웨어 설계 단계부터 사물인터넷 환경에 적합한 보안 및 사용 인증 기술을 반영하고 있기 때문이다. 올신얼라이언스의 기술표준은 이미 2011년에 상당 부분 개발이 완료되어 구조적인 변경이나 새로운 보안 이슈에 대응이 어려울 가능성이 있다.[125]

스레드 그룹은 와이파이, NFC, 블루투스, 지그비 등의 기술보다 더 안전하고 저전력으로 디바이스를 연결할 수 있는 네트워킹 표준을 목표로 한다. 구글이 인수한 네스트랩스는 이미 자신의 제품에 스레드를 적용하고 있다. 기존 스마트홈 단말들의 경우 중앙의 허브를 통해 제어가 이루어지고 있어 스레드보다 전력 소모 측면에서 불리하다. 뿐만 아니라 기존 단말과 센서 등에 소프트웨어 업데이트만으로 스레드를 사용할 수 있도록 개발할 계획이다.[126] 스레드는 저전력 무선 프로토콜을 통해, 통신 방식에 집중한 표준화 전략을 구사하고 있다. 스레드 그룹은 다른 표준화 단체와 달리 스레드가 실제 적용된 제품이 출시되고 있다는 점에서 상당한 기술 수준을 가진 것으로 판단된다.[127]

스레드 그룹에는 삼성전자, ARM, 프리스케일, 실리콘 랩스, 예일 등의 7개 업체가 참여했다. 국내 대표 가전제조사인 삼성전자는 OIC와 스레드 그룹의 회원사로 활동을 하고, LG전자는 올신얼라이언스에 회원사로 참여 중이다. 이처럼 가전업체들의 경쟁이 사물인터넷 표준으로 이어지는 모습을 확인할 수 있다. 시스코는 올신얼라이언스와 OIC에 참여하고 있는데 어떤 표준화 단체의 영향력이 확대될지 알 수 없는 상황에서 삼성전자와 시스코 같은 전략은 상당히 의미가 있다.

특히 올신얼라이언스, OIC, 스레드 그룹의 타겟 시장이 소형 가전기기와 스마트홈 시장에 맞춰져 있어 이들의 표준 경쟁은 불가피할 것으로 예상된다. 무엇보다 구글이 네스트랩스를 거액에 인수한 것을 계기로 스레드 그룹을 적극 지지하고 지원할 것으로 보인다. 하지만 애플의 움직임은 다른 기업들과 다른 행보를 보이고 있다. 애플은 올신얼라이언스, OIC, 스레드 그룹 어디에도 가입하지 않고 있다. 애플의 홈킷은 와이파이와 블루투스를 통해 아이폰이 통합제어 장치가 되는 방식이다. 또한 아이비콘도 블루투스를 사용하고 있다. 애플은 자신의 다양한 기기를 중심으로 독립적인 표준을 만들어 사용할 것으로 예상되는데, 다른 시각에서 생각해 보면 향후 표준화 단체 간의 경쟁이 정리된 후 대세가 될 사물인터넷 표준을 적용하려는 속셈을 가지고 있을 가능성도 있다.

스마트홈을 타겟으로 한 표준 단체 외에도 2014년 3월 시스코, AT&T, GE는 산업용 사물인터넷 표준 개발을 목적으로 IIC를 만들었다. IIC는 다소 주목을 덜 받고 있는 산업용 사물인터넷에 대한 인식을 높일 것으로 예상된다. 산업용 사물인터넷은 엔진, 기계장치 등의 산업용 기기들을 타겟으로 하여 더 높은 보안 수준과 안전성, 성능을 요구한다. 이미 다양한 산업에 산업용 기계를 제조 판매하고 있는 GE와 에너지, 운송 등 M2M 기반의 서비스를 제공하고 있는 AT&T가 참여하고 있어 향후 기대가 되는 단체이다. [128]

2012년 7월 전세계 권역별 표준 개발 기구Standard Development Organization, SDO인 TTA(한국), ETSI(EU), ATIS/TIA(미국), ARIB/TTC(일본),

CCSA(중국)와 전세계 200여 개 기업들이 모여 원엠투엠을 설립했다. 원엠투엠은 사물인터넷 분야의 유일한 국제표준으로 올조인이나 OIC도 원엠투엠을 반영하기도 한다. 원엠투엠은 2014년 9월에 First Candidate Release를 발표하고 안정화 작업 중에 있으며, 다른 국제 표준 및 기업 컨소시엄들과 공동 표준 작업을 테스트하는 등 표준 확산을 위한 단계에 있다. 이러한 표준화를 통해 다른 서비스 영역 또는 제조업체로부터 사물간의 자유로운 통신을 가능하게 해주기 위해 스마트 자동차, 원격건강관리, 스마트홈, 스마트 그리드 등 분야와 상관없이 단말 및 제품 간의 호환성을 높이고 있다.[129]

작년에는 SKT의 표준이 채택되기도 하고 SKT와 전자부품연구원의 모비우스 플랫폼이 공개되는 등 우리나라의 노력이 돋보이고 있는 단체이다. MWC2015에서 SK텔레콤은 기지국에 기상 정보 관측 장비를 설치해 기상 정보 서비스를 제공하는 서비스를 개발했다. 이 기기는 SKT가 전자부품 연구원과 공동으로 개발한 원엠투엠 플랫폼 기반의 모비우스를 적용해 데이터를 수집 및 분석한다.[130]

표준화와 관련되어 서로 자신의 표준을 구축해가는 단체들 간의 경쟁이 상당 기간 진행될 것으로 전망된다. 현재 기업이 한 가지 표준에 올인하는 경우 리스크가 매우 큰 상황이다. 소니의 VTR 재생 방식을 둘러싼 표준 전쟁과 같이 어떤 표준이 시장의 세력을 확대하느냐에 따라 시장에서 완전히 퇴출될 수 있는 큰 위험이 존재하기 때문이다. 따라서 삼성전자와 같이 두 개 이상의 표준단체에 참여하는 양다리 전략을 추진하는 기업들도 있다. 표준화 전쟁이 한동안 치열하게 진행되겠지만 양다리 전략을 추진하는 기업들로 인해 각 표준화 진영 간의 경쟁은 그

사물인터넷 표준화 단체

단체명	설명
스레드 그룹	− 와이파이, NFC, 블루투스, 지그비 등의 기술보다 안전하고 저전력으로 디바이스를 연결할 수 있는 네트워킹 표준이 목표. − 기존 단말과 센서 등에 소프트웨어 업데이트만으로 스레드를 사용할 수 있도록 개발할 계획 − 구글이 인수한 사물인터넷 업체인 네스트랩스가 주관하고 있으며, 삼성전자, ARM, 프리스케일, 실리콘 랩스, 예일 등의 업체가 참여
원엠투엠	− 원엠투엠은 2012년 7월에 공식적으로 전세계 권역별 표준 개발기구인 TTA(한국), ETSI(유럽), ATIS/TIA(북미), ARIB/TTC(일본), 중국(CCSA)등 7개의 SDO가 국제 공통 표준 규격 개발을 위해 설립한 국제 표준 단체 − 현재 안정화 작업 중이며, 다른 국제 표준 및 기업 컨소시엄들과 공동 표준 작업 및 테스팅과 같은 표준 확산을 위한 단계 − 공통 서비스 기능에 대한 표준화를 통해 서로 다른 서비스 영역 또는 제조업체로부터의 사물 간 자유로운 통신을 실질적으로 가능하게 해주기 위한 목적
OIC	− 인텔이 주도를 하고 삼성, 아트멜, 윈드리버 등의 기업들이 멤버로 활동 − 상호 운용성을 위한 표준/인증/브랜드 등을 규정하기 위한 노력을 하고 있으며, 기기에 대한 상호 운용, 서비스 레벨 상호 운용성 등 여러 분야를 커버하려 노력
IIC	− 2014년 3월에 산업용 사물인터넷 표준 개발을 목표로 출범 − 시스코, AT&T, GE 가 참여
ITU−T	− 2005년 사물인터넷에 대한 중요성을 강조한 리포트를 발간하는 것을 시작으로, 지속적으로 사물인터넷 관련 국제 표준 규격 개발 작업을 진행하는 공적 표준화 기구 − 주요 표준 개발 영역은 사물인터넷에 대한 기본 정의, 유스케이스 스터디, 사물에 대한 분류, 참조 모델 등에 대한 표준 개발 − 개념적인 사물인터넷 표준을 통해 다양한 사물인터넷 플랫폼이 사실 표준 또는 기업들 간의 컨소시엄을 통해서 개발되었을 때 이질성을 치소화하는 것이 목적임
ISO/IEC JTC1	− ISO/IEC JTC1은 2012년 사물인터넷특별작업반5(SWG 5)를 설치하여 사물인터넷 표준화의 갭 분석, 시장 요구사항 스터디, JTC1 내의 상호 협력 추진, 타 표준화 기구와의 상호 협력, 프레임워크에 대한 스터디 등을 진행함 − 일반적인 사물인터넷에 대한 표준을 개발하고, 연속성 있는 사물인터넷 표준 활동을 해나갈 계획

IEEE P2413	– 세계 최대의 기설 전문가 협회인 IEEE는 IEEE Standard Association(IEEE-SA)를 통해 다양한 사물인터넷 관련 표준과 프로젝트를 진행 – IEEE-SA의 표준들은 다양한 영역에서의 사물인터넷 서비스를 지원하기 위한 프로토콜, 기술, 아키텍처 구조 등을 아우르고 있다. – 2014년 7월 IEEE P2413 프로젝트 그룹을 결성하여, IoT/M2M의 전반적인 구조 프레임워크에 대한 표준 개발 작업에 착수 – 현재 원엠투엠과 상호 협력 및 중복 표준 방지에 대한 연구를 진행 중
3GPP	– 이통통신과 관련된 사실상의 국제 표준을 제정하고 있는 3GPP는 원엠투엠과 마찬가지로 7개의 SDO들 간의 합의에 의해서 결성되고 표준을 개발해 온 표준 단체 – 사물인터넷에서는 이동통신을 사용하는 모든 단말기들이 사물로 간주되어 인터넷에 연결되기 때문에, 3GPP 내에서는 이러한 기기들에 필요한 Machine Type Communication(MTC)에 대한 표준을 진행함 – 수면 모드에 있는 3GPP 단말기들을 IoT/M2M 통신을 위해 활성화시키는 MTC Triggering 분야와 원엠투엠 서비스 공통 플랫폼과 상호 필요한 정보들을 교환하기 위한 표준을 개발하는데 주력
BBF (BroadBand Forum)	– 유선망으로 연결된 사물인터넷 기기들에 대한 관리와 관련된 표준 문서를 개발하고 제정하는 역할을 담당
OMA(Open Mobile Alliance)	– 무선망으로 연결된 사물인터넷 기기들에 대한 관리와 관련된 표준 문서를 개발하고 제정하는 역할을 담당 – 추가적으로 사물인터넷에 적합한 경량화된 디바이스 관리 프로토콜에 대한 표준도 같이 진행 중

렇게 격렬한 모습을 보이지는 않을 것으로 예상된다.

너무나 다양한 분야에 사물인터넷이 적용되고 확산되는 상황에서 기존의 이해관계자들과 통신사, 솔루션 사업자, 플랫폼 사업자 등 새로운 이해관계자들의 관계가 모든 분야에서 원만하게 이루어지지만은 않을 것은 분명하다. 표준화에 상당한 시간이 걸릴 것이고 다양한 분야의 특성에 맞게 몇 개의 표준이 오랜 동안 존재할 가능성도 배제할 수 없다. 하지만 분명한 것은 다양한 기기들에서 수많은 데이터가 센싱되고 센싱된 데이터는 똑똑한 알고리즘을 통해 분석되어 우리의 삶을 보다 풍요롭게 만들 것이라는 사실이다. 사물인터넷 전쟁에서 어떤 진영에서 주도권을 잡을지는 현재까지 미지수이다. 하지만 중요한 것은 사물인터넷 전쟁의 최종적인 승자는 보다 편리하고 질 높은 삶을 누리는 소비자여야만 할 것이다.

데이터 중심의 세상

매년 연말이나 연초가 되면 각종 기관들로부터 전망보고서들이 쏟아진다. 특히 매년 빠르게 기술이 진화하고 있는 IT 분야에서는 주목해야할 기술 Top 10, 트렌드 10과 같은 한 해의 전망을 담은 보고서들이 많이 나온다. 최근 몇 년간 이러한 보고서에서 빠지지 않고 나왔던 단골손님이 '빅데이터'였다.

빅데이터를 설명하면서 가장 자주 등장하는 단어가 '비정형 데이터'이다. 비정형 데이터의 대표적인 예가 SNS에 남긴 사람들의 글이다. 트위터나 페이스북에 사람들이 올린 텍스트를 분석하거나 좋아요 버튼을 누른 사람의 데이터를 사용해 각 개인의 현재 관심사 등을 분석해 내는 것이다. 사람들은 그 동안 우리가 수집하고 분석하지 못했던 새로운 데이터인 비정형 데이터를 수집하고 분석하면 그 동안 우리가 풀지 못했던 일들이 해결될 수 있을 것이라고 생각했다.

사물인터넷 시대를 맞아 우리는 진정한 빅데이터 시대를 맞이할 것이다. 왜냐하면 사물인터넷 기기들은 실시간으로 다른 기기 그리고 사람들과 소통을 하면서 보다 사실에 입각한 실시간 데이터를 만들어 내고 수집하기 때문이나. 예를 들어 SNS에 고등학생이 "난 수능 시험이 전혀 두렵지 않아. 얼마든지 어렵게 내봐라. 만점을 맞으리라."라고 글을 올렸다고 해보자. 이런 경우 텍스트의 문맥을 어떻게 분석하느냐에

247

따라 이 학생이 수능 시험에 대해 긴장하고 있는지 아닌지 다르게 해석될 수 있다. 하지만 스마트 와치를 학생이 착용하고 있는 경우, 환경의 변화가 없음에도 불구하고 이 학생의 심박 수가 평상시보다 빠르게 뛰고 있다는 데이터가 수집된다면 이 학생은 분명히 수능 시험에 대해 긴장하고 두려워하고 있다는 명백한 분석을 할 수 있을 것이다.

이렇게 그 동안 없었던 새로운 데이터가 결합해 빅데이터 분석을 의미 있게 해주게 되는데, 이 새로운 데이터를 앞서 보았듯이 액티브데이터라고 한다.[131] 다양한 사물인터넷 기기들에 적용된 다양한 센서를 통해 가상의 환경이 아닌 실제 환경에서 사실에 입각한 실시간 데이터들이 생성된다. 즉, 사물인터넷 시대에는 이전과 비교해 보다 양질의 액티브데이터를 충분히 확보하게 되어 빅데이터를 보다 유용하게 만들 수 있는 촉매제가 될 것이다.

액티브 데이터를 확보했다는 것은 우리의 입맛에 맞는 맛있는 요리를 만들기 위한 신선한 재료를 구했다는 얘기다. 그렇다면 이 재료들을 다듬어 맛있게 조리하는 과정을 빅데이터와 연결지으면 '정확하고 신뢰성 있는 분석 과정'으로 표현 할 수 있다.

앞서 플랫폼 사업자 파트에서 구글과 페이스북 같은 사업자들이 딥러닝 기술에 관심을 가지고 경쟁을 시작했다고 설명했다. 딥러닝 기술은 데이터를 분석해 보다 정확하고 의미 있는 예측 정보 및 결과를 만들어 낼 수 있다. 이러한 정확한 분석 결과는 마케팅과 서비스를 제공하는 곳에 유용하게 사용될 수 있다. 구글의 상황 인지 서비스인 구글 나우의 경우 위치 정보와 메일, 스케줄 등의 개인 정보를 분석해 정보를 추천하고 있다. 하지만 사물인터넷을 통해 개인의 현재 상태를 알 수 있다면 보다 정교화된 구글 나우 서비스를 제공할 수 있다.

사물인터넷의 시대는 기계와 기계, 사람과 기계, 사람과 사람, 사람과 공간 등 모든 만물이 연결되어 액티브데이터를 만들어 낼 수 있는 최적의 조건을 제시한다. 따라서 이러한 액티브데이터를 잘 다듬고 조리해 맛있는 음식으로 만들 수 있는 딥러닝과 같은 데이터 분석 알고리즘 기술이 앞으로 더욱 주목을 받는 기술 영역이 될 것이다.

사물인터넷 세상은 수많은 센서들을 통해 수집된 데이터로 돌아가는 센싱사회이다. 우리는 그 데이터들을 다양한 관점으로 해석하여, 사람들에게 필요한 서비스가 무엇인지 파악할 수 있다. 사물인터넷 전쟁은 누가 어떤 정보를 얼마나 획득하고 이를 얼마나 잘 활용하는지에 달려 있다. 단순히 정보만 획득했다고 이 전쟁에서 승자가 될 수는 없다.

비즈니스 모델의 진화

2014년 11월 《하버드 비즈니스 리뷰Harvard Business Review》에는 기업 경쟁우위 이론으로 유명한 마이클 포터 교수의 논문이 실렸다. 마이클 포터 교수는 「'스마트, 커넥티드' 제품은 경쟁의 구도를 어떻게 바꾸고 있을까」라는 제목으로 새로운 IT 기술, 특히 사물인터넷의 등장이 기존 기업 간 경쟁과 경쟁 우위 전략을 변화시키고 있다고 설명했다.

마이클 포터 교수는 자동화 시대인 1960·1970년대이 제1의 물결과 인터넷의 부상으로 어디에서나 저렴하게 접속하고 연결할 수 있는 제2의 물결인 1980~1990년대를 지나 현재는 IT가 제품 자체의 핵심적인

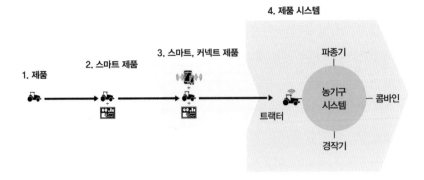

산업경계의 재정의
자료 출처 : How Smart, Connected Products are Transforming Competition, 마이클포터, HBR, 2014.11

부분으로 자리매김을 하고 있는 '제3의 물결'의 시대에 완전히 진입했다고 주장했다. 제3의 물결 시대는 센서–프로세서–소프트웨어–제품 연결성은 제품 자체의 기능과 성능을 획기적으로 개선하면서 IT 기술이 제품의 핵심이 되었다는 설명이다.

스마트, 커넥티드 제품의 기능이 갈수록 늘어나면서 산업 내 경쟁 구도가 변화되고 산업의 경계가 확장되는데, 이를 다시 설명하면 사물인터넷은 산업 경계를 확장시켜 기존의 비즈니스를 변화시킨다는 것이다. 단순히 트랙터라는 농기구를 생산하던 회사가 스마트한 트랙터, 스마트+커넥티드 트랙터를 거쳐 다른 농기구와 연결되어 데이터와 농기구들을 모니터링/컨트롤하는 농기구 시스템으로 발전하고, 날씨 정보 시스템, 농기구 시스템, 관개 시스템, 파종 최적화 시스템이 하나로 연계된 농장 관리 시스템으로 변화하는 진화 과정을 보여준다. 단순히 트랙터를 제조하는 제품 제조사가 사물인터넷을 통해 농장 관리 시스템 비즈니스로 확장되는 것이다.

앞으로 다가올 시대에는 제품을 개발해 판매하던 업체가 사물인터넷 제품으로 발전하면서 관리 시스템을 만드는 업체로 발전할 수 있다. 가전제품 업체를 예로 들어 보면, 단순 가전제품에서 보다 똑똑한 스마트/커넥티드 제품을 생산하게 되고 이러한 가전제품을 모니터링/컨트롤하는 시스템 비즈니스로 발전할 수 있다. 최종적으로는 집 안 전체를 관리하는 스마트홈 시스템 업체로 비즈니스가 업그레이드 될 수 있다.

이와 같은 비즈니스 확장은 제조업체의 사물인터넷 전략에서 볼 수 있듯이 제조와 서비스의 결합이라는 하이브리드 비즈니스 모델을 만들어 낸다. 미쉐린이나 롤스로이 모두 대표적인 사례이다. 비즈니스의 진화는 기업의 수익모델을 바꾸고 있다. 전통적인 제품 판매에서 이제는 서비스에 중점을 두고 있는 것이다. 과거에는 제품을 판매한 후, 서비스는 말 그대로 A/S 정도로 여겨졌다. 하지만 이제는 A/S라고 여겨졌던

이 서비스가 하나의 사업 영역으로 자리 잡고 있다.

스마트 제품을 통한 비즈니스 모델의 진화는 한 기업에게는 사업 영역을 확장시키는 것이지만 산업 관점에서 보면, 산업의 영역을 뛰어넘는 것이기도 하다. 즉, 단순 제품에 IT 기술이 들어서면서 해당 제품이 IT 제품으로 포지션 될 수 있다. 우리가 자주 언급하는 스마트카나 스마트홈 제품 등은 각 산업 영역 내 전통적 제품이 될 수도 있지만 다른 관점에서 보면 새로운 IT 제품이 된다. 비즈니스 모델의 진화가 산업 간 경계를 붕괴시켜 우리가 흔히 말하는 '컨버전스 시대'를 만들고 있다.

사물인터넷이 활성화되면 될수록, 새로운 비즈니스 모델은 계속해서 등장할 것이고 비즈니스 모델의 진화는 결국 영역 간 경계를 흐리게 만들 것이다. 사물인터넷 전쟁의 승리는 어떻게 보면 누가 더 빨리 비즈니스를 진화시키느냐에 달렸을 수도 있다. 이는 기업의 '혁신'이라기보다 눈앞에 닥친 '생존'에 더 가깝다. 가전제품 업체가 냉장고를 통해 개인의 몸 상태를 파악해 필요한 음식을 주문할 수 있다면, 이러한 서비스를 제공하는 업체는 단순 가전제품 업체일까? 아니면 헬스케어 업체일까? 이런 변화는 비즈니스 모델을 뛰어넘어 사물인터넷 전쟁에서 누군가에는 기회 혹은 위협이 될 것이다.

스타트업 활성화와 M&A의 기회

통신사, 제조사, 플랫폼 사업자, 솔루션 사업자 진영으로 나눠 각 진영의 대표적인 사업자 위주로 사물인터넷 전략을 살펴봤다. 하지만 인터넷 기사나 킥스타터와 인디고고_{Indiegogo}와 같은 크라우드펀딩 사이트들을 보면 스타트업들이 번득이는 아이디어를 가지고 사물인터넷 제품을 개발해 판매하거나 펀딩을 받고 있다.

물론, 이런 업체들은 현재 대기업과 경쟁, 중국의 저렴한 대체재와의 경쟁 등 다양한 위협을 받고 있다. 또 차별화 없는 제품을 제조해 판매하는 경우, 가격 경쟁 측면에서 중국 기업과 대기업과 비교해 열세에 있는 것이 사실이다. 하지만 기존의 제품에 스마트함과 연결성이라는 기능을 부여해 새로운 아이디어와 서비스를 접목한 제품을 개발하는 경우, 기존의 제품과 비교해 부가가치 높은 제품을 생산해 이윤 확보에 유리할 것이다. 뿐만 아니라 자신만의 아이디어와 서비스로 제품의 차별화 경쟁력을 만들어 낼 수 있는 기회를 제공한다.

앞서 설명했던 구글의 아라 프로젝트와 같은 경우 아라폰이 제공하는 개발 표준에 맞춰 쉽게 사물인터넷 기능을 하는 모듈을 생산할 수 있고, 이 모듈을 지원하는 앱을 개발하는 경우 다양한 차별화된 사물인터넷+앱 서비스의 모델을 만들어 낼 수 있을 것으로 보인다.

사물인터넷 관련 스타트업에 대한 투자도 지속적으로 증가하고 있는데 2014년에만 드론 관련 스타트업 투자 규모가 29건에 1억 달러를 넘어 섰다. 또한 2014년 5억 달러를 웨어러블 스타트업이 투자를 받으며 매년 빠르게 투자 건수 및 투자 규모가 증가해 왔다.

뿐만 아니라 구글, 아마존, 삼성전자와 같은 거대 기업들이 사물인터넷 관련 업체를 적극적으로 인수하고 있어 경쟁력 있는 사물인터넷 제품과 서비스를 제공하는 스타트업에게 투자회수를 할 수 있는 좋은 기회를 제공하고 있다.

2014년 동안 제조, 통신, 플랫폼 사업자 진영에서 사물인터넷 또는 M2M 관련 기업에 투자와 인수가 진행되었다. 특히 구글과 삼성 등의 투자 규모가 눈에 띤다. 페이스북의 경우 오큘러스 리프트를 20억 달러에 인수했고, 2014년 12월 반도체 업체인 사이프러스 세미컨덕터Cypress Semiconductor가 스팬션Spansion을 40억 달러에 인수하고 반도체 솔루션을 개발하는 아트멜이 뉴포트 미디어Newport Media를 1.4억 달러에 현금을 지불하고 인수해 저전력 와이파이와 블루투스를 구현할 수 있는 역량을 확보하는 등 사물인터넷과 관련한 큰 인수들이 이루어졌다.

이처럼 사물인터넷 시대는 스타트업들에게 새로운 기회가 될 수 있다. 즉, '스타트업 전성시대'가 올 수 있다. 스마트홈이라는 분야만 하더라도 너무 다양한 제품과 아이디어가 나올 수 있고, 세분화된 시장이 존재한다. 우리가 흔히 말하는 틈새시장이 존재한다. 뿐만 아니라 어떤 제품을 만들기 위해 대규모의 공장을 짓거나 설비투자가 필요하지 않다.

다양하고 혁신적인 아이디어로 무장한 스타트업들은 순식간에 전통적인 기업의 가치를 뛰어넘을 것이다. 국내에서 논란이 된 우버가 대표적인 사례이다. 이런 스타트업들 중에는 글로벌 기업으로 성장도 하지만 전통적인 대기업에 M&A가 될 수도 있다. 그리고 이러한 일은 점점 빈번해질 것이다.

플랫폼 사업자들의 또 다른 전성시대

사물 인터넷 시대의 주도권을 누가 잡을 것인가에 대해 4가지 주요 진영을 중심으로 그들의 사물인터넷 준비 현황과 전략에 대해 살펴보았다. 그렇다면 누가 사물인터넷 시대의 주도권을 잡게 될 것인가? 결론부터 말하자면 플랫폼 사업자들이 사물인터넷 시대의 주도권을 잡을 가능성이 높다고 판단된다.

플랫폼 사업자들이 가장 유력한 후보라고 판단하는 근거는 스마트폰이 처음 등장했을 때 주도권을 잡은 사업자들이 바로 플랫폼 사업자들이기 때문이다. 스마트폰 시장의 주도권 싸움을 좀 더 살펴보자. 애플은 자체 OS를 기반으로 스마트폰을 만들었고, 구글은 OHA를 설립해 단말 제조사 등을 포섭했다. 단말 제조사들은 자체 OS로 스마트폰을 만들기도 했지만 구글과 애플의 OS로 스마트폰 시장이 고착화되자 통신사, 단말 제조사를 비롯해 다양한 앱스토어들이 구글의 앱스토어에 무릎을 꿇어야만 했다.

이렇듯 OS 플랫폼 사업자가 주도권을 잡게 된 이유는 서드파티 개발자 확보를 통한 다양한 애플리케이션을 확보하고 이러한 애플리케이션을 즐기기 위해 이용자들이 구글과 애플을 선택하도록 만든 선순환 구조의 생태계라고 할 수 있다. 많은 사람들이 스마트폰의 편리함과 유용성을 느끼면서 더욱 빠르게 스마트폰이 확산되었다. 솔루션 사업자들은 기업을 대상으로 한 엔터프라이즈 솔루션과 인프라 구축을 중심으로 사업을 진행해 왔는데, 스마트폰의 빠른 확산과 무선 중심의 사용자 행태 변화로 인해 모바일 퍼스트 전략을 목표로 사업의 방향성을 설정하고 스마트폰을 이용한 솔루션들을 속속 출시하기 시작했다.

사물인터넷 시장도 스마트폰 시장과 유사한 모습으로 주도권 경쟁이 돌아가는 형상이다. 현재 사물인터넷 제품들의 다수가 스마트폰을 허브로 해 출시되고 있다. 이를 다시 말하면 스마트폰의 주도권을 가진 사업자가 사물인터넷 시대의 주도권을 잡을 가능성이 높다는 것이다. 현재 출시된 사물인터넷 제품을 컨트롤하거나 분석된 정보를 보기 위해서는 스마트폰을 허브로 이용한다. 즉 사물인터넷 제품+앱 서비스로 구성되어 있다. 이미 앱을 유통하는 앱스토어 시장을 장악하고 있는 플랫폼 사업자들에게 사물인터넷 시장은 시작부터 유리한 경쟁인 셈이다. 플랫폼 사업자들은 시장의 니즈가 가장 많은 스마트홈, 헬스케어 등의 시장에 사물인터넷 전용 OS를 만들어 공개하고 사물인터넷의 노른자라고 할 수 있는 데이터를 통합 관리할 수 있는 플랫폼을 제공함으로써 다양한 서드파티 사물인터넷 개발사와 개발자들을 포섭하고 있다.

제조사와 통신사가 스마트폰 시장의 주도권 싸움에서처럼 힘없이 주도권을 놓치지는 않으려는 노력이 속속 보이고는 있지만, 사물인터넷 시대의 주도권을 잡을 만큼 큰 변화를 가져오기는 쉽지 않다. 제조사는 사물인터넷을 활용해 서비스 진화에 중점을 둘 것이다. 이러한 서비스의 진화는 제조사에게 이득을 줄 수 있다. 통신사는 '연결'을 필요로 하는 업체들과 제휴를 해나갈 것이다. 하지만 이것만으로는 통신사가 사물인터넷 전쟁에서 승리를 할 기회를 만들기는 쉽지 않다. '연결'이라는 것이 보편성을 넘어 희소성을 가질 때, 통신사는 새로운 수익을 창출할 수 있는 기회를 얻을 수 있다.

그 누구도 사물인터넷에서 주도권을 어떤 진영이, 어떤 사업자가 가져갈 것이라고는 장담하지 못한다. 하지만 플랫폼 사업자가 주도권을 잡을 수 있는 유리한 고지에 서 있다는 것만은 대부분이 공감할 것이다. 물론, 플랫폼 사업자들 또한 항상 유리한 고지에 있는 것은 아니다. 점점 진화하는 기술과 사람들의 새로운 니즈는 플랫폼 사업자들에게 또 다른 고민을 안겨줄 수 있다. 앞서 봐왔던 구글, 애플, 아마존뿐만 아니라 다른 플랫폼 사업자들이 계속해서 스타트업을 인수하는 것은 이런 고민의 일환이 아닐까?

지금처럼 파괴적 혁신의 시대에 스마트폰 주도권 전쟁의 승자가 앞으로 있을 새로운 시대의 승자가 되리라는 보장은 없다. 다만, 현재까지는 플랫폼 사업자들이 다른 사업자들 대비 우위에 있을 뿐이다.

개인 정보 이슈의 활성화

기술의 발전이 항상 좋은 것은 아니다. 이는 사물인터넷도 마찬가지다. 기술이 발전하면 발전할수록 사람들의 편의성은 높아지지만 그 만큼 기회비용이 뒤따르게 마련이다. 사물인터넷의 장밋빛 시나리오에는 그에 상응한 어두운 그림자가 드리워져 있다.

인터넷과 스마트폰 시대로 접어들면서 개인의 사생활 침해 문제와 보안 문제는 끊이지 않는 단골 이슈이다. 특히 사물인터넷은 센서를 통해 우리가 인지하지 못하는 순간에도 다양한 정보를 만들어내기 때문에 이러한 사생활 침해 문제에 더욱 노출되어 있다. 최근 몇 년간 일어난 금융이나 통신사 등의 고객정보 유출사건은 큰 파장을 불러왔다. 이제는 자신의 정보가 도대체 어디서 어떻게 활용되고 있는지 알 수도 없다. 그래서 인터넷 회원가입을 할 때도 정말 필요한지를 생각하거나 회원가입을 하지 않고 비회원으로 제품을 구매하기도 한다.

최근 구글의 네스트랩스나 스마트카가 광고를 전달하는 매체가 될 것인가 아닌가에 대한 논란이 있었다. 구글은 2013년 미증권위원회에 제출한 연차보고서를 통해 컴퓨터나 스마트폰이 아닌 다양한 기기를 통해 광고를 할 것이라고 했다. 이 보고서는 구글의 광고 효율성과 수익 확대라는 측면에서 미래 가치를 높여줬다. 하지만 과다한 광고 노출은 소비자에 공해가 될 수 있고, 내가 필요한 물건을 너무 정확하게 추천하고 광고함으로써 내가 아닌 다른 사람이 나에 대해 나보다 더 잘 알고 있다는 거부감이 들게 할 가능성도 존재한다.

너무 정확한 추천과 광고는 부작용을 낼 수 있다. 미국의 유명 유통업체인 타겟은 고객들에게 우편으로 상품 추천 광고를 하는데, 너무 정확하게 고객을 알고 있다는 거부감을 줄이기 위해 의도적으로 랜덤한 상품을 포함하고 있다. 분명, 사물인터넷이 센서를 통해 다양한 데이터를 수집하여 사람들이 필요로 하는 서비스를 제공할 수도 있다. 수집된 데이터의 양이 폭발적으로 증가하면 증가할수록 한 개인의 행동패턴이나 습관 등을 과거와 달리 정밀하게 파악할 수 있기 때문이다. 인공지능이나 딥러닝도 결국 이러한 데이터에 기반하여 나온다. 데이터에 기반한 맞춤형 서비스는 사물인터넷 전쟁의 승자로 가는 지름길이기도 하다.

하지만 우리는 스마트폰으로 개인 정보를 빼내고 이를 보이스피싱과 스미싱 등 범죄에 악용하는 일을 많이 경험한다. 이런 상황에 사물인터넷을 통해 더 많은 개인 정보들이 노출될 수 있다는 상상을 하게 된다면, 사물인터넷을 환영만 할 수는 없을 것이다.

인터넷에서 최근 논란이 되고 있는 '잊혀질 권리'를 고려해 볼 때, 사물인터넷에 대해 소비자들이 고운 시선만을 보내지는 않을 것이다. 사생활 보호는 사물인터넷의 핵심인 데이터 수집에 있어 큰 걸림돌로 작용하고 있다. 개인정보 이슈가 중요해지면서 SNS의 글을 삭제해 주는 '디지털 세탁소', '디지털 장의사'란 서비스가 생겨날 정도이다. 국내의 경우, 산타크루즈캐스팅컴퍼니라는 온라인 평판관리업체가 있다. 이처럼 사람들의 개인정보 보호에 대한 관심은 점점 증가하고 있다. 자신이 스스로 올렸던 정보면 그나마 다행이지만, 자신도 모르게 자신과 관련된 정보가 수집된다면 어떨까?

이제 기업들은 혁신적인 서비스만큼이나 개인정보를 보호할 수 있는 방안 마련이 필요하다. 개인정보를 잘 관리하고 있다는 말만이 아닌, 흔히 이야기하는 믿음과 신뢰를 눈으로 보여주어야 한다. 사물인터넷 전쟁을 넘어서 사물인터넷이 사람들에게 더 와 닿는 기술이 되기 위해서는 이러한 과정이 꼭 필요하다. 한 번 정보가 잘못 관리되어 잘 나가던 기업이 쇠락의 길로 들어서는 경우가 종종 있었기 때문이다. 이런 문제로 인해 사물인터넷 전쟁의 승자가 생각지도 못했던 곳에서 나올 수도 있지 않을까? 과연 사업자들은 어떠한 혁신적인 기술과 고객에게 제공하는 혁신적인 효용으로 사물인터넷에 드리운 어두운 그림자에 빛을 비출지 궁금해진다.

259

4. 우리나라의 준비 수준과 방향

애플의 아이폰이 2007년 출시된 이후, 스마트폰이 우리 사회를 지배했다. 국내외 모든 기업들이 스마트폰을 중심으로 신규 비즈니스 모델을 구상하고 관련 서비스를 출시하였다. 하지만 스마트폰이 점점 확산되고 성장이 둔화되면서 우리에게는 스마트폰 이후, 즉 포스트 스마트폰이 필요한 시점이 되었다. 특히 화웨이, 샤오미 등 중국 기업의 성장은 새로운 성장 동력 발굴을 가속화시키고 있다.

IDC에 따르면, 2014년 3분기 세계 스마트폰 시장점유율 1위는 삼성전자(23.8%)로 나타났다. 이는 2013년 동기 대비 8.2포인트나 하락한 수치다. 반면 3위와 4위는 중국의 샤오미(5.3%), 레노버(5.2%)였다. 가트너 조사 자료의 경우에도 3위는 화웨이, 4위는 샤오미, 5위는 레노버로 나타나 중국 업체의 약진이 두드러졌다.[132]

포스트 스마트폰으로서 사물인터넷

이러한 환경 때문에 포스트 스마트폰으로써 '사물인터넷'은 2014년 화두가 되었고 2015년 CES2015에서 절정에 달한 듯 보인다. 포스트 스마트폰을 누구보다도 준비해야 하는 삼성전자는 2014년 말 조직개편을 단행했다. IT/모바일 부문의 조직과 인력을 재배치하고 사물인터넷 전담 조직을 신설하였다. 특히, 2015년 2월 권오현 삼성전자 부회장은 시무식에서 "스마트헬스, 스마트홈 등 IoT 신사업을 본격적으로 추진해

미래 경쟁력을 확충하자"고 말했다.[133]

정부 또한 사물인터넷 활성화에 힘을 쏟고 있다. 미래창조과학부에서는 2013년 6월 인터넷 신산업 육성 방안을 발표하였다. 인터넷이 기업의 핵심 성장 축으로 성장하고 있기 때문에 이를 기반으로 정부의 창조경제를 선도하겠다는 전략이다. 인터넷 신산업은 사물인터넷, 클라우드, 빅데이터로 모든 것이 연결된 세상에서 효율성을 향상시키고 의미 있는 것을 만들겠다는 내용이다.[134]

이러한 연장선에서 미래창조과학부는 관계부처 합동협의를 통해 2014년 5월 사물인터넷 기본 계획을 확정했다. 정부의 사물인터넷 비전은 초연결 디지털 혁명의 선도국가 실현으로 국민/기업/정부가 세계에서 가장 활발하게 IoT 서비스를 개발·이용하는 것이다. 비전에 따라 현재 사물인터넷 시장 규모를 2013년 기준 2.3조 원에서 2020년 30조 원, 중소·중견 수출기업 수(고용인원)는 70개(2700명)에서 350개(3만 명)로 확대가 목표이다.

세부 추진 전략으로는 서비스, 플랫폼, 네트워크, 디바이스, 보안 등 생태계(SPNDSe) 참여자 간 협업 강화, 오픈 이노베이션 추진, 글로벌 시장을 겨냥한 서비스 개발·확산, 대·중소기업·스타트업별 맞춤형

정부의 2020년 사물인터넷 세부 목표

구분	2013년	2020년
국내 시장규모* 확대	2.3조원	30조원
중소·중견 수출기업 수	70개	350개
중소·중견기업 고용인원	2,700명	30,000명
이용기업의 생산성·효율성 향상	30% 향상	

자료 : 미래창조과학부, 사물인터넷 기본계획, 2014

전략 등이 있다. 이를 위해 2014년 7월에는 사물인터넷 글로벌 전문 중소기업 육성을 본격적으로 개시하였다. 현재 IoT 기술의 국내 상용화, 해외 진출 현지화, M2M 유망 중소기업 지원 등 관련된 업체들과 협약을 맺고 과제를 진행하고 있다.

한국의 사물인터넷 준비 수준

정부나 기업 모두 사물인터넷 세상에 대응하기 위해 노력해왔다. 그리고 현재 우리 사회는 사물인터넷 세상이 될 수 있는 기반을 갖추었다. 길거리를 걷다 보면, 너나 할 것 없이 스마트폰으로 통화하고 게임하고, 길을 찾는 모습을 볼 수 있다. 스마트폰뿐이겠는가? 다양한 지능을 갖춘 사물들이 속속 개발되고 있다. 이런 상황에서 누군가에게 "한국의 사물인터넷 수준은 어느 정도나 될까?"라고 묻는다면, 당연히 Top 10 안에는 든다고 하지 않을까? 스마트폰 사용자가 4000만 명을 돌파하고 언제 어디서나 편하게 인터넷을 할 수 있는 국가가 많지 않다.

실제로 2013년 IT시장 컨설팅 업체인 IDC가 G20 국가를 대상으로 한 사물인터넷 준비지수Internet of Things Index 조사에 따르면, 한국은 미국에 이어 2위를 기록했다. 해당지수는 GDP, 비즈니스 환경Ease of doing business index, 스타트업 절차Start-up procedures, 특허출원Patent applications, 인구Population, 에너지 사용Energy use, 이산화탄소 가스배출CO2 emissions, 브로드밴드 사용자수Broadband subscribers, 인터넷 사용자수Internet users, 모바일 사용자수Mobile subscriptions, 보안 서버Secure servers, IT 지출 규모IT spend 등 12개 지표를 기

반으로 나온 결과다. 1위 미국, 3위가 일본이었는데, 한국의 기록은 IT 강국으로서의 위상을 다시 한 번 뽐내는 결과였는지도 모른다.

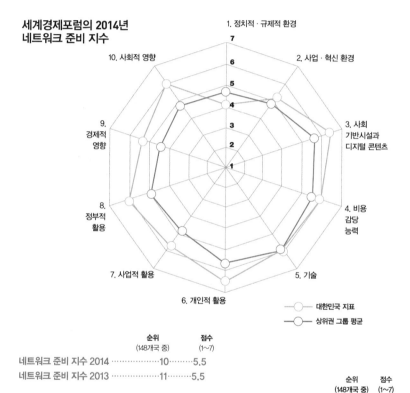

세계경제포럼의 2014년 네트워크 준비 지수

1. 정치적·규제적 환경
2. 사업·혁신 환경
3. 사회 기반시설과 디지털 콘텐츠
4. 비용 감당 능력
5. 기술
6. 개인적 활용
7. 사업적 활용
8. 정부적 활용
9. 경제적 영향
10. 사회적 영향

대한민국 지표
상위권 그룹 평균

	순위 (148개국 중)	점수 (1~7)
네트워크 준비 지수 2014	10	5.5
네트워크 준비 지수 2013	11	5.5
A. 환경	34	4.7
첫째 정치적·규제적 환경	42	4.2
둘째 사업·혁신 환경	20	5.2
B. 준비도	17	5.9
셋째 사회기반시설과 디지털 컨텐츠	13	6.4
넷째 비용 감당 능력	57	5.7
다섯째 기술	31	5.7

	순위 (148개국 중)	점수 (1~7)
C. 활용도	3	5.9
여섯째 개인적 활용	9	6.3
일곱째 사업적 활용	10	5.5
여덟째 정무석 활용	3	5.0
D. 영향도	5	5.7
아홉째 경제적 영향	7	5.2
열번째 사회적 영향	2	6.1

263

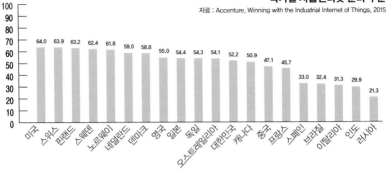

국가별 사물인터넷 준비 수준

자료 : Accenture, Winning with the Industrial Internet of Things, 2015

이 뿐만이 아니다. 매년 세계경제포럼_{World Eoconomic Forum}에서 발표하는 The Global Information Technology Report 2014에서도 한국의 네트워크 준비지수_{Networked Readiness Index}는 10위를 기록했다. 네트워크 준비지수는 환경, 준비도, 활용도, 영향도 등의 4가지 지표를 기반으로 하는데, 2011년 10위를 기록한 이후 10위권에 다시 재진입하였다.

정부는 2015년 1월 세계 첫 사물인터넷 실증단지를 만든다고 발표했다. 스마트시티와 헬스케어 실증단지로 각각 51억 원, 75억 원을 투자할 계획이다. 이를 통해 정부는 사물인터넷 생태계를 조성할 예정이다.

사물인터넷 단지나 IT 부문의 국가경쟁력 지표 등에서 한국은 더할 나위 없이 높은 수준에 이르렀다. 하지만 이러한 바탕에는 IT 인프라가 잘 구축된 영향이 컸다. 그래서일까? 한국은 다른 선진국 대비 사물인터넷 활성화는 늦은 것으로 보인다.

최근 글로벌 컨설팅사 엑센츄어에 따르면, 한국의 사물인터넷 준비 수준은 20개 국가 중 12위로 나타났다. 미국, 스위스, 핀란드, 스웨덴, 노르웨이 등은 준비 수준이 다른 국가 대비 상대적으로 높은 것으로 나타났다.

한국의 사물인터넷 기술 수준(선진국 100 기준)

기술 부분	한국의 기술 수준
하드웨어	(70.91)/100
소프트웨어	(68.82)/100
네트워크	(88.66)/100
서비스	(72.57)/100

자료 : 미래창조과학부, 사물인터넷 산업 실태조사 및 시장분석 연구, 2013

현재 한국의 사물인터넷 서비스 단계는 도입에서 성장으로 가는 길목에 놓여 있다. 앞서 보았듯이, 우리나라는 사물인터넷 시장에서 실질적인 선도 국가가 아니다. 인프라는 잘 구축되어 있지만 사물인터넷 기반 기술 및 소프트웨어 경쟁력은 여전히 뒤쳐져 있다.

정부가 2013년 발표한 '인터넷 신산업 육성방안' 발표 자료에 따르면, 한국의 사물인터넷 수준은 선진국과 비교했을 때 1.2년 정도의 기술 격차가 존재한다. 그렇다면 사물인터넷 세부 기술별로 봤을 때는 어느 정도 수준일까?

사물인터넷 기술은 크게 하드웨어, 소프트웨어, 네트워크, 서비스 4가지로 구분 가능하다. 하드웨어는 칩, 태그, 단말, 센서모듈, 소프트웨어는 응용소프트웨어, 미들웨어, 네트워크는 유무선 인프라, 서비스는 수집 정보를 바탕으로 하는 응용 서비스 분야다. 이때 한국은 선진국 대

세계 센서 시장 국가별 점유율(2013년 기준)

구분	미국	일본	독일	영국	프랑스	중국	한국
시장 점유율(%)	31.8	18.6	12.2	6.3	4.3	2.9	1.7

자료 : 전자부품연구원

비 70~80점대 수준밖에 되지 않았다. 네트워크 기술 수준만 다른 기술 부분 대비 상대적으로 높았다.

특히, 사물인터넷의 핵심이라 할 수 있는 하드웨어 부문의 센서 경쟁력은 매우 취약하다. 한국의 시장점유율은 세계 시장에서 1.7%에 지나지 않는다. 뿐만 아니라 기술 수준은 미국의 60% 수준에 불과하다.[135]

정부의 사물인터넷 정책 방향

사물인터넷 정책의 방향성은 미래창조과학부의 인터넷신사업팀이 기본계획을 세운다. 그 계획에 따라 정보통신기술진흥센터, 정보통신산업진흥원, 한국정보화진흥원, 한국인터넷진흥원 등의 산화기관이 사물인터넷 R&D 과제를 추진하고 과제 결과물을 토대로 다양한 실증사업과 전략을 추진한다.

미래창조과학부는 "창의적 IoT 서비스 시장 창출 및 확산, 글로벌 IoT 전문기업 육성, 안전하고 역동적인 IoT 발전 인프라 조성"에 초점을 맞추고 있다. 이러한 정책 방향성에 기반해 미래창조과학부는 앞서 보았듯이 오픈 이노베이션 및 생태계 강화, 기업 규모별 맞춤형 전략을 추진 중이다. 이러한 추진 전략에 따라 추진 과제도 창의적 IoT 서비스 시장 창출 및 확산, 글로벌 IoT 전문기업 육성, 안전하고 역동적인 IoT 발전 인프라 조성으로 크게 세 가지로 힘을 쏟을 계획이다.

정부의 사물인터넷에 대한 의지는 2015년 박대통령의 신년 기자회견에서도 볼 수 있다. 박대통령은 사물인터넷을 3D 프린팅, 빅데이터 등

산하기관들의 사물인터넷 정책 방향

기관명	정책 방향
정보통신 기술진흥 센터	– IoT R&BD는 IoT 실증사업에 맞춰 토탈솔루션, 원천기술, 표준화를 적극 　추진할 계획 – 각각 개발되는 기술과 IoT 플래그십 프로젝트를 통해 취합되고, 이것이 　표준화와 상호 연동되는 유기적인 관계를 유지
정보통신 산업진흥원	– 6대 중점 서비스 분야 및 스마트시티 실증단지 구축에 초점을 맞춘 　사물인터넷 확산 – 사물인터넷 확산 방향은 첫째, 국내 센서 기기/서비스 수요시장 환경을 　개선, 둘째, 서비스 검증을 통해 수요자의 거부감, 제도적 문제와 공급자 　애로사항 등의 저해 요소를 해소, 셋째, 확산이 가능한 분야는 개방형 　플랫폼 기반 대형 실증 과제 추진이다.
한국정보화 진흥원	– 헬스케어, CCTV 안전, 스포츠 분야 사물인터넷 실증사업 추진 – 대형(70억 이상), 중형(10억 이하), 소형 과제로 구분해 사물인터넷 　실증사업을 추진할 계획으로 대형 과제는 헬스케어 및 스마트시티 분야, 　중형 과제는 CCTV 안전, 스포츠, 금융 분야, 소형 과제는 개인 IoT 분야를 　선정

자료 출처 : IoT Journal Asia, 2015년 정부 IoT 정책 방향 조명, 2015.01.12 재정리

과 함께 미래성장동력으로 언급하였다. 이처럼 정부나 기업 모두 미래의 성장동력으로 사물인터넷을 바라보고 있으며, 이를 위한 기반 작업을 하는 중이다.

　사물인터넷은 분명 새로운 성장동력이다. 정부에서 추진하고 있는 정책들은 사물인터넷 생태계 조성에 중요한 역할을 할 것이다. 하지만 이러한 정책들이 일회성으로 그치는 것이 아니라 '미래'라는 키워드에 맞추어 지속성을 갖추어야 한다. 이를 위해 사물인터넷의 지속성을 담보힐 수 있는 소프트웨어 경쟁력을 강화하고 적극적인 인력 육성이 필요하다. 이미 사물인터넷 기반 역량은 우수하기 때문이다. 겉으로 드러나 보이는 것만 좋은 게 아닌 내실이 필요하다. 내실 있는 정책들이 하

나하나 쌓이다 보면, 결국 정부도 기업도 윈윈 할 수 있는 사물인터넷 세상을 맞이할 것이다.

갤럭시 기어와 애플 와치 등 다양한 기능을 지원하는 웨어러블 기기는 상당히 고가의 제품이다. 다양한 기능이 아닌 한 가지 기능만을 위해 이러한 고가의 기기를 구입하는 사람들도 상당수 있다. 국내 업체에서 만든 리니어블Lineable이라는 미아 방지용 웨어러블 제품은 단돈 5000원으로 상당한 가치를 지니고 있어 다양한 서비스 영역에서 수직통합적인 웨어러블 제품의 등장을 예고하고 있다.

리니어블은 이음새 없는 실리콘으로 되어 있어 방수와 방진이 가능하고 배터리 충전 없이 1년 동안 사용이 가능하다. 보호자로부터 멀어질 경우 스마트폰으로 알림을 주며, 한 명의 보호자가 여러 아이를 등록해 유치원, 학교와 같은 단체에서 사용하기 편리하다. 특히 아이를 잃어버렸을 때 신고하기 기능을 이용해 다른 리니어블 사용자에게 도움을 요청할 수 있다. 현재 미아방지 세이프존인 리니어블존을 만들어 주는 이벤트를 진행 중이다. 리니어블존은 최대 500미터까지 커버할 수 있는 리니어블 게이트웨이를 설치해 스마트폰이 없이도 우리 아이의 위치를 더욱 정확하고 안정적으로 알 수 있다. 리니어블존을 설치하면 자녀의 보호자에게 아이가 안전하게 유치원이나 학교에 등교 또는 하교했는지 앱을 통해 알림을 받을 수 있는 장점이 있다. 리니어블의 특징적인 기술은 크라우드 소싱 GPS로 아이를 잃어 버렸을 경우 리니어블을 이용하는 다른 부모들의 GPS 위치값을 이용해 자녀 위치를 파악할 수 있다. 즉, 리니어블을 이용하는 부모님이나 선생님들이 많으면 많을수록 리니어블의 안전망이 더욱 강력해 지는 것이다.(136)

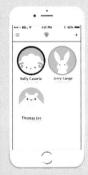

미아 방지용 팔찌 리니어블
자료 출처 : Lineable 사이트(http://lineable.net/ko)

269

사물인터넷 전쟁,
무엇을 준비해야 하는가?

최근 해외 스타트업 관련 자료를 정리하다 보면 2~3년 전과는 다른 트렌드가 보인다. 몇 년 전까지만 하더라도 단순히 스마트폰 애플리케이션을 개발해 서비스를 제공하는 업체들이 주였다. 하지만 최근에는 사물인터넷 제품과 서비스를 개발하는 스타트업들이 부쩍 많아졌다.

뿐만 아니라 국내 스타트업 관련 교육이나 심사를 하다 보면 해외 스타트업 트렌드와 유사하게 사물인터넷 제품과 서비스를 만들거나 계획 중인 팀들을 많이 만나볼 수 있다. 또한 통신사, 제조사, 플랫폼 사업자, 솔루션 사업자와 같은 대형 사업자들 역시 사물인터넷 시대를 예견하고, 자신들의 역량을 기반으로 사물인터넷 주도권을 잡기 위한 발 빠른 행보를 보이고 있다. 그만큼 사물인터넷 시대가 우리 곁으로 성큼 다가왔다고 느껴진다.

사물인터넷 전쟁은 3가지 측면에서 구분해 볼 수 있다. 인프라 및 플랫폼 구축, 다양한 영역에서의 기기 개발, 데이터의 활용 측면이다. 인프라와 플랫폼 구축 측면에서는 대형 사업자를 중심으로 네트워크와 클라우드, 플랫폼을 구축하기 위한 각축을 벌이고 있다. 또한 사물인터넷 표준을 선점하기 위한 경쟁이 시작되었다. 다양한 영역에서 사물인터넷 전쟁은 연결성과 센서를 기반으로 한 나이키 퓨얼 밴드와 핏빗과 같은 헬스케어 웨어러블 제품, 스마트홈을 위한 위모, 스마트싱스 등 다양한 제품이 등장하고 있다. 각 영역에서는 이미 제품 간에 전쟁이 시작되었고 더욱 다양한 제품들이 속속 등장하고 있다. 헬스케어의 밴드 형태의 제품에서 벗어나 신발, 양말, 렌즈 등 다양한 형태의 제품과 서비스로 무장을 한 제품들이 전쟁에 참여하고 있다. 사물인터넷 전쟁의 마지막은 사물인터넷을 위한 인프라와 플랫폼이 구축되고 수많은 기기들이 연결이 된 이후 누가 데이터를 얼마나 잘 활용해 비즈니스를 만들어 내느냐에 대한 전쟁이 이어질 것이다. 물론 이 3가지 전쟁이 단계적으로 일어난다기보다는 어느 정도 병렬적으로 이루어질 가능성도 높다. 급속히 진행되고 있는 사물인터넷 전쟁 속에서 데이터, 새로운 비즈니스, 중소기업들의 새로운 기회, 사생활 보호 등이 주요 이슈가 될 것으로 보인다.

먼저 사물인터넷은 앞으로 우리에게 진정한 빅데이터 시대를 가져다줄 것이다. 사물과 사물, 그리고 사람과 사물이 연결되면서 다양한 실시간 정보를 수집하고 이러한 데이터들을 분석해 내 주변의 기기나 환경을 자동으로 조절해 순다. 사물인터넷 기기들은 다양한 정보를 습득하고, 이러한 정보를 보다 실시간으로 빠르게 분석해 내는 분석 기술들과 클라우드 서비스들이 빠르게 성장할 것이다. 아마존이 최근에 인수한 투레메트리 역시 사물인터넷 시대에서 아마존 자신의 클라우드 서비스를 더욱 강화하기 위한 전략으로 파악된다.

사물인터넷은 기존의 비즈니스를 변화시킬 것이다. 사물인터넷은 단순한 기기에 스마트함과 연결성을 부여함으로써 하나의 시스템 안에서 다양한 기기를 효율적으로 운영할 수 있다. 단순히 제조만 하는 것이 아니라 시스템을 만들고, 다양한 시스템과 데이터의 연결을 통해 시스템 오브 시스템으로 도약할 수 있는 새로운 비즈니스 기회를 만들어 낼 것이다. 현재 플랫폼 사업자들은 이러한 관점에서 사물인터넷 제품을 만들어 내지는 않지만, 시스템 오브 시스템으로의 사물인터넷 플랫폼을 지향하는 것으로 보인다.

또한 사물인터넷은 제조업 분야의 중소기업이나 스타트업들에게 활력을 불어넣을 것이다. 단순기기에 연결성을 부여함으로써 새로운 기기로 재탄생된 기회를 얻는 것이다. 새로운 부가가치를 창출함으로써 새로운 활력을 얻을 것으로 기대된다.

우리 곁에 다가온 사물인터넷 시대의 전쟁에서는 플랫폼 사업자 진영에서 주도권을 잡을 가능성이 가장 높다. 스마트폰 시대의 문을 연 플랫폼 사업자들은 개발자, 소비자를 연결하는 스마트폰 생태계를 만들어 냈다. 아마도 이러한 생태계를 만들어낸 경험을 기반으로 사물인터넷 플랫폼을 구축하고 이를 중심으로 사물인터넷 기기와 서비스를 만들어 내는 개발자들을 끌어들일 것이다. 현재 사물인터넷 기기들이 스마트폰을 허브로 앱과 연계되는 경우가 많으므로 스마트폰 생태계를 장악하고 있는 플랫폼 사업자의 힘이 사물인터넷에도 그대로 이어질 것으로 예상해 본다. 하지만 제조사들과 통신사도 스마트폰 시대에서 뼈아픈 경험을 겪은 바 있기에, 자신의 역량을 기반으로 사물인터넷 플랫폼을 구축할 것으로 예상된다. 때문에 플랫폼 사업자들이 무조건 사물인터넷의 주도권을 잡을 것이라고는 단정 짓기 어렵다.

마지막으로 사물인터넷 시대에 보안 문제는 매우 중요한 이슈로 부각될 것이다. 사물인터넷 기기들은 엄청난 양의 데이터를 만들어 낼 것이고, 이러한 데이터들이 잘 분석되는 경우에는 우리 삶을 질적으로 한 단계 업그레이드 시킬 것이다. 하지만 이러한 데이터가 악용되거나 누군가에게 유출된다면 현재 스마트폰, 인터넷 등을 통한 정보 유출과는 비교할 수 없을 만큼 큰 문제를 만들어 낼 것이다. 또한 유출 등의 문제가 없다 하더라도 이러한 정보를 이용해 과도한 광고를 한다거나, 나 자신을 다른 누군가가 나보다 더 잘 알고 있다는 생각이 드는 순간 사람들은 사물인터넷 기기를 외면할 가능성이 있다. 이러한 문제 때문에 사물인터넷 시대를 밝은 장밋빛으로만 보기 어렵다.

어찌되었든 사물인터넷 전쟁은 이미 시작되었다 그렇다면 우리는 무엇을 준비해야 이렇게 치열한 경쟁에서 살아남을 수 있을까? 앞서 설명했던 3가지 측면의 전쟁과 5가지 전망을 살펴보면 무엇을 준비해야 할지 대략 가늠할 수 있다.

3가지 측면의 전쟁과 5가지 전망에서 공통된 키워드는 데이터이다. 사물인터넷의 본질은 데이터라고 할 수 있다. 물론, 초기 시장에서는 배터리, 저전력 시스템, 센서 등의 하드웨어적인 측면에서 차별성이 경쟁력으로 작용할 수 있다. 하지만 시간이 지남에 따라 하드웨어적인 측면에서 기술은 평준화될 것이다. 대신 사물인터넷 기기에서 생산되는 데이터를 누가 잘 활용하느냐가 차별화 경쟁력으로 작용할 것이다. 데이

273

터를 누가 효율적으로 수집, 처리, 저장, 분석할 수 있느냐의 역량이 사물인터넷 시대의 주인공을 결정할 확률이 높다.

데이터를 효율적으로 수집, 처리, 저장, 분석한다는 의미는 무엇일까? 한마디로 설명하면 데이터의 가치를 높이는 것이다. 사물인터넷에 대한 우려 섞인 목소리를 내는 사람들이 항상 언급하는 부분이 사생활 보호와 보안 문제이다. 물론 보안과 사생활 보호 측면에서 기기, 네트워크, 소프트웨어 등의 보안을 적용해 이러한 문제들을 해결할 수 있겠지만, 다른 측면을 바라본다면 사물인터넷이 제공하는 가치가 이러한 사생활 보호와 보안 문제들이 주는 마이너스적 가치를 월등히 뛰어 넘어야하는 부분일 것이다.

마지막으로 정부에서는 사물인터넷에 어떻게 대비해야 할까? 정부는 사물인터넷을 기회로 중소기업과 스타트업에 활력소를 불어넣으면 고용과 경기가 부양되는 효과를 얻을 수 있다. 그렇다면 이러한 좋은 기회를 어떻게 살릴 수 있을까 반드시 고민해 봐야 한다. 우리를 둘러싼 모든 사물들이 인터넷에 연결되고 이러한 연결 속에서 사물인터넷 시대는 더욱 빛나게 된다. 그렇다면 수많은 분야와 영역에서 사물인터넷 기기들을 만들어 낼 수 있도록 중소기업과 스타트업에 대한 지원이 필요하다. 다양한 분야에서 사물인터넷 아이디어를 쉽게 제품화하고 상용화할 수 있도록 지원하는 한편, 이러한 지원 사업을 위해 향후 국제표준과 연계해 표준을 고려한 정책을 수립해야 할 것이다. 그리고 경쟁력 있는 중소기업과 스타트업을 위해 대기업과 경쟁이 아닌 상생과 협력의 방안에 대해 반드시 고민할 필요가 있다.

사물인터넷 전쟁은 시작되었다. 이 전쟁에서 우리가 관심을 가지고 지켜봐야 할 첫 번째 관전 포인트는 스마트홈을 중심으로 한 표준 전쟁이다. 그 이후 전쟁은 급속히 진행되고 누군가는 승자 혹은 패자, 어쩌면 전쟁처럼 승자와 패자가 있는 것이 아닌 모두가 승자가 될 수도 있지 않을까? 표준 전쟁에서 누가 승기를 잡아 사물인터넷 시대의 승자가 되는지 한 번 예측해 보는 것은 어떨까?

1장

(1) 데이비드 라이언, 이광조 역, 『감시사회로의 유혹』, 2014

(2) 엄기호, 『단속사회 : 쉴 새 없이 접속하고 끊임없이 차단한다』, 2014

(3) 민경식, 『사물 인터넷, 인터넷 & 시큐리티 이슈』, 한국인터넷진흥원, 2013

김지현, 『포스트 스마트폰, 경계의 붕괴 : 3년 후 IoT 전쟁, 모든 것이 ON되는 세상이 온다』,
위즈덤하우스, 2013.04

(4) 《디지털타임스》, 빅데이터 · 클라우드 · 사물인터넷, 2014. 10. 13

(5) 지식경제부 보도자료, 지경부, "센서산업 발전전략"발표, 2012. 12. 15

산업통상자원부 보도자료, 사물인터넷 시대의 견인차, '첨단스마트센서'육성 본격 시동,
2014.03.04.

KISTEP, 『2013년도 예비타당성조사 보고서 : 센서산업 고도화를 위한 첨단센서 육성사업』,
2013. 12

(6) LG경제연구원, 『Trillion 센서, IoT 시대 열고 있다』, LG Business Insight, 2014

(7) 《조선비즈》, [르포] 주차 위성서비스 · 와이파이 가로등… '스마트 도시'
바르셀로나2013.11.01.

Albert Cuesta, The challenges of Smart Barcelona

(8) 《머니투데이》, [사물인터넷] 페덱스 IoT플랫폼으로 배송물 안전 보장, 2014. 06. 30

LG경제연구원, 『Trillion 센서, IoT 시대 열고 있다』, LG Business Insight, 2014

(9) 강시철, 『디스럽션 : 사물인터넷 비즈니스의 모든 것』, 리더스북, 2015

(10) Jason Laufer, 『더 "똑똑한 세상"을 위한 사물인터넷과 빅데이터 분석』, IDG Summary

(11) 《미디어잇》, [IoT 특별기획] 사물인터넷, 빅데이터–클라우드와 한 배 타다, 2014.05.07

(12) 행정안전부, 공공 클라우드 World Best Practice 구현을 위한 '범정부 클라우드 추진현황 및
향후계획, 2012. 06

정부3.0 추진위원회, 정부 3.0 발전계획, 2014.09.17

(13) 《ZDNet korea》, 아마존 "IoT시대 '클라우드 활용'이 중요해", 2014.11.25

(14) 《헤럴드경제》, 사물인터넷 보일러 뜬다…온도조절은 기본 AS도 스마트폰으로, 2014. 12.31

(15) 정보통신산업진흥원, 국내 클라우드 기업 매출 전년 대비 32.22% 성장, 2014. 12. 19

(16) LG경제연구원, 『IoT 시대, '서비스 중심'의 신흥강자 부상한다』, LG Business Insight, 2014

(17) 산업연구원, 『초연결시대 사물인터넷(IoT)의 창조적 융합 활성화 방안』, 2014

(18) 한국방송통신전파진흥원, 디지털 스마트 서비스, 라이프로깅(Lifelogging), 「동향과 전망 : 방송 · 통신 · 전파」 통권 제66호, 2013. 09

《포브스Forbes》, Lifelogging: A Step Up For Connected Devices?, 2014.07.01

2장

(19) 한국인터넷진흥원, 빅데이터 시대, 새로운 가능성과 해결과제, 인터넷 & 시큐리티 이슈, 2012. 02

(20) komatsu, Komatsu's Annual Report 2014, 2014

(21) Jessica Leber, General Electric Pitches an Industrial Internet, November 28, 2012

(22) 《아주경제》, 제프 이멜트 GE회장 "빅데이터 분석이 미래로 가는 길", 2014.12.23.

(23) 《월스트리트저널》, 삼성, 미국서 "스마트홈" 특허 신청 1위… 2위보다 두배 많아, 2014.06.13.

(24) 《한국경제》, "사물인터넷 초기 생태계를 장악하라"…삼성 'IoT전담 조직' 신설, 2015. 01. 29

(25) LG경제연구원, 「IoT 시대, '서비스 중심'의 신흥강자 부상한다」, LG Business Insight, 2014

(26) 《조선일보》, '프레너미(friend+enemy)' 삼성 · 구글… 스마트폰 同志, TV는 敵, 2015.01.14.

(27) CCTV NEWS, 국내외 기업, 중국 스마트홈 시장으로 몰린다, 2014. 09. 10

《이투데이》, [IFA2014] 파나소닉 스마트홈 체험해 보니…구조효율성 · 얼굴인식시스템 구현 '눈길', 2014

(28) 《이코노믹리뷰》, 샤오미에게 스마트홈이란? '불가피한 선택', 2015. 01. 19

《머니투데이》, 中 샤오미, 스마트홈 시장으로 사업다각화, 2014. 12. 15

《이투데이》, 샤오미, 중국 대형가전 기업 '메이디' 주식 매입…그 이유는?, 2014. 12. 15

(29) 《조선일보》, IT 새 먹거리, 이젠 스마트카, 2014.03.28

(30) KDB 산업은행, 스마트카 시장 확대와 국내 ICT 업계의 대응과제, 2014

(31) LG경제연구원, 「'저성능'의 '소물' 인터넷이 IoT의 지평 넓힌다」, LG Business Insight , 2015

(32) 《아이뉴스24》, 떠오르는 사물인터넷 시장, '퀄컴 · 인텔'의 전략은?, 2015.01.08

(33) 《ZDNet Korea》, 퀄컴, IoT 구현 칩 시장 넘본다, 2014.11.20

(34) 《전자신문》, 인텔 "스마트폰보다 더 큰 사물인터넷 · 웨어러블 시장 노린다", 2014. 12. 11

(35) KIAT, 세계 혁신 리더를 지향하는 독일의 기술혁신 정책 추진 현황 : 「신 하이테크 전략」의 경과와 시사점, KIAT, 산업기술정책브리프, 2014

현대경제연구원, 독일의 창조경제: Industry 4.0의 내용과 시사점, 「VIP리포트」 통권 546호, 2013

(36) 포스코경영연구소, 「인더스트리 4.0, 독일의 미래 제조업 청사진」, 2014. 02

한국정보화진흥원, 「인더스트리 4.0과 제조업 창조경제 전략」, 2014. 05

(37) Communication Promoters Group of the Industry-Science Research Alliance, National Academy of Science and Engineering, Securing the future of German manufacturing industry

: Recommendations for implementing the strategic initiative INDUSTRIE 4.0, 2013. 04

(38) 이지은, 제조업의 '현재진행형' 미래, 사물인터넷에 있다, 《DBR》 166호, 2014.12.03.

Dipti Kumar , Step on the Pedal of Cloud Services, cruxialcio, 2013. 09. 17

Pete 소프트웨어abey, Pay-as-you-go ERP underpins Michelin's services strategy , Information Age, 2013. 07.22

3장

(39) KT경제경영연구소, 소비자 관점의 사물인터넷(IoT),2014.03

(40) SK텔레콤, InvestorPresentation, 2014. 05/11

(41) SK텔레콤, Company Report Vol. 2, 2013. 04

(42) Business Wathc, [CEO&]SKT 장동현 사장의 야심..3년내 기업가치 '55조', 2015-01-05)

(43) LG경제연구원, 「사물인터넷 시대 앞두고 네트워크가 진화하고 있다」, LG Business Insight, 2014

(44) KT경제경영연구소, 「소비자 관점의 사물인터넷(IoT)」, 디지에코 보고서, 2014 . 03

(45) LG유플러스 홈페이지 보도자료, 이상철 부회장 "IoT시대 세계 일등 기업" 제시

(46) IDC, IDC Reveals Worldwide Internet of Things Predictions for 2015, 2014. 12. 03

(47) LG경제연구원, 「사물인터넷 시대 앞두고 네트워크가 진화하고 있다」, LG Business Insight, 2014

(48) Geektime, Umoove's uHealth wants to boost your concentration with eye tracking games, 2015. 01. 26

4장

(49) 방송통신위원회, 2014년 방송매체이용행태 조사, 2015.02.12.

(50) KT경제 경영연구소, 2015년 모바일 트렌드 전망

(51) KT경제 경영연구소, 2015년 모바일 트렌드 전망

(52) 《연합뉴스》, 구글플레이, 애플보다 앱 개수 늘었지만 수익성은 아직, 201501.26

(53) 《블로터》, 구글 5년 내 무인자동차 상용화, 2012.09.26.

(54) KT경제경영연구소, 자동차OS시장 승자는 누가 될 것인가?-애플, 구글, MS의 자동차 OS를 중심으로, 2014.06.26

(55) 강시철, 「사물인터넷 비즈니스의 모든 것 디스럽션」, 2015

(56) Vinyl X, 인간의 뇌를 닮은 컴퓨팅 시스템, 딥러닝, 글로벌 기업들의 딥러닝 기술 동향과 사례, 2015.02.05.

(57) Mashable, Google's Modular Project Ara Smartphones are coming to Puerto Rico, 2015.01.14

(58) Concept Phones, Project Ara Analog Game Controller Makes the Handset a Console, 2014.04.22.

(59) 이종근 외, 『사물인터넷 세상의 핵심 모멘텀 웨어러블 혁명』, 2014

(60) 《Business Insider》, Google Ends Sales of Google Glass, 2015.01.16

(61) Entrepreneur, LG and Motorola Announce Smartwatches for Google's Android Wear, 2014.03.13)

(62) Tech Advisor, Google Fit vs Apple Health Kit: What's the difference?, 2014.07.28.

(63) 정지훈, 『거의 모든 IT의 역사』, 2010

(64) Verticlaplatform, 애플의 커머스 사업도전.. 아마존의 가장 강력한 상대가 될 것인가?, 2014.05.12.

(65) Mashable, Apple Feature to Turn MLB Stadiums Into Interactive Playgrounds, 2013.09.26

(66) 《Media Post》, Tesco Trials iBeacons With A MyStore App, 2014.04.02.

(67) 《ITWorld》, 아이비콘에 대한 4가지 오해와 흥미로운 활용사례, 2014.06.10.

(68) 《아이티투데이》, 할인 쿠폰 딩동 텔레콤—KT, 비콘 맞대결, 2015.02.09.

(69) 《전자신문》, 어비팩토리 '어비 인텔리전트 시스템', 2014.09.16.

(70) 최윤섭, 『헬스케어 이노베이션』, 클라우드나인, 2014. 10

(71) Apple, Apple Watch Available in Nine Countries on April 24, 2015.03.09.

(72) Cnet, What Siri's 'Eyes Free' Feature Means for Cars, 2012.06.11.

(73) Techradar, Apple CarPlay: everything you need to know about iOS in the car, 2014.12.23.

(74) Apple CarPlay Website, https://www.apple.com/ios/carplay/

(75) 《Business Insider》, Apple board member: 'Steve Jobs was gonna design an iCar', 2015.02.09.

(76) Silicon Valley Business Journal, Apple poaches battery talent, in ironic twist—tilting at Tesla, 2015.02.19.

(77) Bloomberg, Apple Wants to Start Producing Cars as Soon as 2020, 2015.02.19.

(78) 필 사이먼, 『플랫폼의 시대』, 제이펍, 2013. 08

(79) Cnet, Howmany Kindle Fire tablets has Amazon sold?, 2011.12.01.

(80) Wired, Apple sells 2 Million iPads in 2 Monthes, 2010.06.01.

(81) TechCrunch, Amazon's Fire Phone Introduces Firefly, A Feature That Lets You Identify (And Buy!) Things You See In The Real World , 2014.06.18.

(82) Verticalplatform, 아마존 대쉬가 의미하는 것: 'Total Retail Domination', 2014.04.13.

(83) CNC News, Amazon to Robots to Keep Up with Holiday Shopping, 2014.12.01.

(84) Seeking Alpha, Amazon Kiva Robots Work Around The Clock For On=Time Deliveries, 2014.12.23.

(85) 《US News》, Amazon, Lawmakers Demand Better FAA Drone Rules, 2015.02.17.

(86) 《헤럴드경제》, 모바일 시대 대응… 롯데, 옴니채널 추진 운영위원회 가동, 2014.09.11.

(87) 지디넷, 옴니채널 시대, 온오프라인 구분은 없다, 2014.01.28.

5장

(88) 《Washington Post》, Cisco CEO at CES 2014: Internet of Things is a $19 trillion opportunity, 2014.01.08.

《eWeek》, Cisco CEO Chambers: Architecture Key to Internet of Everything, 2013.06.25.

(89) ZDnet, "Cisco pegs potential profit value for Internet of Everything at $14.4 trillion", 2013.3.14.

(90) KISA, Internet & Security Weekly, 2014.03.28.

(91) 참조 : 시스코 코리아 블로그

(92) Cisco Blog, Carlos Dominguez; Birth of a New Class of Data in the Internet of Everything, 2013.05.08.

(93) 《매일경제》, 존 챔버스 "디지털 경제, 정부도 뒤흔들 것", 2015.03.04.

(94) 《미디어잇》, 김동오 시스코 전무 "사물인터넷 위한 제4 플랫폼 필요하다", 2014.05.21.

(95) NIPA, 국내외 스마트 시티 구축 동향 및 시사점, 2013

(96) 시스코 코리아 블로그

(97) 《Wall Street Journal》, Samsung, Cisco Sign Cross-License Pact for Tech Patents, 2014.02.05

(98) Reuters, Cisco Investments commits $150 million to start-up companies, 2014.05.01

(99) 《아이티투데이》, 현장영상, 세상을 바꾸는 28시간 IoE 코드페스트, 2014.12.04.

(100) Network World, Top IT vendors reveal their IoT strategies, 2014.09.15.

(101) IBM, ADEPT: An IoT Practitioner Perspective, 2015

(102) 《블로터》, 사물인터넷 시대, 뼈대는 비트코인 기술, 2015.01.19.

(103) ReThink, IBM and Samsung unveil ADEPT blockchain proof of concept for IoT, 2015.01.23.

(104) Network World, Top IT vendors reveal their IoT strategies, 2014.09.15.

(105) NIPA, 국내외 스마트 시티 구축 동향 및 시사점, 2013.06.

(106) NIPA, 국내외 스마트 시티 구축 동향 및 시사점, 2013.06

(107) KOTRA, 광둥성 사물인터넷으로 스마트도시 건설, 2014.04.30.

(108) ZDnet, IBM and ARM kit aims to make it simpler to build your first IoT device, 2015.02.24.

(109) IBM, PSA Peugeot Citroen and IBM to Launch "Connected Services" for the Car of the Future, 2014.03.25.

(110) 《디지털타임즈》, 자바입은 '진화된 스마트카' 구현, 2014.09.29.

(111) 《매일경제》, 밀레니얼세대가 디지털혁신 이끈다, 2015.01.26.

(112) 지디넷, 오라클, IoT도 애플식 통합 전략 쓴다, 2014.02.24.

(113) 지디넷, 시스코 IoE 전략에 담긴 3가지 메시지, 2014.05.29.

(114) 《머니투데이》, 오라클의 클라우드 성장 가능성은 무한대, 2015.02.03.

(115) 마이크로소프트웨어, 최윤석 전무, "오라클팀USA 우승 뒤에 IoT 플랫폼 있었다, 2014.10.14

(116) 마이크로소프트웨어, 최윤석 전무, "오라클팀USA 우승 뒤에 IoT 플랫폼 있었다, 2014.10.14

(117) 지디넷, 오라클, IoT도 애플식 통합 전략 쓴다, 2014.02.24.

(118) 《디지털타임스》, 자바 입은 '진화된 스마트카' 구현, 2014.09.29.

(119) 지디넷, 시스코 IoE 전략에 담긴 3가지 메시지, 2014.05.29.

6장

(120) App Advice, IBM unveils 3 new 'MobileFirst for iOS' apps, 2015.03.02.

(121) Allseen Alliance, "THE ALLSEEN ALLIANCE'S ALLJOYN IS NAMED TOP INTERNET OF THINGS OPEN SOURCE PROJECT", 2014.2.3

(122) 《Network World》, A Guide to the confusing Internet of Things standards world, 2014.07.21.)

(123) 《New York Times》, "Intel, Qualcomm and Others Compete for 'Internet of Things' Standard", 2014.7.8

(124) 《아이뉴스24》, MWC2015, IoT 서비스와 관련 기술이 펼쳐진다, 2015.03.05.

(125) 정보통신기술진흥센터, 스마트홈 시장 선점을 위한 기술 표준화 단체간 경쟁 동향, 2014.12.30.

(126) Reuters, Google's Nest launches network technology for connected home, 2014.07.15.

(127) 정보통신기술진흥센터, 스마트홈 시장 선점을 위한 기술 표준화 단체간 경쟁 동향, 2014.12.30

(128) Network World, A Guide to the confusing Internet of Things standards world, 2014.07.21

(129) 《ICT standard Weekly》, 사물인터넷 표준 춘추전국 시대, 한국정보통신기술협회 (세종대학교 송재승 교수), 2014. 01.

(130) 《아이뉴스24》, MWC2015, 이통사 사물인터넷 서비스가 성공적인 이유, 2015.03.06

(131) 강시철, 『사물인터넷 비즈니스의 모든 것 디스럽션』, 2015

(132) 《서울파이낸스》, 삼성전자, 3Q 스마트폰 점유율 하락…中 업체 '약진', 2014.12.16.
서울파이낸스, "투박한 갤럭시는 잊어라"…'확' 달라진 삼성폰, 2014.11.05.

(133) 《연합뉴스》, 권오현 삼성전자 부회장 "사물인터넷 등 신사업 본격 추진", 2015.01.02.
MBN, 삼성전자 조직개편 오늘 전격 단행…'사물인터넷'에 역량 집중시킬듯, 2014.12.10.

(134) 미래창조과학부, 인터넷 신산업 육성 방안, 2013

(135) 지식경제부, 센서 산업 발전 전략, 2012. 12. 14

《한국경제》, [갈 길 먼 IoT 코리아] 핵심 센서 하나 못 만드는 한국…'IoT 변방국' 전락 위기, 2015. 01. 20

(136) TechCrunch, The $5 Lineable Bracelet Tracks Your Kids When They Wander Away, 2014.09.24